기억된 전쟁,
만들어진 중국

기억된 전쟁,
만들어진 중국

항미원조의 문화정치학

한담 지음

나름북스

일러두기

· 국립국어원의 외래어표기법을 따르되, 일부는 실제 발음을 반영해 표기했다.
· 단행본, 정기간행물은 겹낫표(『 』)를, 논문, 기사, 단편, 시, 지침은 홑낫표(「 」)를, 영화, 연극, 드라마, 노래는 홑화살괄호(〈 〉)를 사용해 묶었다.

차례

책머리에 끝나지 않은 중국의 한국전쟁, 항미원조 _8

**1부
마오쩌둥 시대:** 신중국의 탄생과 항미원조 기억의 형성 _19

1장 1950년대 전쟁 시기: 전쟁 동원과 신중국의 형성

1. 항미원조 전쟁과 동원: 전쟁으로 하나 된 신중국 _21
2. 새로운 중국 상상: 문학 속 냉전적 세계관 _39
   1) 웨이웨이: '계급 정체성' 서사의 초석 _46
   2) 양숴: 민족주의 정서의 냉전적 전환 _59
   3) 루링: 인도주의로 바라본 전쟁 비극 _77
3. 새로운 중국인의 탄생: 신주체와 국제주의 _98
   1) '가난한 자'에서 '해방된 농민' 지원군으로: 신주체의 탄생 _102
   2) '조선'이라는 거울: 국제주의의 형성 _113

2장 1960년대 전쟁 회고: 항미원조 기억의 첫 소환

1. 사회주의 위기 속 전쟁의 재소환: 항미원조 영화의 흥기 _131
   1) 중국의 혁명 위기와 항미원조 기억의 소환 _131
   2) 신중국 영화사에서 항미원조 영화의 위치 _143
2. '프롤레타리아트 전사'로 진화한 신주체 _152
   1) '해방된 농민'에서 '무산계급 전사'로 _153

    2) 문화대혁명 전야, '혁명후계자'의 탄생 _161
  3. 국제주의 세계관의 확장:
    혁명 열기 속 '아시아·아프리카·라틴아메리카AALA'와 조선 _185
    1) 새로운 혁명 공간, 'AALA': 항미원조 서사의 재구성 _185
    2) '두 개'의 조선: 항미원조의 의미 변화 _205

3장 문화대혁명 시기: 세계혁명의 꿈과 항미원조
  1. 문화대혁명의 시작과 '양판희'의 부상 _243
  2. 항미원조, 조선인민전쟁으로 다시 읽다: 〈기습백호단〉 _248
  3. "전 세계 인민이여 단결하라!": 〈해항〉과 제3세계의 연대 _265

2부
포스트 마오쩌둥 시대: 변화하는 기억과 항미원조 서사의 재구성 _277

4장 1980년대: 영화 〈마음 깊은 곳〉과 포스트 사회주의 문화 재구성
  1. 탈냉전기 전쟁 기억의 귀환: 항미원조의 새로운 의의 _279
  2. 전쟁의 그늘 속 '생존자'의 이야기 _284
  3. '혁명' 가정에서 '혈연' 가정으로 _290
  4. 전쟁과 젠더: 여성 인민지원군의 등장과 한계 _297
    1) 마오쩌둥 시기, 항미원조 서사 속 여성화된 북한 _298
    2) 신시기, 항미원조 서사 변화와 여성 지원군의 등장 _302
    3) 신시기, 여성성의 회복과 사회문화적 함의 _306

5장 2010년대: 영화 〈나의 전쟁〉과 항미원조 기억의 균열
  1. 항미원조 기억의 어제와 오늘 _313

2. 〈나의 전쟁〉(2016)과 〈영웅의 아들딸〉(1964): 같은 전쟁, 다른 기억 _321

　　1) 지원군 '나'는 누구이고 '무엇'을 위해 싸우는가 _321
　　2) 1960년대 중국의 새로운 정체성과 항미원조 기억의 재구성 _329
　　3) 오늘날, 이 전쟁을 어떻게 기억해야 할까? _337

3. 영화 홍보 영상이 촉발한 전쟁 정당성 논란 _341

6장 2020년대: 항미원조 국가 기억의 부활과 문화 내셔널리즘

1. '애국애당'의 시대정신으로 부상한 항미원조 _353
2. 항미원조 참전 70주년: 공식 기념식과 '문화의 밤' 공연 _358
3. 항미원조 문화콘텐츠 제작의 확장과 변화 _369
4. 영화 〈장진호〉 시리즈와 〈저격수〉의 내셔널리즘 재현 양상 _375

　　1) '굴욕의 세기'에서 '승리'로, 영화 〈장진호〉 시리즈 _380
　　2) "가정과 국가는 하나다!", 영화 〈저격수〉 _389

나오며 _398

참고문헌 _402

책머리에

끝나지 않은 중국의 한국전쟁, 항미원조

베이징 유학 시절, 박사논문 주제를 고민하던 중 '중국당대문학사' 수업에서 중국의 항미원조抗美援朝 전쟁과 이를 다룬 당시 문예 작품들을 접하게 되었다. 중국에서 조선전쟁朝鮮戰爭으로도 불리는 항미원조 전쟁은 다름 아닌 우리의 한국전쟁이었다. 중국의 참전 사실은 알고 있었지만, 익숙하다고 믿었던 한국전쟁이 문득 낯설게 느껴졌다. 머릿속에는 영화 〈태극기 휘날리며〉에서 시커멓게 밀려오던 중공군의 모습만이 어렴풋이 떠올랐다.

그 후 나는 학교 도서관에 틀어박혀 1950년대부터 1970년대까지의 항미원조 관련 자료를 찾아 읽으며, 중국이 기억하는 항미원조 전쟁의 의미를 복원하는 데 많은 시간을 들였다. 대표적인 중국 당대문학사 저서들에서도 겨우 몇 쪽만 할애된, 이미 사라진 듯한 전쟁 기억을 추적하는 작업은 마치 보물찾기처럼 짜릿하고 흥미로웠다.

그 과정에서 나는 한국과 마찬가지로, 중국 역시 한국전쟁과 그 정치·문화적 기억을 거치며 냉전화와 국민화를 완성했다는 결론에 이르렀다. 한국전쟁이 한반도의 분단 상황을 분단 체제로 고착시키고, 대한민국과 조선민주주의인민공화국이라는 두 국가의 형성과 체제 공고화에 결정적인 계기로 작용했다면, 항미원조 전쟁은 중화인민공화국이 국가 정체성을 대외적으로 천명하고 '인민'이라는 정치적 주체를 형성하며 사회주의 이념에 입각한 계급 질서를 제도화해 나가는 과정으로 기능한 것이다.

중국은 한국전쟁이 발발한 지 넉 달 만인 1950년 10월 19일, '항미원조 보가위국抗美援朝 保家衛國(미국에 맞서 조선을 돕고, 내 집과 나라를 지킨다)'을 기치로 내걸고, '중국 인민지원군中國人民志願軍'을 파병하며 이 전쟁에 뛰어들었다. 우리가 '한민족의 비극'으로 기억하는 한국전쟁은 중국과 중국인에게 어떤 의미였을까. 중국에서는 이 전쟁을 '미국에 대항하여 조선(북한)을 지키고, 나아가 내 집과 나라를 지킨다'라는 의미에서 '항미원조 전쟁'이라 부른다. 이는 중화인민공화국 건국 이후 처음으로 치른 국방전쟁이자, 미 제국주의의 억압 아래 놓인 조선을 구함으로써 프롤레타리아 국제주의를 실현한 역사적 실천으로 기억되어 왔다. 따라서 중국에서 항미원조 전쟁과 그 기억은 오랫동안 '반미' 이데올로기를 토대로 한 애국주의와 프롤레타리아 국제주의 정신을 고취하는 중요한 역사적 기제로 작동해 왔다.

한편, 전쟁을 직접 경험하며 삶의 터전을 잃었던 우리와 달리, 중국에서 이 전쟁은 '국경 밖'에서 벌어진 일이었다. 그 결과, 일부 참전한 병력과 관련자를 제외한 대다수 중국인에게 한국전쟁은 실제의 체험이 아닌, 당 주도의 전국적인 대중운동과 문화적 재현을 통해 경험된 상상 속 전쟁이었다. 중국 정부는 이러한 상상 속 전쟁 경험을 형성하고 대중 동원에 성공하기 위해 항미원조 운동을 통한 선전·교육뿐만 아니라, 문학과 예술이라는 부드러운 문예 선전 수단을 적극 활용했다. 특히, 난해한 정치이데올로기를 대중에게 친숙한 방식으로 전달하는 문예 작품들은 사회주의 문예 규범 아래 신중국이 지향하는 새로운 세계관을 내면화시키고, 추상적이고 정치적인 국가 담론을 일상에 녹여내며 민중의 정체성과 심리적 공감을 형성하는 데 중요한 역할을 했다.

그러므로 1950년대 항미원조를 주제로 한 문예 작품들은 단순한 전쟁 경험의 재현을 넘어, 건국 초기 중국에서 냉전이라는 국제질서가 대중에게 어떠한 심미적 과정을 통해 내면화되었는지를 살필 수 있는 중요한 문화적 경로라 할 것이다. 특히 주목할 점은, 항미원조 서사가 신중국이 지향한 '강한 중국'과 '혁명 중국'이라는 국가적 사명을 동시에 담고 있었기에, 전쟁 시기관이 아닌 문화대혁명 시기에 이르기까지 중국의 혁명적 자아정체성을 지속적으로 강화하는 국가 서사로 기능했다는 점이다. 항미원조 전쟁과 그 서사적 의미를 전쟁이 벌어진 1950년대뿐만 아니라, 전쟁 기억이 재소환된 1960년대 및 문화대혁명 시기까지 범위를 확장해 통시적으로 탐구해야 하는 이유가 바로 여기에 있다.

  이 책의 1부와 2부는 각각 마오쩌둥 시기와 포스트 마오쩌둥 시기의 항미원조 전쟁 서사를 다루되, 시대적 흐름에 따른 서사의 형성과 재구성 과정을 유기적으로 연결해 조망한다. 먼저 1부에서는 마오쩌둥 통치 시기를 중심으로, 항미원조 서사의 형성과 변화를 세 시기로 나누어 통시적으로 고찰한다. 구체적으로는 1950년대 서사의 형성기, 1950년대 후반부터 1960년대의 전쟁 회고 및 서사 전환기, 그리고 문화대혁명 시기의 상징화 단계로 구분하여 분석했다. 각 시기의 국내외 정세와 시대적 흐름 속에서 항미원조 서사가 어떤 방식으로 구성되고 변화해 왔는지 추적하며, 그 안에 담긴 사회주의 신중국의 상상과 인민 정체성 형성 과정을 살펴보았다. 이를 통해 냉전기 중국이 어떠한 시대 담론 속에서 국가 및 인민 정체성을 정립해 나갔는지를 구체적으로 조명한다.

1970년대까지 활발하게 재현되던 항미원조 기억은 개혁개방 이후인 1980년대에 들어서며 급격히 약화되었고, 1990년대에 이르러서는 거의 중단되다시피 했다. 이후 간헐적으로 등장한 작품에서도 항미원조는 더 이상 중심 서사로 다뤄지지 않았을 뿐만 아니라, 주인공이 아닌 부차적 인물이나 혁명 위인의 생애 일부, 혹은 혁명 전쟁사 속 하나의 에피소드로 한정되어 재현되었다. '냉전 해체'라는 국제질서 변화 속에서 적군이었던 미국과 남한, 그리고 아군이었던 북한을 정면으로 묘사하는 것이 정치적으로나 외교적으로 부담스러운 과제가 되었기 때문이다. 무엇보다도, 중·미 상호의존적 경제 구조 아래 눈부신 성장을 이루어 온 중국 정부 입장으로서는 항미원조 기억의 재소환이 대중들의 '반미' 정서를 자극하여 국익에 악영향을 미칠 가능성을 우려하지 않을 수 없었다. 적군과 아군의 대립이 선명해야 할 전쟁 서사에서 적군도 아군도 없는 전쟁은 투쟁의 정당성과 '우리'라는 내부 단결을 끌어내기 어려웠고, 항미원조는 그렇게 '잊힌 전쟁'이 되었다.

그러나 2020년 항미원조 참전 70주년을 기점으로, 항미원조는 다시 망각의 늪에서 빠져나와 국가 기억의 전면으로 화려하게 복귀했다. 세계 최강국인 미국과 싸워 '승리'한 전쟁으로 기억되어 온 항미원조 전쟁이 점차 격화되는 중·미 패권 경쟁 속에서 '대미항전對美抗戰'이라는 국가의 부름 앞에 다시금 소환된 것이다. 그동안 공공연한 금기처럼 여겨졌던 항미원조 기억은 해금되었고, 항미원조를 주제로 한 문화 콘텐츠가 대거 쏟아져 나왔다. 특히, 이 전쟁의 주적이었던 미군을 전면에 내세운 항미원조 영화와 드라마가 흥행에 성공하면서, 항미원조 전쟁 기억은 다시금 중국 대중을 저항적 내셔널리즘으로 결집하는 중요한 문화정치적 기능을 수행하고 있다.

박사학위를 마치고 귀국한 이후, 시진핑 집권 이러 대중매체에서 조금씩 되살아나는 항미원조 전쟁 기억의 문화적 추이에 주목하며, 그 재현 양상과 의미 변화를 다각도로 탐색해 왔다. 중국의 문화산업 시장은 여전히 당 중앙의 강력한 통제 안에 있으며, 항미원조는 1950년대 전쟁기부터 현재에 이르기까지 미국을 중심으로 한 서구라는 '타자'에 대항하여 중국의 자기 정체성을 구축하고 강화하는 집단기억으로 기능해 왔다. 이러한 맥락에서 최근 항미원조 기억의 부활과 재구성 양상을 분석하는 일은, 중·미 패권 경쟁이 격화하는 현재의 국면에서 새롭게 요구되는 중국인의 자기인식을 가늠할 중요한 단서가 될 수 있다.

이 책의 2부에서는 개혁개방 이후 포스트 마오쩌둥 시기, 특히 1980년대부터 최근까지 제작된 항미원조 영화를 중심으로 전쟁 기억의 재구성 양상을 살펴본다. 1980년대의 시대 전환기에 나타난 포스트사회주의 문화 재편 양상을 조망하는 한편, 시진핑 집권 이후 본격화된 항미원조 기억의 부활과 그 문화정치적 함의를 분석했다. 특히 최근 개봉된 항미원조 영화 〈나의 전쟁〉, 〈장진호〉, 〈저격수〉를 통해, 애국과 혁명 중 '혁명'만을 걷어낸 방식으로 재현되는 전쟁 서사 전략과 그 이데올로기적 한계를 검토하고, 그 안에 내재된 중국/인의 저항적 내셔널리즘 감정구조를 해석하는 데 초점을 맞추었다.

이 시기에 주목한 필자의 항미원조 문예 연구는 한동안 학계와 사회의 큰 주목을 받지 못했다. 그러나 중·미 간 패권 경쟁이 격화되고, 특히 2020년 항미원조 참전 70주년을 계기로 중국에서 성대하게 거행된 항미원조 참전 기념식과 대대적인 문화콘텐츠 제작 소식이 한국 언론을 통해 잇따라 보도되면서 분위기가 달라졌다. 2016년 사드THAAD(고고도 미사일 방어체계) 배치 이후 '한한령限韓令'으로 이어진 중국의 경제적 보복, 그리고 코로나19 이후 더욱 거세진 한국 사회의 반중 정서와 맞물리면서, "우리에게 깊은 상처를 남긴 이 전쟁이 왜 중국에서는 애국주의로 표현되는가?"라는 질문이 본격적으로 제기되기 시작한 것이다. 이는 한국전쟁 이후 제대로 해소되지 못한 양국 간 냉전적 적대감이 70여

년 만에 표면화되어 비로소 정면으로 마주하게 되었음을 보여준다.

이후 항미원조를 다룬 영화와 문예 작품에 대한 학술연구와 언론 보도가 이어졌고, 이들은 주로 작품 속에 나타난 내셔널리즘의 양상과 그 정치적 함의를 분석하는 데 집중되었다. 확실히 최근 중국의 항미원조 전쟁 기억의 귀환은 시진핑 정부가 1990년대 이후 고조된 대중적 내셔널리즘을 이용해, 장기적으로 이어질 중·미 패권 다툼에서 대중의 힘을 결집하고, 국내에 누적된 경제·정치·사회적 문제들을 외부의 적으로 전가하여 위기를 돌파하고자 하는 정치적 목적이 강하다. 그러나 2020년 이후의 항미원조를 문화적 이슈로만 본다면, 중국의 항미원조 집단기억을 이미 '완성'된 것으로 간주하고, 중국의 항미원조 기억과 그 서사가 마오쩌둥 시기부터 국내외 환경요인에 따라 시기별로 변화를 보이며 '형성'되어갔다는 점을 놓치게 된다. 이러한 경향은 한국 내 당대 문학 및 문화연구에서 마오쩌둥 시기의 중국이 상대적으로 소외되는 현상과도 궤를 같이한다.

이 책은 항미원조 집단기억이 형성된 마오쩌둥 시기부터 포스트 마오쩌둥 시기인 현재까지를 하나의 연속선상에서 바라보며, 전쟁 발발 당시부터 오늘날까지 이어진 중국의 항미원조 전쟁 기억과 서사의 지속적 흐름을 조망한다.

이를 통해 항미원조 전쟁과 그 기억을 바탕으로 부단히 재구성되어 온 당대 중국 상상을 보다 깊이 이해할 수 있도록 돕는다.

또한, 중국인의 집단적 사유체계와 세계관을 이해하는 데는 군사·정치적 차원의 전쟁 그 자체보다는, 중국/인의 자기 인식 형성에 지속적으로 영향을 미쳐온 문화적 재현, 즉 항미원조 서사의 수용 양상과 시대적 변화를 추적하는 작업이 더욱 중요하다. 이에 이 책은 항미원조와 관련된 난해한 정치 담론보다는 문학과 예술에 주목하여, '항미원조 보가위국'이라는 구호에 담긴 애국주의와 국제주의 정신이 어떻게 인민대중에게 내면화되었으며, 그 결과 이들이 어떻게 냉전적 자아 주체로 거듭났는지, 그리고 시기별로는 어떤 변화가 있었는지 그 메커니즘을 밝히고 있다.

"중국인에게 한국전쟁은 무엇인가?"라는 주제로 학생들을 만날 기회가 있었다. 학생들은 중국인이 인식하는 한국전쟁의 내용 자체에도 호기심을 보였지만, 한국전쟁이 국제전이라는 역사적 사실을 알고 있음에도 불구하고, 대중 매체를 통해 '한민족의 비극'으로 깊이 각인된 우리의 집단기억에도 적잖은 놀라움을 표했다. 집단기억을 형성하고 재생산하는 문화적 서사는 우리에게도 특정한 방향으로 기울어져 있었던 셈이다.

따라서 한국전쟁과 그 기억이 한국과 중국, 나아가 국제사회에서 어떻게 구성되고 전승되어 왔는지 살펴보는 일은 한국전쟁을 보다 입체적으로 이해하는 중요한 출발점이 될 것이다. 특히 한국전쟁은 한국과 중국 모두에게 여전히 '끝나지 않은 전쟁'으로 남아 있으며, 그 기억은 각국의 정치·사회적 맥락 속에서 지속적으로 재구성되고 있다. 이러한 점에서 이 책이 한국전쟁을 '한민족의 비극'이라는 좁은 틀을 넘어 국제전이라는 보다 넓은 시야에서 성찰하게 하는 계기가 되기를 바라며, '우리 모두의 한국전쟁'이라는 열린 시각을 통해 동아시아 평화를 향한 공동의 상상과 실천이 시작되기를 희망한다.

1부
마오쩌둥 시대:
신중국의 탄생과 항미원조 기억의 형성

1장
1950년대 전쟁 시기:
전쟁 동원과 신중국의 형성

1. 항미원조 전쟁과 동원: 전쟁으로 하나 된 신중국

항일전쟁과 국공내전이라는 긴 전쟁의 터널을 지나, 중국공산당은 1949년 10월 1일 마침내 중화인민공화국을 수립하며 민족해방과 국가 통일이라는 역사적 과업을 이루어 냈다. 그러나 승리의 기쁨도 잠시, 신생 중국은 곧바로 국가 전반에 걸친 어려움과 마주해야 했다. 긴 전쟁의 여파는 심각했다. 통화 팽창과 물가 폭등, 심각한 실업문제, 낙후된 기반 시설, 그리고 자연재해까지 경제와 사회를 짓누르는 문제가 산적해 있었다. 여기에 대만과 티베트 등 통일하지 못한 영토 문제도 중요한 해결 과제였다. 이러한 불안정한 환경은 신중국 정권이 안정적으로 정착하는 데 큰 걸림돌이 되었다. 그러나 신생 공화국이 직면한 위협은 내부 문제에 그치지 않았다. 국경 너머로부터 밀려오는 압박도 중화인민공화국의 앞길을 가로막으며, 새 정권이 질서를 확립하는 데 커다란 도전으로 작용했다.

1945년, 제2차 세계대전이 끝난 후 세계는 자본주의 진영의 미국과 사회주의 진영의 소련을 축으로 양분되어 두 진영 간 갈등이 점점 고조되고 있었다. 이런 상황에서 중국에서 공산당이 승리하고 1949년 중화인민공화국이 수립되자, 미국은 아시아 내 사회주의 세력이 확대될 것을 두려워하며 대아시아 정책을 크게 바꾼다. 미국과 중공 간 갈등은 더욱 깊어졌고, 중공이 1949년 소련일변도 정책을 선언하고 1950년 초 소련과 '중소우호동맹조약'을 체결하면서 서구, 특히 미국과의 관계가 단절된다. 이로 인해 미국을 중심으로 한 서구 국가와의 무역이 봉쇄되었고, 중공 정부를 인정하지 않는 미국의 태도는 국제무대에서 중국의 지위를 크게 위축시켰다. 이처럼 어려운 환경 속에서 신생 중국은 '강한 중국'을 위한 공업화를 추진해야 했다. 하지만 당시 중국은 너무나 낙후되어 공업화를 뒷받침할 자본, 기술, 그리고 시장이 절대적으로 부족한 상황이었다. '분산되고 낙후된 왕조 국가를 어떻게 독립적이고 현대적인 공업국으로 탈바꿈시킬 것인가?' 이는 중공 정부가 직면한 중대한 역사적 사명이었다. 그러나 중공 정부가 선택할 수 있는 길은 극히 제한적이었다. '친소반미親蘇反美'를 국가 외교정책으로 삼고 사회주의를 국가 이데올로기로 채택한 신중국이 의지할 수 있는 세계는 소련을 중심으로 한 사회주의 진영뿐이었다. 그중에서도 소련은 중공 정부의 생존과 발전을 위한 유일하고도 가장 중요한 모델이었다. '사회주의 현대화'를 목표로 삼은 중국에게 소련은 세계 최초로 사회주의 혁명을 성공시킨 국가였으며, 미·소 양대 강국으로 나뉜 냉전 질서 속에서 가장 든든한 우방이었기 때문이다.

이를 위해 신중국은 국민당 정부 시절의 '친미반공親美反共'에서 '친소반미'로 입장을 바꾸는 것이 매우 중요하다고 보았다. 이는 단순한 외교정책의 변화가 아니라, 경제를 회복하고 국가 발전의 방향을 정하는 일이었다. 또한, '친소반미'는 중국 인민이 사회주의 정권을 지지하게 만들었다. 소련을 사회주의의 중심이자 든든한 우방으로 여기는 것은 사회주의가 중국의 중심 사상으로 자리 잡는 데 꼭 필요한 일이었기 때문이다.

이에 따라 신중국 초기, 대중의 마음속에 자리 잡은 '친미반소' 인식을 '친소반미'로 바꾸고, 적과 동맹의 관계를 새롭게 정립하는 것이 중공 중앙의 중요 과제로 떠오른다. 1949년 발표된, 이른바 소련에 의존해 국가의 안전과 경제를 발전시킨다는 '소련일변도' 정책과 1950년 '중소동맹조약' 체결은 이러한 방향성을 명확히 보여주는 사례다. 마오쩌둥은 중국혁명의 승리가 다가올수록 소련과의 관계를 강화해야 한다는 필요성을 느끼고 있었다. 혁명이 성공한 뒤 중국을 재건하고 국제적인 투쟁에서 살아남으려면 소련과의 협력이 필수적이라는 점을 충분히 이해하고 있었던 것이다.[1]

1950년 6월 25일, 한반도에서 시작된 내전은 곧 남한과 유엔군 진영 22개국, 북한과 공산 진영 3개국이 개입한 국제적인 군사 충돌로 확대되었다. 이 전쟁은 단순히 한반도에 국한된 지역 분쟁을 넘어, 세계와 동아시아, 그리고 한국 내 좌파와 우파, 공산 세력과 반공 세력이 각각 거대한 연대를 형성해 서로 충돌하는 냉전의 중심 무대가 되었다. 그리고 공산 진영에 속한 중국은 1950년 10월 19일, '항미원조 보가위국', 즉 '미국에 맞서 조선[2]을 돕고, 집과 나라를 지키자'라는 구호를 내걸고 '중국 인민지원군'을 파병하여

---

1 沈志華, 「毛澤東, 斯大林與朝鮮戰爭」, 廣東人民出版社, 2003, 79頁. 션즈화는 이 시기에 스탈린 역시 극동 지역에서 중공의 지위를 바라보는 관점에 큰 변화가 있었다고 설명한다. 그는 1945년 8월 14일 국민당 정부와 체결한 중소동맹조약에서 1950년 2월 공산당 신중국과 체결한 중소우호동맹조약으로의 전환이 소련의 대중국 정책 변화가 완전히 이루어졌음을 보여주는 사례라고 지적한다. 결론적으로, 마오쩌둥과 스탈린 사이에 여전히 분열과 모순이 존재했지만, 1948년 말까지 두 사람은 자신들이 한편이 되어야 한다는 점을 분명히 인식하고 있었다. 같은 책, 제1장 참조.
2 이 시기 중국에서 '조선'은 미 제국주의로부터 보호해야 할 조선의 모든 인민을 의미했다. 그러나 구체적으로 지역을 한정하면 북조선(북한)만을 가리킨다.

이 전쟁에 본격적으로 개입하게 된다.

중국이 한국전쟁에 참전한 이유에 대해 학자들 사이에 다양한 의견이 존재한다. 그러나 건국 초기 중국의 이러한 상황을 미뤄 짐작할 때, 참전 결정에는 자국의 안보 수호와 더불어 소련과의 관계가 영향을 미쳤을 것이다. 당시 중국은 국가 재건과 발전에 소련의 지원이 절실했기 때문에, 스탈린의 참전 요구를 쉽게 거절할 수 없었다. 실제로 마오쩌둥의 결단으로 참전한 이후, 스탈린은 중국과 마오쩌둥을 다시 보게 되었고, 전쟁 동안 중·소 간 신뢰와 이해가 한층 깊어졌다.[3] 결국 중국의 참전은 소련의 요구에 따른 피동적 요인과 자국의 안보와 국제적 지위를 강화하려는 주동적 요인이 결합한 결과였다. 이를 바탕으로 관련 연구자들의 의견을 몇 가지 살펴보자.

재일 중국학자 주지엔룽朱建榮은 중국의 한국전쟁 참전을 사회주의 진영의 공통 이익을 위한 선택으로 보면서도, 단순한 방어가 아니라 공격적 방어 행동이었다고 해석한다.[4] 중국학자 션즈화沈志華 역시 중국의 참전이 매우 어려운 상

---

3   마오쩌둥도 "스탈린이 중공을 신뢰하게 된 중요한 이유는 한국전쟁 발발 이후 지원군이 조선에 진입해 전쟁을 수행했기 때문이다"라고 말한 바 있다. 위의 책, 261쪽.
4   주지엔룽, 『모택동은 왜 한국전쟁에 개입했을까』, 서각수 옮김, 역사넷, 2005년, 367쪽.

황 속에서 피할 수 없는 결정이었다고 평가하며, 이를 정책 결정론의 관점에서 분석한다. 그에 따르면, 마오쩌둥의 결정을 이끈 주요 요인은 세 가지다. 첫째, 북한 정권이 위기에 처해 스탈린과 김일성이 중국의 참전을 요청했을 때, 마오는 이미 타이완 해협에 미군 제7함대가 배치된 상황을 보고 미국과의 관계 회복이 불가능하다고 판단해 사회주의 진영 내에서 고립을 피하고자 했다. 둘째, 중국 국경까지 전쟁이 확대되어 혼란이 생기는 것을 막고, 미군의 침공을 저지하기 위해 한반도를 미·중 대결의 장으로 선택했다. 셋째, 만약 전쟁이 중국 내부로 확대될 경우, 중소동맹조약을 빌미로 소련이 동북 지방에 진출하는 것을 방지하려는 의도도 있었다.[5] 한국학자 박두복도 중국의 참전을 피동적 요인과 능동적 요인이 결합한 결과로 본다. 그는 당시 소련에 의존할 수밖에 없었던 중국이 소련의 참전 요청을 거절하기 어려웠던 점을 피동적 요인으로 꼽는다. 반면, 미국의 개입에 대응해 '내 집과 나라를 지킨다'는 명분을 내세운 점과, 전쟁을 통해 국내 정치적 문제를 해결하려 했던 점은 능동적 요인으로 본다.[6] 그러나 어떤 이유에서든, 신생 중국이

---

5 沈志華, 『中蘇同盟與朝鮮戰爭研究』, 廣西師範大學出版社, 1999, 194頁.
6 박두복, 「중국의 한국전쟁 개입원인-개입결정의 피동적, 능동적 측면」, 한국전쟁연

자국도 아닌 타국에서, 그것도 세계 최강의 미군과 맞서 싸우는 전쟁에 나선다는 것은 결코 쉬운 결정이 아니었다. 더구나 정권이 아직 안정되지 않은 상황에서 국민의 동의 없이 명분이 부족한 전쟁을 벌일 경우, 정권 자체가 위태로워질 위험도 있었다. 이 때문에 참전에 대한 지지와 참여를 끌어내기 위한 전방위적 선전과 범국민적 동원이 실제 전쟁을 수행하는 것만큼이나 중요한 과제가 되었다.

한국전쟁 참전 이전부터 중국 정부는 '평화서명운동'과 '신애국주의 운동' 같은 다양한 교육과 선전 활동을 펼쳐왔다. 특히, '중소우호동맹상호조약'을 비롯한 여러 조약과 협정이 체결된 뒤 진행된 대규모 선전 활동은 소련이 다른 국가와 구별되는 특별한 동맹국임을 강조했고, 그 배경에 깔린 국제주의 정신을 대중들에게 환기하는 데도 중요한 역할을 했다.[7] 국제주의 정신이란 마르크스주의에 기반을 둔 사상으로, 모든 착취와 억압에 반대하며 자본주의를 극복하고 사회주의를 건설해야만 진정한 해방이 가능하다는 공동의 가치를 강조한다. 이러한 메시지를 활용해 중국 정부는 소

구회 편, 『탈냉전시대 한국전쟁의 재조명』, 백산서당, 2000 참고.

7 何吉賢, 「"新愛國主義"運動與新中國"國際觀"的形成」, 『文化縱橫』, 2014年04期, 96頁.

련과의 동맹을 정당화하고 대중이 새로운 사회주의 질서를 수용하고 지지하도록 효과적으로 설득했다.

그런데 한국전쟁이 시작되고 중국이 본격적으로 전쟁에 뛰어들면서, 대중은 전쟁의 긴박함을 피부로 느끼기 시작했다. 마오쩌둥과 중공 지도부는 한국전쟁을 단순한 군사적 갈등이 아닌, 국민을 하나로 결속하고 사회주의 개혁의 필요성을 알리며 정치적 목표를 달성하기 위한 국가적 기회로 적극 활용했다. 그전까지 다소 추상적이고 이념 중심이었던 선전과 교육 운동은 전쟁의 위기 속에서 대중에게 더 현실적이고 피부에 와 닿는 메시지로 변화했고, 전쟁이 고조시킨 애국심은 중공 정부가 정권을 안정시키고 국민적 지지를 얻는 데 크게 기여했다.

1950년 10월 26일, 중국 인민지원군이 남한군과 첫 전투를 치른 바로 다음 날, 중공 지도부는 「전국 시사 선전에 관한 지시關於全國進行時事宣傳的指示」를 발표했다. 이 지침은 한국전쟁을 바라보는 중국 정부의 공식 입장을 대중에게 알리고, 전쟁에 대한 지지와 동원을 확산하려는 중요한 메시지였다. 지침은 "미국이 조선민주주의인민공화국에 대한 침략을 확대하고 대만을 직접적으로 침략하는 것은 중국의 안보에 심각한 위협이 되고 있으며, 무시할 수 없는 문제"라고 강조했다. 이어서 "우리 인민은 미 제국주의에 대해 일치된 인식과 입장을 가지고, 친미적 사고방식과 미국을 두려워하는 잘못된 태도를 단호히 배격해야 한다. 또한, 미제국주의를 증오仇視하고, 경멸鄙視하며, 멸시蔑視하는 태도를 가져야 한다"라고 주문했다. 이 지침의 핵심은 대중의 강력한 반미감정을 조성해 전쟁 동원을 강화하는 데 있었다. 같은 날, 수도 베이징에서는 '중국 인민 세계 평화 수호 및 미국 침략 반대 위원회(이하 총회)'가 출범해,[8] 항미원조 운동을 통합적으로 주도하며 시사 정치 교육을 보급하는 한편, 다양한 활동을 조직했다. 결과적으로 항미원조 운동은 단순한 선전이나 교육을 넘어, 전쟁 위기감을 원동력으로 삼아 신중국 초기 국가의 안정화를 이루는 데 중요한 역할을 했다. 총회 주석 궈모뤄郭沫若는 「위대한 항미원조 운동」보고에서 이 운동의 중요성을 다음과 같이 밝힌 바 있다.

"항미원조 대국주의 교육을 통해, 미 제국주의가 지난 백여 년 동안 중국에 가한 군사적, 정치적, 경제적, 문

---

[8] 1950년 7월 10일에 성립된 '중국연민 반미 대만·조선 침략 반대 운동 위원회中國人民反對美國侵略臺灣·朝鮮運動委員會'와 '중국 세계 평화 수호 대회中國保衛世界和平大會'가 통합되어, 1950년 10월 26일 '중국 인민 세계 평화 수호 및 미국 침략 반대 위원회中國人民保衛世界和平反對美國侵略委員會'로 재설립되었다. 이 위원회는 전국적인 항미원조 운동을 통합적으로 이끄는 역할을 맡았다. 이후 1951년 3월, 이 기관은 이름을 '중국인민항미원조총회中國人民抗美援朝總會'로 공식 변경했다.

화적 침략과 회유, 기만으로 인해 남겨진 '친미'와 '숭미' 같은 사고방식 및 '미국을 두려워하는' 잘못된 심리를 근본적으로 없앨 수 있었다. 대신, 미 제국주의에 대한 증오와 경멸, 멸시라는 새로운 인식을 심어주었으며, 이를 통해 민족적 자긍심과 자부심을 크게 고취했다. 인민들은 이러한 정신적 변화를 바탕으로 미국의 침략자들을 물리치겠다는 강한 결의를 다지게 되었다. 이는 우리 인민의 사상 전선에서 항미원조 운동의 위대한 승리이며, 이러한 사상적 승리는 미국의 침략을 격퇴하는 실질적 역량을 만들어 내는 데 중요한 기반이 되었다.'"[9]

항미원조 운동과 이와 함께 진행된 사회주의 개혁은 크게 세 가지 측면에서 그 효과를 살펴볼 수 있다. 첫째는 '반미' 인식을 통한 사회주의 이데올로기의 정착, 두 번째는 인민 정체성의 강화, 세 번째로 경제 회복과 생산 증대다. 가장 핵심적인 부분은 '삼시'[10] 교육을 통해 '반미' 의식을 심어주는 데 있었다. 이 교육은 사회심리학적 측면에서 볼 때,

---

9 趙富林,「"三視"教育與民族自信心」,『抗美援朝運動研究』, 人民出版社, 2000, 256頁.
10 증오仇視, 경멸鄙視, 멸시蔑視에 공통되는 글자인 '視'를 들어 '삼시三視'로 부른다.

미국에 대한 두려움, 숭배, 친근함 같은 심리를 없애고, 대신 미국을 증오하고 경멸하며 멸시하는 태도를 길러 민중의 '통일된 인식과 입장'을 만들고 민족의 자존감과 자신감을 높이는 것이었다.[11] 이러한 교육을 통해 대중은 점차 미국에 대한 '잘못된' 인식을 버리고 새로운 적으로서의 미국을 '상상'하게 된다. 미국에 대한 새로운 인식이 '상상'인 까닭은 한국전쟁의 참전 지원군을 제외한 대다수 중국인이 미군을 직접 경험할 기회가 없었다는 데 있다.

이 과정에서 역사와 현실을 결합한 선전교육은 미 제국주의의 침략을 폭로하고 대중에게 미국의 위협을 각인하는 데 매우 효과적이었다. 먼저, 현실적인 측면에서 중국은 미국의 군사적 행동을 구체적으로 알리며 위기감을 조성했다. 미국이 북한을 침략하는 동시에, 해군 제7함대를 파견해 대만과 대만해협을 점령한 점, 그리고 중국의 경고에도 불구하고 동북 국경 지역으로 공격을 확대한 사실을 적극적으로 알렸다. 이를 통해 미국의 군사적 위협을 강조하고 민족적 위기감을 높여 '항미원조 보가위국'의 필요성을 강조했다. 역사적인 측면에서는 미국이 과거부터 중국에 가했던 침략

11　侯松濤,「抗美援朝運動中的"三視"教育——宏觀視角下的回顧與反思」,『黨史研究與教學』, 2007年第6期, 41-42頁.

을 상기시키는 데 초점을 맞췄다. 1844년 청 정부에 '왕샤조약望廈條約'을 강요해 치외법권과 경제적 이익을 강탈했던 사건부터, 해방전쟁 시기에 장제스 정부를 지원했던 사례까지, 백여 년에 걸친 미국의 침략 역사를 강조했다. 한편, 선전 과정에서는 일본 침략자에 대한 민족적 원한을 미국으로 돌리는 데 주의를 기울였다. 미국의 침략 행위를 일본 제국주의 정책의 연장선으로 묘사하며, 조선을 침략한 뒤 동북 지역을 침탈하려는 미국의 계획이 과거 일본의 중국 침략 역사와 다르지 않다는 메시지를 인민에게 심어준 것이다. 이를 통해 일본에 대한 분노와 원한이 자연스럽게 미국에 대한 반감으로 이어지도록 유도했다.[12] 또한, '중국 인민 지원군 귀국 대표단'이 전국을 돌며 진행한 순회 활동은 대중들에게 미국 침략자를 물리치겠다는 결의를 심어주고 자신감을 크게 북돋았으며, 항미원조 운동의 열기를 더욱 높여 대중의 참여를 강화했다.[13]

---

12 "미국의 이러한 계획(조선을 침략한 뒤 중국 동북 지역을 침탈할 것)이 과거 일본의 중국 침략 역사와 궤를 같이한다." 侯松濤,「抗美援朝運動與民衆社會心態研究」,『中共黨史研究』, 2002年第2期, 24-25頁.

13 趙富林,「"三視"教育與民族自信心」,『抗美援朝運動研究』, 人民出版社, 2000, 255頁.

1951년에 제작된 중국의 선전 포스터. "미국에 저항하고 조선을 도와 이웃을 구하고 자신도 지키자!" 포스터 하단의 지도는 과거 일본 제국주의가 조선을 거쳐 중국을 침략했던 전례를 상기시키며, 미군 또한 일본을 재무장시켜 조선에 이어 중국을 침탈할 것이라는 위기의식을 시각적으로 표현했다.

이처럼 냉전 질서 속에서 새롭게 형성된 미국에 대한 인식은 철저히 이데올로기에 기반한 선전과 교육을 통해 만들어졌다. 직접 접해보지도 못한 미국이라는 상상의 적에게 생명력을 불어넣은 것은 바로 과거 제국주의 침략의 기억이었다. 특히, 일본 제국주의의 침략 시기에 남겨진 민족적 상흔을 새로운 미국 인식과 연결한 점은 중국의 냉전적 국민화가 "1945년 이전의 식민체제 위에 덧씌워진, 이른바 '식민화의 유산과 냉전 문화화의 중첩'"[14]이라는 아시아 냉전체제의 특징을 잘 보여준다. '삼시' 교육은 지난 100년 동안 제국주의 침략이 남긴 부정적 심리적 영향을 제거하고 민족적 자존심과 자신감을 크게 고취했으며, '친소반미'라는 새로운 외교 방침과 사회주의 이데올로기의 정착을 가속화했다. 또한, 전지에서 울려 퍼지는 승전보는 민족을 위기에서 구해낸 신생 중공 정권에 대한 국민적 신뢰를 크게 높이는 계기가 되었다. 중국학자 호우쑹타오도 항미원조 시기 동안 중국 사회가 보여준 가장 중요한 특징으로 민족주의의 전례 없는 고양과 강력한 응집력, 구심력을 꼽는다. 그는

14　"제2차 세계대전 후 아시아 각국은 자신에 대한 인식에 있어서 이전 시기와 단절적인 변화가 일어나지 않았다. 이러한 의식은 반식민지 및 민족 해방 과정에서 지속적으로 형성되고 발전해왔다. 이 인식은 각국이 냉전 구도의 형성에서 계속해서 적극적으로 대응하는 현상으로 나타났다." 성공회대 동아시아연구소 편, 「냉전 아시아의 문화풍경 1: 1940-1950년대」, 현실문화, 2008, 63쪽.

이 모든 것이 단순히 민족과 국가 발전의 근본적인 전제 조건일 뿐만 아니라, 민중의 건강한 사회심리를 형성하는 데 필수적이었다고 평가했다.[15]

두 번째로, 항미원조 운동은 건국 초기 시행된 다양한 사회주의 개혁운동과 결합해 '인민 가려내기'를 진행했고, '인민'이라는 새로운 정체성 확립에 중요한 역할을 했다. 이는 전쟁을 위한 자원 동원에 그치지 않고, 사회주의 개조와 국민 창출이라는 정치적 목표로까지 확대되었다. 당시 중국이 시행한 주요 사회주의 개혁 정책으로는 토지개혁, 반혁명 진압 운동, 삼반오반三反五反 운동, 지식인 사상개조 운동이 있다. 이러한 정책들은 항미원조 운동과 맞물리며, 민중을 '국민'으로 재구성하고 '비국민'을 배제하는 과정을 촉진했다. 『국민이라는 괴물』의 저자 니시카와 나가오西川長夫는, 메이지 정부가 청일전쟁과 러일전쟁을 치르며 총력전 체제를 구축하는 과정에서 '국민'과 '비국민'의 경계를 설정하고, 이를 통해 국민 통합과 국민 창출에 성공했다고 말한다. 이후 대일본제국의 역사는 국민의 확장과 비국민에 대한 억압의 역사로 이어졌다. 특히, 전쟁 중에 '비국민'으로 불리는

15　侯松濤,「抗美援朝運動中的"三視"教育——宏觀視角下的回顧與反思」,『黨史研究與教學』, 2007年第6期, 42頁.

것은 사회적 말살과 더불어 신체적으로 거의 죽음을 의미하는 무서운 낙인이었다.[16] 항미원조 운동도 한국전쟁이라는 나라 안팎의 긴장감과 공포 속에서 국내 사회주의 개혁운동과 결합해 작동했다. 이를 통해 잠재적인 '비국민'을 솎아내고, 선별된 이들에게 자발적이든 비자발적이든 '인민'이라는 새로운 정체성을 부여했다. 예를 들어, 항미원조 운동이 전후방에서의 경제적, 신체적 동원을 통해 전쟁 지원과 구성원 통합에 기여한 반면, 사회주의 개혁운동은 반혁명 분자나 잠재적 반혁명 분자로 간주된 사람들을 비인민으로 배제하는 역할을 했다. 그중 반혁명 진압 운동이 과격한 제거 방식을 취했다면, 삼반오반 운동이나 지식인 사상개조는 비교적 온화한 방식으로 개조의 기회를 제공했다. 사회주의 개혁 정책은 항미원조 전쟁 이전에 이미 시작되었지만, 전쟁 시기를 거치며 일부 정책이 더욱 강화되고 급진화했으며, 새로운 정책이 추가되기도 했다. 그러나 전국적으로 반혁명 분자나 잠재적 반혁명 분자를 식별하고 제거함으로써 신생 국가의 초기 안정화에 기여했다는 점에서는 동일하다. 결국, 항미원조 운동과 사회주의 개혁운동은 서로 긴밀히 연결되어, 인민과 비인민을 구분하고, 국가와 인민을

---

16 니시카와 나가오, 『국민이라는 괴물』, 윤대석 옮김, 소명출판, 2002, 40쪽.

통합하는 중요한 역할을 했다.

신중국 건립 과정에서 중국 공산당이 사회주의와는 다른 '신민주주의' 실현을 목표로 삼았기에, 많은 이가 신중국이 곧바로 사회주의나 공산주의로 급진화하지 않을 것이라고 예상했다. 그러나 1949년 정부 수립이 현실로 다가오면서 마오쩌둥은 '인민민주전정人民民主專政'이라는 방침을 발표한다. 인민에게는 민주를, 비인민에게는 독재를 적용한다는 원칙이었다. 여기서 문제는 '인민'과 '비인민'을 구분하는 기준이 매우 모호했다는 점이다. 특히 혁명의 주역이 아니었던 지식인, 도시의 민족 자산계급, 그리고 국민당에서 전향한 이들은 자신들이 '잠재적 비인민'으로 분류될까 불안했을 것이다. 이 모호한 기준은 1950년대 초반 한국전쟁으로 인한 대내외적 긴장 속에서 항미원조 대중운동과 결합하며 전국적으로 실행되었다. 중공 정권은 이를 통해 '비인민'을 효과적으로 축출하며 잠재적 내부 불안을 제거하고 '인민민주전정'을 강화했다. 또한 사회주의 개혁을 추진하며 경제 재건과 민생 안정이라는 시급한 과제를 해결하고, 사회주의 국가 건설의 기반을 다지는 데 성공했다.

셋째, 항미원조 전쟁이 주요 전투를 마무리하고 대치 국면에 접어들면서 장기화 조짐을 보이자, 항미원조 운동은 인민대중의 경제활동 중심으로 전환되기 시작했다. 1951년

2월 2일, 중공 중앙은 「항미원조 애국운동의 진일보한 전개에 관한 지시關於進一步開展抗美援朝愛國運動的指示」를 발표하며 새로운 방향성을 제시했다. 지시의 주요 내용에 따르면, 애국 운동의 주요 과제로 지원군과 북한군에 대한 위문, 미국의 일본 재무장 반대, 그리고 '애국 공약' 체결이 제시되었다. 이는 중공 정부가 시사 선전보다 경제적 활동을 강조한 '애국 공약 운동'의 중요성을 공식적으로 부각한 것이다. '애국공약 운동'은 애국심을 바탕으로 증산과 절약을 통해 경제를 활성화하고 국가 건설을 가속하는 데 목표를 두었다. 도시의 공장 노동자들은 생산 경쟁 운동을 전개했으며, 농촌에서는 생산 경쟁과 애국 양곡 헌납 운동이 펼쳐졌다. 또한, 상공업계는 세금 납부와 헌납을 통해 전쟁으로 인한 지출을 충당하고 국가 경제 재건의 기반 마련에 동참했다.

이처럼 신중국 초기 한국전쟁은 단순히 외세의 침략에 맞선 군사적 전투에 그치지 않았다. 성공적인 전투 수행은 물론, 새로운 혁명 이데올로기를 기반으로 한 신중국의 안착을 위해 전 국민을 전쟁 동원 체제 아래 조직하는 계기가 되었다. 특히 참전과 동시에 전국적으로 전개된 항미원조 운동은 '삼시' 교육을 중심으로 '반미' 이데올로기를 확립했다. 또한, '중소우호운동'을 통해 국민 의식을 기존의 '친미반소'에서 '친소반미'로 전환하며, 신중국의 새로운 국가 이데올로기를 구축하는 더 핵심적인 역할을 했다. 이를 종합할 때, 한국전쟁은 신중국이 냉전 질서 속으로 논격적으로 편입되는 계기이자, 동서로 양분된 세계를 대면하게 하는 중요한 전환점이 되었다. 더불어, 항미원조 운동은 국가 정책에서부터 국민 개개인의 사상과 문화에 이르기까지, 신중국과 대중의 정치, 문화, 사상 전반에 새로운 정체성을 형성해 간 중요한 냉전화 기제였다고 할 수 있다.

2. 새로운 중국 상상: 문학 속 냉전적 세계관

한국전쟁과 함께 시작된 중국의 항미원조 주제의 문예는 '항미원조 보가위국'이라는 참전 구호를 중심으로, 중국 인민지원군의 혁명적 영웅주의, 애국주의, 국제주의 정신을 담아냈다. 이 문예는 사회주의 리얼리즘의 대표적인 예로, 당시 사회를 구체적으로 모사하면서도 긍정적인 주인공인 인민지원군을 통해 밝은 미래에 대한 희망과 자신감을 전달했다. 따라서 항미원조 문예는 단순한 예술적 표현을 넘어 강력한 선전과 교육의 역할을 하며, 대중들에게 사회주의 세계관을 내면화하고 낙관적인 미래를 향해 나아가도록 하는 데 목적이 있었다. 특히, 국경 밖에서 벌어진 한국전쟁은 대다수 중국인에게 직접적인 체험이 아니라, 당 주도의 매체와 선전, 항미원조 대중운동, 그리고 이 과정에서 탄생한 문예 서사를 통해 경험된 '상상 속의 전쟁'이었다. 그중에서도 문화적 수단을 통한 선전 방식인 항미원조 문예는 문학과 사회현실을 독특한 방식으로 연결하여 대중을 설득하고 결속하는 데 중요한 역할을 했다.

중국 인민지원군이 조선에서 남한군과 첫 전투를 벌인 바로 다음 날인 10월 26일, 중공 중앙은 「전국 시사 선전에 관한 지시」를 발표했다. 이 시사 선전의 주된 목표는 전 인민이 미 제국주의에 대한 일치된 인식과 '삼시'의 태도를 갖는 것이었다. 이 지시에는 이러한 반미 의식을 고취하는 선전 목표와 더불어, 선전 방법, 선전 활동 시 주의 사항까지 구체적으로 제시되어 있다. 같은 날 베이징에서 성립된 '항미원조총회'는 중공 중앙의 선전 정책과 지침에 따라 시사 정치 교육, 항미원조 활동의 기획 및 실행, 조선위문단 조직 등 전국적인 항미원조 운동을 통합적으로 이끌게 되었다. 총회의 주석으로는 '중국 문학 예술계 연합회(문련文聯)' 주석을 맡고 있던 궈모뤄가 임명되었다. 이는 중공 중앙이 전국적인 항미원조 선전과 전쟁 동원 과정에서 문예계의 역할과 위상을 매우 중시했음을 보여준다. 실제로 문예계 인사들은 대중의 결속을 이끌고, 전쟁 지원을 위한 문화적 기여를 주도하는 핵심적 역할을 수행했다.

　중국 공산당은 항일전쟁 시기부터 무력투쟁만큼이나 대중 선전과 동원의 중요성을 깊이 인식하고, 특히 선전에서 문예의 역할을 강조해 왔다. 항미원조 문예 역시 이러한 맥락에서 출발했으며, 성공적인 전쟁 수행을 위한 선전과 대중 동원의 정치적 목적이 강하게 담겨 있다. 전국적으로 조직된 문예 단체 중에서도 전국문예공작자연합회全國文藝工作者聯合會는 중공 중앙의「항미원조 애국운동의 진일보한 전개에 관한 지시」가 발표된 직후,「문예계의 항미원조 선전사업 전개에 관한 호소」를 내놓았다. 동시에 '전국 문련 항미원조 선전위원회'를 조직하여 문예 선전 활동을 체계적으로 이끌었다. 이 위원회에서는 딩링丁玲, 라오셔老舍, 자오수리趙樹理 등 당대 문예계의 저명한 인사 11명이 선전위원으로 선출되어, 전국 각지에 항미원조 문예 작품을 소개하고 문예계 인사들의 순회강연, 항미원조 문예 작품 연구 등의 다양한 활동을 주도하며 선전의 폭을 넓혀갔다.[17] 또한, 이러한 선전 활동은 중공 중앙의 지시 아래 문화부, 전국 문련, 항

17　(一)向全國各地介紹推薦抗美援韓的文藝作品, 並編印宣傳小冊；(二)宣傳委員會組織文學家藝術家向全國廣播, 或到各學校, 工廠做巡迴講演；(三)組織各種座談會, 研究文藝作品,「全國文聯六次常委會決定成立抗美援朝宣傳委員會」,『人民日報』, 1950.11.14.

미원조총회가 유기적으로 협력하며 조직적으로 진행되었고, 문예 각 부문에서도 이에 적극적으로 호응하여 항미원조 문예 창작과 선전 활동이 급속도로 확대된다.[18]

중화인민공화국 수립 이후, 당대 중국의 문예는 창작부터 출판, 소비, 선전, 비평에 이르기까지 당의 철저한 관리 아래 조직적이고 통합적으로 이루어진 문예 창작 메커니즘 속에서 이뤄졌다.[19] 당대 중국 문예 실천의 첫 장을 열어젖힌 항미원조 문예는 당대 문예에 큰 영향을 미친 옌안 시기의 해방구解放區 문예를 전국적으로 확산하고, 당대 문단을 형성하는 데 중요한 접합점이 되었다. 이 과정에서 공산당 통치구역인 해방구와 국민당 통치구역인 국통구國統區 등 다양한 배경의 작가들은 항미원조 선전과 창작 활동을 통해 새로운 문단의 지위를 얻게 되었다. 작가들에게 조선 방문과 전선 생활 경험, 그리고 항미원조 문예 창작이 일종의 문단 입성 신고식이 된 것이다. 작가 중에는 전선 생활이 익숙한

---

18 항미원조 문예 창작의 선전 활동에는 1950년 11월 6일 북경시 문예계가 발표한 「재경 문학공작자 선언在京文學工作者宣言」, 11월 7일 『인민일보』에 발표된 「북경시 시가 노동자의 항미원조 선언北京市詩歌工作者抗美援朝宣言」, 그리고 12월 13일에 발표된 「희곡을 개조하여 항미원조하자改造吸戲曲抗美援朝」 등이 있다.

19 당대문학사가 훙즈청洪子誠은 이러한 당대 문예 창작 메커니즘을 '일체화一體化'라는 개념으로 정의했다. 이것은 강제적인 규범에 대한 요구이며 국가 권력으로 확보된다. 하지만 통일성의 규범은 아무리 강력한 국가 권력이 보증한다고 해도, 순수와 절대에 도달할 수 없는데, 이것이 천쓰허沉思和가 말한 문학의 '다층성'이다. 『問題與方法: 中國當代文學史研究講稿』, 北京大學出版社, 2010, 제2장 참고.

부대 문예 공작자도 있었고, 전선은커녕 선전식의 문예 창작 규범을 이해하지 못하는 작가도 있었다. 특히 비 해방구 출신의 작가들에게는 항미원조 문학이 해방구의 전시 문예와 동일하다는 점에서, 조선 방문 결정은 단기간에 당대 문단에 적응하기 위한 고육지책이었다고도 볼 수 있다. 따라서 비록 항미원조 문예 창작만으로 그들의 운명이 결정되었다고 단언할 순 없지만, 그 영향력은 결코 작지 않았다. 예를 들어, 해방 전부터 오랜 시간 부대 문예 공작에 종사했던 웨이웨이는 전지 르포를 통해 신중국, 신인, 신주체를 형상화하며 계급 정체성을 담은 항미원조 서사의 초석을 마련했다. 양숴는 『삼천리강산三千裏江山』에서 중·조 간의 전통적인 '순망치한脣亡齒寒' 관계를 냉전 논리로 변용해 당대 문단에서 주요 문예 공작자로 자리매김했다. 반면, 루링의 창작은 5·4 신문화운동 이후 형성된 개인주의 정체성을 새로운 계급 정체성에 융합해 내지 못해 당시 문예 비판의 대상이 되었으며, 1955년 6월 '후펑胡風 반당 집단 사건'에 휘말리면서 문화대혁명이 끝날 때까지 박해를 받아야 했다.

세 가지 유형으로 분류한 이들 작가와 작품들은 모두 '항미원조 보가위국'이라는 구호 아래 조선에서 용감히 싸우는 인민지원군의 애국주의, 국제주의, 영웅주의를 주제로 삼고 있다. 주인공인 지원군의 신분 역시 대개 중화인민공화국 수립 이전인 구중국에서 농민이나 노동자와 같은 '가난하고 고통받는 자窮苦人'였다는 점에서 큰 차이가 없다. 그렇다면 동일한 전쟁을 다루면서도 어떻게 창작 주체의 특징에서 미묘한 차이를 드러냈을까? 작가의 창작은 관방의 공식 서사처럼 객관적이고 군더더기 없는 본질 그 자체가 될 수 없다. 오랜 시간 형성된 습관과 개인적 세계관은 의식적이든 무의식적이든 작가의 표현 방식이나 시각, 심지어 단어 선택에도 흔적을 남기게 마련이다. 이로 인해 작가들은 참전의 당위성을 강조하고, 인민대중을 전쟁에 동원하며, 전선에서의 투지를 고취하는 공통된 목표 아래 동일한 교육을 받고 창작에 임했음에도 각기 다른 전쟁의 풍경을 그려낸 것이다. 이는 작가들이 한국전쟁을 어떻게 이해하고 어떤 측면을 강조했는가에 따라 달라진다. 예를 들어, 웨이웨이는 '가난하고 고통받는 자'라는 인민지원군의 신분에 주목하며, 초보적인 계급적 인식을 바탕으로 전쟁과 조선을 바라봤다. 반면, 양쉬는 일제 침략 시기의 민족적 집단 상처에서 출발해 이 전쟁을 인식했다. 그러나 루링은 계급론이나 민족주의와 같은 집단주의에 수렴하지 않고, 한 인간의 삶에 초점을 맞추어 당대의 시대 담론과 충돌하게 되었다. 이처럼 다양한 전쟁 서사는 항미원조 문예에서 요구되는 새로운 계급 정체성을 작가들이 어떻게 해석했는지 보여준다.

이후 작가들의 창작물이 당대 문단에서 수용되거나 비판받는 선별 과정을 거치면서, 건국 초기 다양하고 복잡했던 계급 정체성의 해석은 점차 단일해지고 일체화되는 방향으로 정리되었다. 이는 단순히 문학적 흐름이 아니라, 신중국의 초기 국가 정체성과 사회적 통합 과정의 중요한 일면을 보여주는 사례라 할 수 있다.

이제 건국 초 새로운 정치 이데올로기 속에서 항미원조 전선에 참여한 작가들의 다양한 배경과 그들이 창작한 세 가지 서사 유형을 중심으로, 청 말기부터 신중국에 이르기까지 20세기 중국 사회를 구성해 온 다층적인 정체성의 혼재 양상을 살펴보고자 한다. 웨이웨이의 전지 통신前線通信[20] 『누가 가장 사랑스러운 사람인가誰是最可愛的人』는 계급 정체성 서사의 초석으로, 양쉬의 『삼천리강산』은 일제 침략기 민족주의 정서를 냉전적 시각으로 전환한 사례로, 루링의 장·단편 소설은 인도주의적 시야에서 바라본 전쟁의 비극을 그린 작품으로 분석했다. 이와 같은 1950년대 항미원조 문예 작품과 작가의 지위 변화를 통해, 아시아의 냉전 질서 속에서 이루어진 중국의 냉전화와 국민화의 초보적 양상을 문화

---

20 전쟁터의 최전선前線에서 작성·송신되는 글. 즉, 군사 작전이나 전투 현장에서 기자나 통신원이 직접 보고 써서 보내는 생생한 현장 기록을 말한다.

적 측면에서 이해할 수 있을 것이다.

1) 웨이웨이: '계급 정체성' 서사의 초석

항미원조 문예는 혁명 승리를 위해 문학·예술과 군사적 투쟁 모두 중요한 역할을 한다는 옌안 문예의 '문무文武 양대 전선戰線' 원칙을 당대 문단에 뿌리내리게 한 중요한 접합점이었다. 따라서 옌안 문예 창작 체계에 익숙한 항미원조 작가가 주류로 부상하는 것은 자연스러운 결과였다. 이를 대표하는 인물이 바로 웨이웨이(1920~2008)다.

웨이웨이는 1938년, 18세의 나이에 옌안으로 들어가 공산당에 가입했다. 옌안항일군정대학延安抗日軍政大學에서 수학하고 졸업 후에는 팔로군 총사령부가 조직한 전선 기자단에 합류해 항일 근거지로 파견되었다. 해방전쟁 시기에는 군부대에서 교육을 담당했고, 신중국 초기에는 총정치부 선전부에 배치되어 사병들을 위한 국어 교재를 편찬하기도 했다. 중국 인민지원군이 한국전쟁에 참전한 지 한 달 후, 웨이웨이는 총정치부의 명을 받아 북한의 포로수용소에서 미군의 정치 상황을 조사하는 임무를 맡았다. 임무를 성공적으로 수행한 그는 전선에 남아 약 3개월 동안 지원군들과 함께 생활하며 느끼고 배운 바를 전지 통신 형식으로 발표하

웨이웨이

기 시작했는데, 그중 가장 대표적인 작품이 바로 오늘날까지도 많은 사랑을 받는 『누가 가장 사랑스러운 사람인가』이다. 이 작품은 해방전쟁의 연장선에서 계급 정체성을 형상화한 항미원조 문예로 평가되며, 신중국 문학의 중요한 이정표가 되었다.

　이 작품이 당 기관지인 『인민일보』에 실린 일화는 널리 알려져 있다. 원래 이 작품은 작가협회의 간행물인 『문예보文藝報』에 실릴 예정이었으나, 탄월간지였던 『문예보』 발행 일정으로 인해 제때 발표되기 어려웠다. 이에 따라 문예 작품으로는 처음으로 1951년 4월 11일 자 『인민일보』 제1면 톱으로 실리게 되었다.²¹ 이뿐만 아니라 『인민일보』 편집부는 이 작품을 위한 전문 좌담회를 열고, 웨이웨이를 초청하여 창작 경험을 공유하도록 했다. 이 작품에 대한 찬사는 당 지도부에서도 이어졌다. 주더朱總 총사령관은 "잘 썼다! 너무 훌륭하다!"며 극찬했고, 마오쩌둥도 작품을 읽고 즉시 "전군에 배포하라"고 지시했다. 이 작품은 강한 애국주의와 국제주의 정신을 담아 전방의 장병들에게 큰 용기를 북돋아 주었고, 후방에서는 대중의 전방 지원 활동을 적극적으로 추동하는 데 중요한 역할을 했다. 이 작품의 영향으로 중국인들은 지원군을 '가장 사랑스러운 사람'이라 부르게 되었고, 전국 각지에서 위문편지와 위문품이 조선으로 날아들었다.²² 문예계에서도 호평이 쏟아졌다. 마오 주석의 호평에 화답하듯, 당시 중앙선전부 문예처 처장이었던 딩링은 1951년 5월, 『문예보』에 「웨이웨이의 조선통신 『누가 가장 사랑스러운 사람인가』와 『겨울과 봄』을 읽고」를 발표하여 이 작품을 다음과 같이 극찬했다.

"이 두 작품은 어디가 좋은가, 바로 그가 영웅 인물의

---

21 常彬, 「抗美援朝文學敘事中的政治與人性」, 『文學評論』, 2007年2期, 60頁.
22 楊柄, 『魏巍評傳』, 當代中國出版社出版, 2000, 129-130頁.

사상 활동을 그려냈다는 점에 있다. (…) 웨이웨이의 이 글은 가장 새로운 사람을 보여준다. (…) 바로 오늘날 중국 인민을 가장 잘 대표하는 인물들이다. (…) 오늘날 우리의 문학 가치는 마오 주석의 지도 아래 우리 시대의 모습을 얼마나 잘 반영하는가에 달려 있다. 중국의 새로 태어난 사람들, 가장 사랑스러운 사람들이 조국을 위해 이뤄낸 위대한 업적을 얼마나 완벽하고 훌륭하게 표현했는지를 봐야 한다. 그런 점에서 나는 웨이웨이의 이 짧은 두 편의 글이 단순한 통신을 넘어 문학이며 최고의 문학작품이라 생각한다."[23]

이처럼 『인민일보』 게재, 고위 당 인사의 인정과 뒤이은 문예계의 호평, 그리고 작가 개인의 영향력 상승으로 이어지는 일련의 과정은, 당대 중국에서 당 사업과 문예 지침에 부합하는 작가와 작품이 어떻게 주류로 부상하는지를 보여준다. 이는 단순히 문학적 성과에 그치지 않고, 당대 중국 문학예술과 문예 공작자의 '정치화'라는 특징을 이해하는 데 중요한 사례가 된다. 이러한 맥락에서, 당 간부였던 웨

---

23 丁玲, 「讀魏巍的朝鮮通訊──『誰是最可愛的人』與『冬天和春天』」, 『文藝報』 (1951.5), 第4卷 3期.

이웨이가 수행한 역할과 그에게 부여된 임무를 살펴보는 일은 문예 활동이 어떻게 정치적 목표와 긴밀히 맞물려 있었는지를 이해하는 데 중요한 단초가 된다.[24]

그러나 『누가 가장 사랑스러운 사람인가』의 성공과 함께 웨이웨이의 출셋길이 열린 것은 단순한 우연이 아니라 그의 이력에서 비롯된 필연이었다. 옌안 출신인 그는 항일전쟁부터 해방전쟁까지 오랜 시간을 전선의 부대에서 보내며 문예 공작에 헌신해 온 '문예 전사'였기 때문이다. 이 작품을 발표했을 때 그는 비록 31세의 젊은 나이였지만, 이미 10여 년의 현장 경험을 쌓은 베테랑 작가였다. 특히, 성공적인 전쟁 수행을 위한 군중 동원의 정치적 목적이 강한 항미원조 문예는 웨이웨이가 그동안 쌓아 온 부대 문예 공작 경험을 발휘할 절호의 기회가 되었다.

반면, 문학적 가치 측면에서 당대 문학사가 훙즈청 교수는 웨이웨이와 두펑청杜鵬程, 양모楊沫 등 1950~60년대 주류 작가들을 "'고조기'가 곧 '종점'인 '한 권 책 작가'"로 평가하며, 이들을 '5 · 4 운동 및 이후의 현대 작가'와 구분 짓는

---

24 웨이웨이는 1954년 제1회 전국인민대표로 선출된 이후 제2회, 3회 연속으로 인민대표에 선출되었다. 또한 베이징 군구 정치부에서 선전부 부부장과 문화부 부장 등을 역임했다. 그 밖에도 공청단 중앙위원, 전국 민주청년연합 부주석, 문련 위원, 작가협회 이사 등을 수행했다. 楊柄, 『魏巍評傳』, 154頁.

다. 그는 이들 주류 작가들이 대체로 학력이 낮고 문학 창작을 위한 준비가 부족했으며, 사상과 예술에서 참고 범위가 좁았던 점을 그 이유로 들었다.[25] 홍즈청의 지적처럼, 웨이웨이의 창작 스타일은 옌안 시기부터 1978년 출판된 장편소설 『동방東方』에 이르기까지 일관된 색채를 유지하고 있다. 항일 시기에 쓴 보고문학들[26]은 전투에서 죽음을 두려워하지 않는 용맹한 전사들의 이야기를 다루며, 인민군대의 전사들이 절대적인 인민의 지지를 받으며 적으로부터 그들을 구해낸다는 서사를 담고 있다. 이는 웨이웨이가 항미원조 시기에 창작한 작품들과 많은 공통점이 있다. 지원군의 영웅적인 행적, 전사들의 공통된 농민 신분, 그리고 작품에 반복적으로 등장하는 군·민의 친밀함軍民魚水情 서사 패턴 등이 대표적이다. 따라서, 웨이웨이 작품 속 항미원조 전쟁은 단순히 외부와의 갈등이 아니라 '반봉건·반제국' 투쟁의 연장선이자, '국내 해방전쟁의 해외판'으로 묘사된다. 특히 이는 항일 전쟁시기 창작된 서사의 틀에 국제주의 정신만 덧붙인 듯한 인상을 준다.[27]

---

25 洪子誠, 『中國當代文學史』(修訂版), 北京大學出版社, 1999, 30頁.
26 『燕嘎子』, 『娘子關前──英雄們是怎樣攻占了雪花山』 등이 있다.
27 이런 창작 풍격은 그가 1965년 베트남전쟁에서 쓴 보고문학에도 이어진다. 1965년 여름, 주은래 총리의 명을 받아 웨이웨이는 바진巴金, 한즈菡子, 두센杜宣 등과 함

항미원조 창작에서도 웨이웨이가 특히 주목한 것은 인민지원군의 영웅적 형상이다. 그의 작품 속 지원군들은 대개 구중국에서 지주, 국민당, 일본 제국주의 등으로부터 갖은 핍박을 받았던 '가난하고 고통받는 자', 즉 농민 출신이다. 그래서 이들의 애국주의, 국제주의, 혁명영웅주의 정신은 '구사회'와 대비되는 '신사회'에서 '땅(토지)의 분배'를 통해 자신과 가족들의 삶이 긍정적으로 변화한 경험에서 비롯된다. 작가 자신도 농민 전사들을 묘사할 때 토지 문제를 중요한 요소로 삼았다고 언급한 바 있다. 1952년 11월, 웨이웨이가 조선 전선에서 약 20일간 체류하며 기록한 일기 『진지의 최전방에서』는 해방된 농민 출신 신참내기 사병 두 명과의 대화를 다음과 같이 기록하고 있다.

께 베트남 전지를 방문하고 보고문학 『인민전쟁의 꽃이 가장 붉다人民戰爭花最紅』를 창작하여 베트남 인민군의 항전 의식을 고취한다. 1965년 11월에 쓴 「비행기도 민병을 두려워하네飛機也怕民兵」에서 그는 다음과 같이 설명한다. "1965년 7월, 우리는 중국 인민의 깊은 우정을 안고 전투 중인 베트남에 왔다. 조국의 친구들아! 우리는 너희들이 불꽃과 눈꽃이 뒤섞인 조선의 전장을 온 마음으로 응시하던 그때처럼, 베트남전을 얼마나 애타게 바라봤는지 안다. 왜냐하면 이 전쟁은 우리 조국의 문 앞에 일어난 전쟁일 뿐 아니라, 우리의 가장 친밀한 베트남 형제들의 운명이 달린 전쟁이기 때문이다. 그뿐만 아니라, 동남아 인민의 앞날과 세계 혁명사업과 관련된 전쟁이기 때문이다." 베트남전쟁에 대한 이러한 인식은 항미원조 전쟁 인식과 동일하며, 문학작품 역시 항미원조 문학작품과 동일한 반미 제국주의, 미군 희화화, 가난하지만 낙관적이고 강인한 베트남 농민 형상 등의 특징을 취하고 있다. 魏巍, 「飛機也怕民兵」, 『魏巍文集』(第七卷), 廣東教育出版社, 1999, 263頁.

"그 둘은 모두 전쟁 발발 후 농촌에서 지주의 기세가 높아졌다고 말했다. 그들은 이러한 분위기 속에서 부대에 참가했다. 보아하니, 그들은 승리의 열매를 지키는 데 천연적인 민감함을 지니고 있어, 농민 전사를 묘사할 때 토지 문제를 소홀히 해서는 안 되겠다."

이처럼 '신구新舊 사회의 대비'에서 비롯된 조국애와 국제주의는 웨이웨이의 작품 곳곳에서 쉽게 확인된다. 예를 들어, 1952년 10월에 발표한 『전진하자, 조국아!前進吧, 祖國!』는 전진하는 조국의 모습이 전사들의 마음을 격동시킨다는 내용을 담고 있는데, 특히 한 병사가 구사회에서 겪은 고난이 생생하게 묘사되어 있다.

"내 여동생은 과거에 지주의 계집종이 되어 온몸이 시퍼렇게 멍들고 거칠게 땋은 머리만 늘어뜨리고 있었는데 얼굴이 누렇게 떠 사람 꼴이 아니었다. 동생이 사흘이 멀다 하고 울면서 집에 달려왔지만, 내가 무슨 방법이 있었겠는가? 일찍 부모님을 여의고 내 동생즈차도 돌볼 수가 없는데! (…) 그러나 조국이 변했고 고향도 변했다. 편지에는 우리 고향 가까이 공장이 건설되기 시작했다고 한다. 동생은 이미 공장에 들어가 노동자가

되었단다. 할머니, 삼촌은 모두 땅을 분배받아 호조조互
助組[28]를 조직했다고 하고. 몇 년만 더 지나면 트랙터가
우리 고향에서 우르릉거리며 농사를 짓고 있을지도 모
르겠다. 동생이 나에게는 결연하게 앞에서 싸우고, 자
기는 후방에서 열심히 건설하며 서로 겨뤄 보자고 했
다. 이것 봐, 사진 속 내 동생의 즐거운 모습을 좀 보라
고!"[29]

이와 같은 서사는 '계급의 고통'을 경험한, 농민 출신 지
원군의 애국주의, 국제주의 정신을 표상하는 웨이웨이 서사
전략의 전형이다. 하지만 웨이웨이의 작품이 양쉬나 바진,
루링 등의 작가들과 차별화되는 점은, 지원군의 형상을 단
순히 '해방된 농민'이라는 출신성분에 국한하지 않고, 이를
토대로 항미원조 전쟁을 초보적 계급 각성의 과정으로 묘사
했다는 데 있다. 이러한 차이는 웨이웨이가 오랜 시간 전쟁
동원과 선전을 위한 문예 활동에 종사하며, 명확한 사회적
목표와 낙관적 정서로 충만한 사회주의 문예 창작 규범에
익숙해진 결과라 할 수 있다. 그의 작품 속에서 지원군들의

---

28 중국 농민들이 개인 경제를 기초로 조직한 사회주의 성격의 집단 노동 조직.
29 魏巍, 『魏巍全集』(第七卷), 廣州 : 廣東教育出版社, 178-179頁.

'항미원조 보가위국' 정신은 모두 구사회에서 겪은 '계급적 고통'에서 출발하지만, 츠보적으로나마 혁명 영웅 전사로서 형상화되는 몇 가지 특징을 보여준다.

첫째, 지원군들은 신중국에서 변화된 자기 삶에 안주하지 않고, 조국과 조선의 평화를 지키는 원대한 목표 의식을 지니고 있다. 그들은 당의 지도 아래 성장하며, '공을 세워 입당'하는 것이 소망이다. 웨이웨이의 『전선에서의 춘절 밤火線春節夜』에는 지원군들이 한강 남안南岸에서 초라한 음식을 앞에 두고 설을 맞이하는 장면이 그려진다. 명절의 북적이는 분위기를 그리워하며 조국을 떠올리던 그들 사이에서, 한 병사가 "너희는 후방의 평화로운 생활이 그립지 않냐?"고 묻자, 다른 병사가 화를 내며 이렇게 응수한다. "내가 후방의 생활이 그리웠다면 여기 오지도 않았어!", "내가 여기에 온 이유는 우리 조국이 매일 장날처럼 떠들썩하고 앙가秧歌에 맞춰 춤을 추고, 화곡극花鼓戲을 하고, 농사짓고 노래하고, 문화를 배우고 마음대로 거리를 다닐 수 있도록 하기 위해서라고!"[30] 또 다른 한 전사는 "이번 출국으로 만약 내가 공산당원이 되지 못한다면, 나는 조국의 얼굴을 보지 않을 거야! 조선이 해방되면, 너희는 훈장을 달고 모두 돌아

---

30 同上, 118-119頁.

가겠지. 나는 여기서 조선 인민들을 도와 집을 짓고 입당하고 공을 세울 거라고!"³¹라는 포부를 밝히기도 한다.

둘째, 웨이웨이 작품에서 전쟁은 일상화된 죽음의 공포가 아닌, 혁명의 열정과 긍정적 감정으로 채워져 있다. 토지혁명으로 집과 땅을 분배받은 지원군 전사는 전투를 앞두고도 전혀 두려워하지 않으며, "전투는 너무 즐거워!"라며 콧노래를 부르기도 한다.³² 이는 당시 중국의 혁명 투쟁과 전쟁에 대한 관점을 반영하는데, 마오쩌둥이 말한 "혁명은 손님을 초대해 밥을 먹는 것이 아니며, 글을 쓰는 것도, 그림을 그리고 수를 놓는 것도 아니다", "혁명은 폭동이며, 한 계급이 다른 한 계급의 폭력을 전복시키는 행위"³³라는 정의가 이를 잘 보여준다. 이 시기, 혁명은 비정상적인 것을 바로잡는 정의로운 행위이자 인민 해방의 구원으로 인식되었고, 전쟁은 비극이 아니라 흥분되는 행위이며 반드시 승리하는 정의의 투쟁이었다. 설령 전쟁이 희생이라는 피의 대가를 치르더라도, 그 희생은 영광스럽고 거룩한 것으로 미화되었다. 따라서 작품 속 전투에서 묘사되는 영웅들의 희생은 잔

---

31 同上, 120頁.
32 同上, 166頁.
33 毛澤東, 『毛澤東選集 · 第一卷』(第二版), 北京 : 人民大學出版社, 1991, 17頁.

혹한 현실이라기보다는 추상적이고 낭만적인 격정으로 그려졌다. 웨이웨이 작품 속 지원군은 사회주의 리얼리즘 문학의 전형적인 긍정적 주인공으로, 개인적 존재라기보다는 사회주의 혁명과 건설을 위한 집단적 이상을 실현하는 상징적 인물로 그려진다. 그러므로 그들의 분노, 기쁨, 사랑 등 모든 감정은 개인 차원을 넘어 집단과 계급적 틀 안에서만 발현된다. 또한, 조국을 수호하고 국제주의를 실현하려는 원대한 사명 외에는 죽음에 대한 두려움도, 사사로운 개인적 감정도 찾아볼 수 없다. 심지어 가족애조차 계급적 연대의 감정으로 변형되어 '계급의 고난' 외의 감정이 거의 드러나지 않는다. 이와 같은 웨이웨이의 항미원조 서사는 개인적 고통과 인간적 딜레마를 중심에 둔 루링의 작품과 뚜렷한 대조를 이루며, 혁명 서사 속에서 개인의 감정이 집단의 이상에 철저히 종속되는 당대 문학의 특징을 보여준다.

웨이웨이는 중국혁명의 승리와 해방의 연장선상에서 항미원조 전쟁을 바라보며, 이를 매개로 한 사회주의 신중국의 청사진을 그의 대표작 『동방』(1978)을 통해 완성했다. 작품 속 '동방'이라는 개념은 1953년 휴전 이후 발표된 『여기는 오늘의 동방이다這裏是今天的東方』에 처음 등장한다. 이때 '동방'은 중국과 중국이 주도하는 사회주의 평화 진영을 의미하며, 전쟁에서 승리한 중국의 민족적 자신감을 상징한다. 다시 말해, 미 제국주의 침략자를 물리치고 전쟁에서 승리한 중국은 변화된 '오늘의 동방'인 북한을 지원하며 역사적 책임을 다한 것이고, 북한을 돕기 위해 건넜던 압록강 다리는 사회주의 사회로 나아가는 상징적인 연결고리가 되었다는 것이다.[34]

또한, 『동방』은 전쟁의 전방(조선)뿐 아니라 후방(중국)에서의 변화를 전방위적으로 다루며, 항미원조 전쟁을 매개로 한 사회주의 신중국의 혁명 서사시를 펼쳐낸다. 특히, 후방의 봉황보鳳凰堡 마을을 배경으로, 지주의 악행과 그로 인한 위기를 극복하고 농업 합작화를 이루는 과정을 상세히 그린다. 봉황보는 주인공 지원군 전사들의 고향이자, 항일 시기 영웅 부대가 전투를 벌였던 곳으로, 항일부터 항미원조까지의 연속성을 암시한다. 여기에는 항미원조 전쟁을 '반봉건·반제국의 연장'이자 국내 해방전쟁의 해외판'으로 바라보는 웨이웨이의 일관된 인식이 반영돼 있다.

혁명의 시대가 저물던 1978년에 출판된 이 작품은, 당시 딩링이 "100년 후 누군가 항미원조를 알고 싶다면 『동방』을 읽어야 할 것이다"라고 평가한 것처럼, 건국 초기 항미원조 전쟁이 지닌 국내외적 의미를 총체적으로 담아내고 이를

34　魏巍,『魏巍全集』(第七卷), 212頁.

매개로 한 사회주의 신중국의 청사진을 그렸다. 웨이웨이는 『동방』으로 1982년 제1회 마오둔 문학상을 수상하며, 문예 공작자로서 한평생을 혁명 공작에 헌신한 공토를 인정받았다.[35]

2) 양쉬: 민족주의 정서의 냉전적 전환

웨이웨이가 '계급의 고난'이라는 지원군들의 초보적인 계급 각성을 바탕으로 이 전쟁과 조선을 해석했다면, 양쉬(1913~1968)의 『삼천리강산』은 일제 침략 시기 고양된 민족주의 정서를 기반으로, 중·조 간 전통적인 '순망치한' 관계를 냉전적 시각으로 전환하며 문학적으로 재구성한 작품이다.

양쉬 역시 신중국 이전부터 웨이웨이와 마찬가지로 공산당원으로 활동하며 중국의 혁명과 해방을 위해 헌신해왔다.[36] 두 작가 모두 문학을 혁명사업에 봉사하는 중요한 도

---

35 웨이웨이는 두 번째로 조선에 갔던 1952년에 『동방』 구상을 시작해 1959년부터 본격적인 창작에 들어갔다. 하지만 중단과 재개를 반복하며 1978년 9월에 최종 발표하게 된다. '항미원조' 발발 이후 책이 출판된 1978년까지, 웨이웨이는 세 차례의 조선 방문, 1953년 공장에서의 노동자 생활, 1954~1955년 기중冀中에서 농업 합작화 경험, 1965년 베트남전쟁 취재, 그리고 그 외 다양한 행정 업무를 경험했다. 따라서 이 소설은 한평생 혁명 공작에 투신한 그의 발자취를 담아낸 것이다.

36 양쉬는 1929년 하얼빈영문학교 졸업 후, 줄곧 항일구망抗日救亡을 위한 '문화항전사업文化抗戰事業'에 힘썼다. 1937년 말에는 옌안을 방문하여, 마오쩌둥, 주더 등 중공 중앙지도자들을 만나고 산베이공학陝北公學을 방문하여, 새로운 제도 아래 변

구로 여겼으며, 작품에 뚜렷한 사회적 목표 의식을 담았다. 그러나 두 사람의 항미원조 문학 색채에는 차이가 있는데, 이는 창작 주체의 성장 배경, 문화적 수준, 그리고 개인적인 경험의 차이에서 비롯된 결과라 할 수 있다. 양숴는 비교적 부유한 가정에서 태어나 어린 시절부터 중국 고전에 익숙했으며, 하얼빈에서 생활할 때는 야학 선생님으로부터 고시古詩를 배우며 전통 문학에 대한 소양을 쌓았다.[37] 또한, 영문학교에서 학습하며 다양한 외국 문학을 접하고 이를 직접 번역하기도 했다. 이로 인해 양숴는 5·4 운동 시기와 그 이후의 현대 작가들처럼 중국 고전과 서양 문학의 소양을 두루 갖춘 편이었다. 그는 이러한 비교적 높은 문화 수준을 바탕으로 출판 업무, 시, 산문, 소설 창작과 기사 작성 등 다양한 문예 활동을 펼쳤다. 그의 풍부한 경험은 작품에도 자연스럽게 녹아들어, 웨이웨이, 류바이위劉白羽 등 오랜 시간 부대 내에서 선전과 문예 활동을 이어온 1950~60년대 주류 작가들과는 또 다른 창작 세계를 형성했다.

구 인민의 생활을 체험했다. 1939년에는 주은래가 직접 조직한 '작가전지방문단'에 가입, 화북華北 항일근거지에 깊이 들어가 군민들을 위문하고 전쟁 생활을 체험하며 온갖 고난을 겪는다. 근거지에 도착한 후, 그는 연대를 따라 돌아오지 않고 팔로군에 참가하여 종군기자로 산시山西, 허베이河北 일대를 전전했다. 1942년에는 옌안으로 돌아와 화북 항일 근거지 생활과 팔로군을 주제로 한 보고문학을 발표하고, 중앙당교 3부에 들어가 1945년 가을 공산당에 가입했다.

37 張帆, 「"卻向秋風哭故園"的戰地作家楊朔」, 『炎黃春秋』, 1997年11期, 62頁.

양숴

베이징이 해방된 이후 그는 중화철도노동조합^{中華鐵路總工會}에서 근무하게 되었고, 한국전쟁이 발발하자 『인민일보』특약 기자 신분으로 철도노동자로 조직된 지원군인 철도부 노동자 제2대대와 함께 조선으로 파견되었다. 약 1년간 그들과 함께 생활하며 전쟁을 경험한 그는 통신 보고문학을 창작해 중국으로 전송했다. 그중에서도 1952년 『인민문학』 제10호, 11호, 12호에 연재된 『삼천리강산』은 그의 대표작으로 평가된다.[38] 이 작품은 발표되자마자 큰 반향을 일으켰

---

38 단행본은 연재가 끝난 직후인 1953년 3월, 인민문학출판사에서 출판되었다. 이 글은 단행본을 토대로 작성되었다.

으며, 해외에서도 번역 출판되었다. 양쉬 역시 웨이웨이와 마찬가지로 조선에 다녀온 이후 문예계에서 명성을 얻었을 뿐만 아니라 정치적으로도 승승장구하며 입지를 다지게 된다.[39]

이 작품은 1950년 10월 25일부터 1951년 6월까지 진행된 항미원조 전쟁 1차부터 5차 전투를 배경으로, 동북東北 국경지역에서 근무하던 중국 철도노동자들이 지원군을 조직해 북한 철도노동자들과 함께 미군 폭격으로 파괴된 철도를 신속히 복구하고 후방을 지켜낸 이야기를 담고 있다. 양쉬는 이 소설의 창작 동기를 다음과 같이 술회한 바 있다.

"일 년이 넘는 시간 동안, 나는 철도노동자로 구성된 지원군들과 함께하며 수많은 사람들을 만났다. 그들은 평범하고 성실하며, 노동 인민으로서의 본 모습을 잃지 않았다. (…) 무엇이 이들을 혼인을 앞둔 애인을 두고 지

---

39 그는 전국작가협회 이사를 거쳐 외국문학위원회 부주임·주임, 제3차, 제4차 정치협상회의 위원, 아시아·아프리카연대위원회 부비서장, 당원, 부주석을 거쳐 세계평화수호위원회 회원으로 유라시아·중남미를 누비며 아시아·아프리카작가회의, 소련 제1차 아시아·아프리카작가회의, 카이로·아프리카인민단합대회 등을 다녀왔다. 아시아·아프리카인민단결이사회 서기처 중국 서기로 카이로에 주재하고, 아시아·아프리카 작가 상설국의 중국 연락위원회 비서장으로 스리랑카에 주재했다. 또한, 루마니아, 인도네시아, 알바니아, 일본, 콩고, 동아프리카 등을 방문했다. 張帆, 「"卻向秋風哭故園"的戰地作家楊朔」, 63頁.

원군에 입더하게 했을까? 장례도 치르지 못한 부친을 남겨두고 조선에 오게 했을까? 아내와 자녀 그리고 평화로운 생활을 떠나 가장 힘든 전쟁에 뛰어들게 했을까? (…) 그것은 바로 사랑 때문이다. 그들은 조국을, 인민을, 정의를, 평화를 사랑하기에 개인의 행복과 사랑을 기꺼이 희생한 것이다. (…) 이 세상에 이보다 더 위대한 사랑이 있을까? 나는 바로 이러한 사랑을 쓰고 싶었다."[40]

『삼천리강산』은 항미원조를 주제로 한 첫 번째 장편소설로 주목받았을 뿐 아니라, 당시 항미원조 문예에서 상대적으로 소외된 노동자 계급을 주요 인물로 등장시켜, 평범한 노동자들의 관점으로 이야기를 풀어낸 점에서 높은 평가를 받았다.[41] 그러나 가장 눈에 띄는 것은 작가가 항미원조 전쟁을 다룰 때 일본 제국주의 침략 시기 중·조 양국 간의 '순망치한' 관계를 새로운 냉전 질서에 맞게 재해석하고 변용한 점이다. 다시 말해, 이 작품은 민족주의 정서에서 신

---

40 楊朔, 『三千裏江山』, 北京 : 人民大學出版社, 1978, 1頁.
41 당시 문예 비평가 천용陳湧도 이 작품의 성공 요인으로 '예술적 진실성'을 들면서, '노동자 계급'을 주요 인물로 하고 있다는 점을 높게 평가했다. 陳湧, 「文學創作的新收獲——評楊朔的『三千裏江山』」, 『人民文學』, 1953, 56頁.

중국의 새로운 계급 이데올로기로의 성공적인 전환을 보여주는데, 이는 '해방전쟁의 해외판'으로 바라본 웨이웨이와 차별화되는 지점이다.

작가는 중·조 양국의 '순망치한' 관계를 지리적·역사적 측면에서 문학적으로 형상화했다. 지리적 측면에서 소설의 주요 무대는 조선에서 시작해 동북으로, 다시 조선으로 이동한다. 소설의 프롤로그 격인 '머리글頭'에서는 조선의 한 마을을 배경으로, 과거와 현재의 조선을 대조적으로 묘사한다. 이야기의 시작은 10살 손자가 무궁화꽃을 가리키며 "할아버지, 이건 무슨 꽃이에요?"라고 묻는 장면이다. 할아버지는 무궁화가 봉건 왕조시기에 지정된 조선의 국화임을 알려주며, 20세기 초 일본의 침략으로 자유를 잃어버린 조선의 역사와 일제의 탄압 속에서 강인한 생명력을 이어 온 조선을 설명한다. 작가는 나아가 일본 제국주의에 이어진 현재의 미 제국주의 침략을 서술하며, 중·조가 같은 위기에 처해 있다는 점을 부각한다.

"노인이 이야기를 들려주는 동안, 미국의 살인자들이 일본으로부터 도살용 칼을 이어받아, 일본 놈들이 걸었던 죽음의 길을 밟고 있다. '3일이면 중국에 도착한다!'

라고 외치며 남조선에서 북으로 진격하고 있다."[42]

또한, 할아버지는 조선의 자유를 위해 다시 일어서는 청년들을 바라보며 일제강점기를 떠올리는 동시에, 넝전 질서 속에 새롭게 달라진 조선 '삼천리강산'의 위상을 "이곳 삼천리강산은 더는 오로운 반도가 아니라 인류의 평화를 지키는 전초가 되었다. 이 강산에 만개한 것도 옛 왕조의 무궁화가 아니라 인류사에 길이 남을 영웅의 꽃이다"라고 추켜세운다.[43] 이는 오늘날 조선이 '인류 평화를 지키는 전초'로 새롭게 자리 잡으면서, 중·조 관계 역시 과거의 전통적인 '순망치한' 관계에서 발전했음을 시사한다.

이어지는 제1장에서 주가는 조선과 중국의 국경 지역인 동북을 무대로 설정한다. 동북지역은 일제 침략 시기에 중화민족이 겪은 상처를 고스란히 간직한 공간으로, 동일한 비극을 겪은 조선과의 연대감을 상징한다. 특히 주인공인 장경長庚이 처음 등장하는 장소를 두 나라를 연결하는 다리, 화란대철교花欄大鐵橋로 설정함으로써, 비록 국경은 나뉘었지만 중·조가 연결되었다는 연대감과 공동의 위기의식을 상

42　楊朔, 同前, 2頁.
43　楊朔, 同前, 3頁.

징적으로 드러낸다.

　소설 속에서 조선과의 '순망치한' 관계는 단순히 중국의 국경 지역인 동북과 다리로 상징되는 지리적 연결성뿐만 아니라, 일제 침략이라는 역사적 비극을 통해 더욱 공고해진다. 작가는 철도 원조援朝 대대의 장경과 그의 가족이 일제강점기에 겪은 아픔을 서사에 삽입함으로써, 추상적인 국가 간의 논리를 개인적이고 감정적인 차원으로 구체화한다. 철도노동자인 장경은 화란대철교 근처에 살며, 그의 딸 야오즈란姚志蘭도 철도의 전화원으로 일하고 있다. 장경에게는 원래 두 명의 아들이 더 있었지만, 만주국 시기에 일본인에게 잡혀간 이후 생사조차 알 수 없는 상황이다. 장경의 아내는 당시 슬픔에 겨워 울다가 결국 한쪽 눈의 시력을 잃고 말았다. 그런데 남편과 결혼을 앞둔 딸마저 지원군에 자원해 조선을 돕겠다고 나서니, 아내는 "미국 놈들은 조선에 있잖아요, 큰 강도 사이에 있고…"[44]라며 속상해한다. 이미 두 아들을 잃었기에 더 이상 가족을 잃고 싶지 않은 것이다. 더구나 이 전쟁은 이웃 나라에서 벌어진 재난이 아닌가. 이런 아내의 반응에 장경은 다음과 같이 아내를 다그친다.

44　楊朔, 同前, 15頁.

"큰 바다를 사이에 두고서도 그놈들은 기어이 쳐들어왔지 않았던가!" "당신처럼 자기만 생각하면 그들은 감히 그렇게 할 것이네! 거리의 상황을 당신도 알지 않는가. 당신은 지금이 좋은 날들이라고 입버릇처럼 말하지, 만약 모두 가만히 앉아 행동하지 않으면, 내일 아침 눈을 뜰 때 하늘이 무너질 것이야!"[45]

장경의 대사는 중공 중앙이 주도하는 항미원조 대중선전 논리와 동일하지만, 일제 강점기 장경 가족이 겪은 아픔은 이러한 정치적 메시지를 한층 더 설득력 있게 전달한다. 특히, 장경이 항미원조 참전을 결심하는 대목에 이르면, 그의 선택은 단순히 개인적인 이해관계를 넘어 조국이라는 대의로 승화된다. 과거의 아픈 역사가 오늘날의 위기로 연결되는 서사적 효과도 빼놓을 수 없다.

"나는 이 다리 근처에서 몇 년을 살아왔다. 그때 나는 일본 놈들이 이 다리를 건너오는 것을 똑똑히 봤다. 10여 년을 고통받다가 이제 겨우 숨통이 트였는데, 미국 놈들이 또다시 이 다리를 건너와 우리를 괴롭히는 꼴을

---

45 楊朔, 同前, 16頁.

보고만 있을 순 없다! 그런 날들은 절대로 다시 반복되어서는 안 된다."[46]

한편, 소극적인 태도를 보이는 장경의 아내와 이를 설득하려는 장경의 논리는, 당시 중국 인민들이 항미원조 전쟁에 대해 느꼈던 보편적인 심리와, 이에 대응하기 위해 정부가 펼친 선전 및 교육 방식을 잘 보여준다. 전쟁 당시의 민중 심리 상태를 분석한 호우쑹타오는 이를 세 가지 유형으로 정리한 바 있다. 첫째, 전쟁을 두려워하고 안정을 바라는 심리畏戰求安, 둘째, 전쟁에 무관심하며 별다른 의미를 두지 않는 심리漠然無謂, 셋째, 미국에 대한 두려움, 숭배, 친밀감을 동시에 느끼는 심리恐美·崇美·親美다.[47] 한국전쟁은 중국 국경을 넘어선 한반도에서 벌어진 것이었기에, 많은 중국인에게 직접적이고 즉각적인 위협으로 다가오지 않았다. 더구나 상대가 세계에서 가장 강한 군사력을 가진 미국이었으니, 대다수의 중국인은 정부의 항미원조 결단을 쉽게 이해하지 못했다. "한국전쟁은 중국에 방해되지 않는다", "중국만 때리지 않으면 괜찮다"라는 반응이 적지 않았고, "북

46　楊朔, 同前, 26頁.
47　侯松濤,「抗美援朝運動與民眾社會心態研究」,『中共黨史研究』, 2005年第2期.

한의 일이 우리와 무슨 상관이냐?", "미국이 북한을 공격하는 것을 우리가 관여하지 않으면, 미국도 우리를 폭격하지 않을 것"이라며 전쟁에 대한 무관심과 불신을 드러내는 의견도 많았다.[48]

항미원조에 대한 대중들의 미온적인 반응을 고려할 때, 평범한 노동자를 주인공으로 내세우고 일제 침략 시기의 민족적 아픔을 통해 참전의 필요성을 설득하는 양숴의 서사전략은 매우 적절한 것이었다. 실제로 항미원조 운동에서도 국경 밖 전쟁과 가상의 적인 미국에 대한 인민들의 적대감을 고취하기 위해 현실과 역사를 결합한 선전방식을 사용했다. 특히, '반미' 이미지를 구축하는 데 과거 일본 제국주의의 침략 기억이 활용되었다. 일본에 대한 민족적 증오를 미국에 대한 증오로 자연스럽게 연결하는 방식이였다. 미국의 침략 행위가 일제의 침략 정책을 계승한 것으로 간주될 때, 민중의 민족 심리가 크게 동요하고 일본 침략자에 대한 증오가 미국에 대한 증으로 옮겨갔던 것이다.[49] 이처럼 가상의 적인 미 제국주의의 텅 빈 이미지를 일본 제국주의의 구체적인 기억으로 채우고, 두 적을 중첩시키는 과정은 중국

---

48   同上, 20-21頁.
49   同上, 25頁.

에서 냉전이 단순한 진영 논리로 형성된 것이 아니라, 반제국주의라는 민족주의적 인식과 감정의 기반 위에서 형성되었음을 보여준다.[50]

그러나 일제 침략 시기의 민족적 상처라는 집단 정서에 호소하는 것은 '항미'를 통해 '보가위국'이라는 애국 정서를 고취하는 데는 효과적이었지만, 국제주의 정신에 기반한 '원조'를 설득하는 데에 한계가 있었다. 이는 일제 침략 당시 일본에 대한 원한만큼이나 일부 중국인들 사이에 '얼구이즈二鬼子'[51]라 불리는 조선인, 즉 '고려봉자高麗棒子(까오리빵즈)'[52]에 대한 부정적 감정 때문이었다. 한국전쟁으로 전쟁 위기가 고조되면서 중국의 안전이 조선의 존망과 직결된다는 정치 선전이 다양한 방식으로 이루어졌지만, 인민들의 반응은 예상만큼 긍정적이지 않았다. 일부 노동자들 사이에서는 "고려봉자는 헤로인을 팔고 우리를 업신여겼다"라며, "미국에는 저항하지만, 조선은 돕지 않겠다抗美不援朝"는 말이

---

50 성공회대 동아시아연구소 기획, 『'냉전' 아시아의 탄생: 신중국과 한국전쟁』, 백원담·임우경 엮음, 문화과학사, 2013, 186쪽.
51 '귀신'의 의미를 지닌 구이즈鬼子는 외국의 침략자에 대한 욕설로 '놈' 정도의 의미로 해석된다. 조선인이 '일본놈' 다음으로 못된 '조선놈'이라는 의미로 '얼구이즈'라고 불렀다.
52 한국인을 낮춰 부르는 멸칭. 일제 강점기 만주와 중국에서 일본 경찰의 폭력 행위에 가담한 친일 조선인을 '몽둥이를 든 고려놈'으로 부른 데서 유래했다는 설이 있다.

유행하기도 했다.⁵³

'고려봉자' 문제는 단순히 역사적·문화적 편견의 반복이 아니라, 20세기 중국이 외세의 침략을 받으면서 동아시아 정치 지형이 크게 변화한 데 따른 민중의 고통에서 기인한 것이었다. 청일전쟁 이후 조선은 일본의 지배 아래 놓였고, 1910년 한일병합조약으로 일본의 식민지로 전락했다. 이 과정에서 많은 조선인이 일본의 대중국 군사 침략과 경제 수탈에 동원되었다. 하지만 일부 조선인은 일본 치하의 중국에 살면서 식민지 속민이라는 신분으로 일정한 특권을 누렸고, 특히 화북華北 지역에서는 마약 판매소 운영, 전당포와 도박장 개설, 매춘, 납치 등에 가담하기도 했다. 1945년 일본의 패전으로 조선인의 중국 내 특권이 사라지고, 한반도는 두 개의 적대적인 정권으로 분열되었지만, 조선에 대한 중국 대중의 부정적인 이미지는 새로운 지정학적 변화에도 불구하고 크게 달라지지 않았다.⁵⁴ 이는 단순히 일제 침략기의 상처에서 비롯된 것이 아니라, 과거 대국이었던 중

53　北京市總工會:"北京市工人抗美援朝保家衛國宣傳教育工作總結"(1951年3月 16日), 馬釗,「革命戰爭, 性別書寫, 國際主義想象:抗美援朝文學作品中的朝鮮 敘事」, 2015年中國復旦大學中華文明國際研究中心主辦的訪問學者工作坊「海客 談瀛洲:近代以來中國人的世界想像, 1839-1973」논문집 18쪽에서 재인용.
54　馬釗,「政治, 宣傳與文藝:冷戰時期中朝同盟關系的建構」,『文化研究』, 2016年1 期, 106-107頁.

국의 자부심과 속국으로 여겼던 조선에 대한 멸시와 분노가 뒤섞인 복잡한 민족적 감정이 작용한 결과였다. 이러한 감정은 당시 중국인들에게 조선을 원조해야 한다는 설득력을 약화시키는 주요 요인이 되었다.

중공 정부는 성공적인 전쟁 수행과 대중 동원을 위해, 인민들 사이에 뿌리 깊게 자리 잡은 '고려봉자'에 대한 부정적 기억을 제거하고, 조선에 대한 인식을 새롭게 정비하는 것이 '삼시교육三視教育'만큼 중요하다는 점을 인지했다. 이를 위해 조선의 역사와 지리를 새로운 지정학적 관계에 따라 재해석한 서적, 중·조 우애를 선양하는 자료들이 대량으로 출간되었다.[55] 이와 동시에 관영 매체에서는 조선 지원 필요성을 강조하며 대대적인 선전 작업을 펼쳤다. 대표적으로 『인민일보』에 실린 「'원조'는 바로 '고려봉자'에 반대하기 위함이다"援朝"正是爲了反對"高麗棒子"」(1950년 제8기)를 들 수 있다. 기사는 '고려봉자'를 남한군(당시 '이승만의 군대'로 불림)과 연결 지으며, 이를 '사회주의 조선'인 북한과 구분했다. 또한 남한군을 장제스의 국민당 군대와 동일 선상에 놓음으로써, 냉전적 진영 논리에 따라 북한을 사회주의 동맹으로 재해석

---

55 대표적인 예로는 『중조 인민의 우의 관계와 문화 교류』, 『중조관계 백 년』, 『조선민주주의 공화국』, 『중조 인민 전투의 우의』 등이 있다.

하고 '원조'의 정당성을 대중에게 설득하고자 했다.

사회주의 진영의 북조선에서 '고려봉자'에 대한 부정적 인식을 제거하려는 노력과 더불어, 중·조 간 혁명 전우애를 대대적으로 선전하며 '국제주의' 측면에서 '원조'의 필요성을 설득했다. 이를 위해 다양한 역사서가 출간되었는데, 그 중 하나가 『중조 인민의 우의 관계와 문화 교류』다. 이 책은 두 나라 인민이 제국주의 침략에 맞서 싸운 민족 해방 투쟁의 역사를 다루고 있다. 특히, 일본의 조선 합병 이후 조선의 혁명가들이 중국으로 건너와 '동북 항일연군'을 조직하고, 중국의 항일전쟁과 해방전쟁에서 수많은 조선 동지들이 피를 흘리며 공헌한 것을 강조한다. 책의 결론에서는 이와 같은 역사적 배경을 바탕으로, "소련을 필두로 하는 평화 민주 진영의 두 형제 민족"으로 오늘날의 중·조 관계를 정의하며, 미 제국주의의 침략에 단호히 맞서야 함을 역설한다. 이를 통해 '항미원조 보가위국'의 필요성을 역사적 정당성과 국제주의적 연대의 맥락에서 설득력 있게 제시하고 있다.[56]

대중문학에서도 『중조 인민의 우의 관계와 문화 교류』처럼 중국의 자유와 해방을 위해 함께 싸운 조선인과의 '혁명

---

56 周一良主編, 『中朝人民的友誼關係與文化交流』, 開明書店, 1951.

전우애'를 강조한다. 양쉬의 『삼천리강산』에는 중국혁명에 투신했던 조선 철도노동자들이 등장하며, 국제주의 연대의 상징으로 '순망치한' 관계를 보여준다. 특히, 조선의 철도연대 연대장 안규원은 이러한 국제주의 연대의 대표적인 인물로 묘사된다. 그는 본래 조선의용대원으로 활동하며 중국의 항일전쟁과 제3차 국내 혁명전쟁에 참전했고, 현재는 조국인 조선으로 돌아와 철도 복구에 힘쓰고 있다. 안규원은 과거 옌안에서 생활하며 "공산당 교육을 받은 마오쩌둥의 전사"[57]로 성장한 인물로, 중·조 간 혁명적 전우애를 상징적으로 보여준다. 안규원의 전투 이야기를 듣던 지원군 대장 장우쩐長武震은 과거에 그와 같은 날, 같은 지역에서 적과 맞서 싸웠던 기억을 떠올리며 감격에 겨워 두 손을 맞잡는다. 그는 "우리 두 민족은 한 넝쿨에서 열린 오이와 같습니다. 쓰면 함께 쓰고, 달면 함께 답니다. 과거에 함께 고생하여 오늘날 중국 인민이 승리했듯이, 조선 인민도 반드시 승리할 것입니다"[58]라며 두 민족 간의 연대를 강조한다.

그러나 대부분의 문학작품에서 중국의 '원조' 논리는 중·조 간 전우애를 강조하는 관방의 공식 서사와는 다르게, 조

---

57   楊朔, 『三千裏江山』, 43頁.
58   同上, 47頁.

선을 주로 미 제국주의에 고통받는 '여성'으로 형상화하는 방식으로 전개됐다. 다시 말해, 1950년대 문학 속 조선은 남성과 성인의 이미지가 제거된, 주로 연약하고 보호받아야 할 존재로 그려졌다. 2000년대, 중국 항미원조 문학 연구의 발판을 마련한 학자 창빈常彬은 1950년대 조선 서사의 특징을 다음과 같이 정리했다.

> "조선 군민軍民에 대한 묘사는 노인, 중년, 청년, 유아라는 네 연령층의 형상에 집중된다. 이들은 여성 또는 여아 형상(어머니, 아주머니, 아내/연인, 딸)으로, 일상생활 서사 속에서 보다 생동감 있게 묘사된다." "반면, 조선 남성에 대한 묘사는 우연히 나타난 할아버지 형상이나 청장년 남성이 거의 사라진 것이 특징이다. 설령 언급되더라도 대부분 중국 혁명전쟁에 참전한 '옛 전우'의 신분으로 나타난다."[59]

1950년대 문학 속 여성화된 조선 서사 전략은 미 제국주의가 저지른 전쟁의 잔인함을 극대화하고, '고려봉자'로 대

---

59 常彬, 「面影模糊的"老戰友"――抗美援朝文學的"友軍"敘事」, 『華夏文化論壇·第八輯』, 2016, 125頁.

표되는 조선에 대한 부정적 기억을 바로잡아 '조선을 도와야 한다'는 필요성을 효과적으로 전달하는데 기여했다. 특히, 추상적이고 난해한 국제주의 이념을 정감화한 '공산주의 맥락에서의 가장주의communist paternalism'[60]를 통해, 중국의 냉전 질서 속 국제주의 상상을 구축하는 데 효과적이었다. 그러나 이러한 조선 서사의 특징은 전쟁이 한반도에서 일어났음에도 조선이 주도적인 위치를 점하지 못하게 만들었고, 결과적으로 한국전쟁이 '중미전쟁'으로 해석되는 결과를 초래했다.

대부분의 1950년대 항미원조 문학에서 미군과 싸우는 주인공이 중국 지원군인 것과 달리, 『삼천리강산』은 조선의 남성 코드, 특히 젊은 남성들의 등장이 두드러진다는 점에서 주목할 만하다.[61] 소설에는 조선 의용군 안규원 외에도, 고대 한문을 쓸 줄 아는 최 역장站長, 폭격으로 가족을 잃고

---

60 馬釗, 「革命戰爭, 性別書寫, 國際主義想象 : 抗美援朝文學作品中的朝鮮敍事」, 轉載於2015年中國複旦大學中華文明國際研究中心主辦的訪問學者工作坊 『海客談瀛洲 : 近代以來中國人的世界想像, 1839-1978』 論文集, 206頁.

61 루링도 '1950년대 문학 속 조선의 부재'라는 특징에서 벗어난 예외적인 작품을 많이 썼다. 하지만 양숴와 비교할 때, 몇 가지 차이점이 발견된다. 첫째, 양숴의 소설이나 전지 통신에서 젊은 조선 남성 노동자가 자주 등장하는 반면, 루링은 주로 조선 여성의 다양한 형상을 담았다. 다른 작가들의 작품에서 찾을 수 없는 조선 여성 인민군, 여성 의사 등이 그것이다. 둘째, 양숴의 조선 형상화가 주류 이데올로기 안에서 이루어진 것과 달리, 루링이 그린 조선은 이데올로기와 보편적인 인간성 사이에서 아슬아슬한 줄타기를 하고 있다. 이러한 점은 루링을 문예 비판의 주요 표적으로 만들었다.

도 직무를 성실히 수행하는 기사 우용대 등 다양한 인물이 등장하여, 항미원조 전쟁의 후방을 지키기 위한 중·조 노동자 병사들의 합동 작전이 펼쳐진다.

이를 종합할 때, 『삼천리강산』은 최초의 항미원조 장편소설이라는 문학사적 의의 외에도, 당시 주목받지 못했던 '노동자' 지원군의 등장, 조선과 함께 겪은 일제 침략 기억을 항미원조 전쟁과 연결한 동북이라는 공간적 선택 등의 서사 전략을 통해, '항미원조 보가위국'이라는 선전 구호를 새로운 냉전 질서 속 중·조 간 '순망치한' 관계로 적절하게 풀어낸 작품으로 평가할 수 있다.

3) 루링: 인도주의로 바라본 전쟁 비극

루링(1923~1994)은 항미원조를 주제로 한 문학에서 주류와는 다른 독특한 길을 걸어간 작가로, 오늘날 당대 중국 문학사에서 특별한 의미를 지닌다.[62] 그의 작품들은 인민지원군과 조선인, 그리고 한국전쟁을 바라보는 시각에서 계급 담론이나 민족주의적 관점 대신, 인간의 보편적 가치를 중

---

62 문학사가 홍즈청은 루링의 이 시기 작품을 주류 문학 밖에 있는 '최초의 이단'으로 평가한다. 洪子誠, 『中國當代文學史』(修訂版), 124-125頁.

루링

시한 인도주의를 중심에 둔다. 이 때문에 그의 작품은 당시 집단주의적 이념과 부딪히며 비판의 대상이 되었다.[63]

아래에서는 루링의 항미원조 작품과 이를 둘러싼 문예 비판을 통해, 5·4운동 이후 형성된 개인주의적 정체성이 계급 정체성으로 전환되며 나타난 격렬한 진통을 살펴보고자 한다. 항미원조라는 주제를 통해 주류 이데올로기가 표방하

---

63 당대문학사가 천샤오밍陳曉明은 '쌍백방침' 및 문학에 미친 영향을 다룬 5장에서 루링의 작품을 분석한다. 그는 신문학의 '창작 주체' 측면에서 루링의 창작을 분석하면서, 지식인들이 5·4의 계몽 세례를 받고 사상 개조를 했지만, 그 주체적인 내적 감정이 여전히 서사의 균열에서 드러났다고 언급한다. 陳曉明,『中國當代文學主潮(第二版)』, 北京:北京大學出版社, 2013, 153-154頁.

고자 했던 새로운 계급 정체성과, 루링이 그린 국경을 초월한 인도주의적 창작 세계 간의 충돌은 당시 그에 대한 문예비판에서 두드러진다. 이 글에서는 당시의 다른 항미원조 문학과는 차별화된 루링의 작품 속 지원군 형상과 전쟁 인식에 주목한다. 특히 전쟁의 비극 속에서도 주류 이데올로기의 틀을 넘어 희로애락을 지닌 인간적인 지원군의 모습을 탐구한다. 나아가, 장편소설 『전쟁, 평화를 위하여戰爭, 爲了和平』를 통해, 루링이 한국전쟁을 조선의 '동족상잔'으로 인식하며 그려낸 독특한 작품 세계를 조명해 보고자 한다.

감정을 가진 '인간', 중국 인민 지원군

루링의 작품에 대한 비판은 1954년 발표된 『저지대에서의 '전투'窪地上的'戰役'』를 계기로 본격화되었다. 당시 문예계는 그의 창작이 "개인 자유주의, 온정주의, 비극적 색채를 띤다"고 비난했으며, 이는 문학적 논의를 넘어 정치적 비판의 성격을 강하게 띠었다. 인민군 정치 공작자였던 호우진징侯金鏡은 비판문 『세 편의 쿠링 소설에 대해 논함』에서 루링의 『저지대에서의 '전투'』, 『전사의 마음戰士的心』, 『너의 영원히 충실한 동지你的永遠忠實的同志』를 언급하며, 실제 부대의 정치생활과 비교해 이들 작품이 왜곡된 모습을 그렸다고 지적했다.⁶⁴ 이 비판은 문예 비평이 문학적 가치 평가보다는, 당시의 정치적·사상적 기준에 작품이 부합하는지를 중심으로 이루어졌음을 보여준다. 동시에 이는 항미원조 선전에서 문예가 단순한 창작 활동을 넘어 대중의 정치의식을 형성하고 국가적 목표를 지원하는 중요한 도구로 활용되었음을 시사한다.

당시 루링의 항미원조 작품과 이에 대한 문예 비평을 살펴보면, 당시 중국 문단에서 요구했던 항미원조 문예 창작 기준과 루링의 창작 간에 뚜렷한 차이가 있음을 확인할 수 있다. 루링 작품 비판의 초점은 주로 지원군의 심리 묘사였으며, 이는 그의 창작에서 드러난 개인주의 정체성과 중공 중앙이 요구한 계급 정체성 간의 충돌을 보여주는 핵심 지점이었다. 당시 중공 중앙이 요구한 지원군의 성격은 감정을 가진 인간이라기보다는 결점 없는 영웅적 전사로, 신중국·신사회·신주체를 상징하는 집단적 자아였다. 반면, 루링이 그린 지원군은 희로애락의 감정을 가진 인간으로, 전형적인 영웅보다 복잡하고 현실적인 존재였다. 루링은 자신의 기존 창작 특징인 혼란의 시대 속 중국 지식인과 하층민의 갈등, 분투, 상처를 다룬 서사에서 벗어나, 신중국의

---

64 侯金鏡,「評路翎的三篇小說」,『文藝報』, 1954年 6月 第12號.

광명과 새 희망을 담고자 노력했고, 이를 위해 혁명의 열기가 가장 뜨거웠던 조선으로 자원해 직접 현장을 체험하며 창작에 몰두했다. 그러나 정치적 요구와 창작의 본질적 추구 사이에서 그는 여전히 '인간 내면의 탐구자'로서의 문학적 사명을 놓지 못했다. 오히려 생사가 갈리는 극한의 전쟁 상황은 복잡한 인간 내면을 더욱 적나라하게 드러냈고, 그는 이러한 경험을 민감하게 포착해 작품으로 담아냈다. 이미 여러 차례 받은 비판을 통해 자신의 창작이 당대 문단과 충돌하고 있음을 의식하고 있었지만, 루링은 죽음과 직면한 찰나에 한 생명의 독자적 경험을 있는 그대로 기록하며 자신의 문학적 정체성을 고수했다.

하지만 루링이 바라본 항미원조 전쟁이 주류 문단의 기준을 벗어났다고 해도, 그가 이를 완전히 거부하거나 대립하려던 것은 아니었다. 그의 작품에서도 지원군 전사들은 애국주의와 국제주의를 실천하며 조선 인민을 가족처럼 보호했고, 조선 인민 역시 지원군을 아들처럼 아끼고 의지하는 모습을 보여주었기 때문이다. 이처럼 루링의 창작 의도는 당시 문예계가 항미원조 문학을 통해 이루고자 했던 목표와 크게 다르지 않았다. 그러나 그의 작품은 표현 방식에서 주류 문단의 기준과 차이가 있었고, 이는 루링에 대한 비판으로 이어졌다. 1955년 그의 반박문 「왜 이렇게 비평하는가?:

『저지대에서의 '전투'』 등 소설에 관한 비평」[65]에서, 루링은 자기 작품이 정치적 판단에 의해 왜곡되고 있다고 주장했다. 그는 "몇 년간 저에 대한 비평은 정치적 결론과 판결로 창작 상의 토론을 대체하고 있습니다. 이러한 정치적 결론에 대해 저는 동의하지 않습니다"[66]라며, 문학작품을 정치적 적합성 여부로만 재단하는 비평 방식에 반기를 들었다. 당시 이러한 의견 차이는 용납될 수 없었으나, 루링은 이를 문예 관점의 차이로 보고 자신의 창작 의도를 잘 설명하면 오해를 풀 수 있다고 생각했다. 이것이 비극의 시작이 되었다. 특히 비판이 집중된 작품 속 지원군의 애정, 가족, 평화로운 생활 묘사에 대해 루링은 "전사의 운명과 조국의 운명이 일치하며, 그의 고향과 가족에 대한 감정이 곧 조국에 대한 감정"이라는 논리로 반박했다. 또한, 호우진징이 지적한 "집단주의와 계급적 자각의 거대한 힘을 제거하고, 그 대신 보잘것없고 심지어 속물적인 개인의 행복에 대한 경이로움을 인민군대 전투력의 원천으로 삼고 있다. 이런 점에서 그의 작품은 개인주의를 선전하는 유해한 작품이라

---

65 1954년 작품에 대한 문단의 비판이 쏟아지자, 루링은 1955년에 4만 자에 달하는 반박문(「爲什麼會有這樣的批評?」)을 『문예보』 1~4호에 연재했다.

66 路翎,「爲什麼會有這樣的批評?」, 『路翎作品新編』, 北京 : 人民大學出版社, 2011, 454頁.

할 수 있다"[67]라는 비판에 대해서도 "그들의 구체적 분석 논리에 따르면, 정의로운 전쟁은 구성원 개개인의 행복과 희망을 포함하지 않으므로, 삶에 대한 깊은 감정을 불러일으킬 수 없다"라고 반박했다.[68] 루링은 인민과 조국이 서로 깊이 연결된 혈육 같은 관계이기 때문에 애국과 개인의 행복은 떼려야 뗄 수 없는 하나이며, 개인의 감정을 출발점으로 삼아야 집단주의라는 큰 목표에도 다다를 수 있다고 생각한 것이다. 이는 루링이 계급 정체성과 집단주의를 이해하는 방식이 '개인'이라는 출발점에서 시작했음을 보여준다. 그렇다면 당대 이데올로기가 요구한 이상적인 지원군 모습과 루링이 직접 보고 경험한 현실의 차이 속에서, 그의 작품은 지원군을 어떤 모습으로 그리고 있을까?

첫째, 루링의 작품 속 지원군은 흔히 볼 수 있는 선악의 이분법적 구도에서 벗어나, 결점과 갈등을 가진 인간적인 모습으로 형상화된다. 『전쟁, 평화를 위하여』와 같은 장편소설을 제외한 그의 산문과 단편소설에는 뚜렷한 영웅이나 악인이 등장하지 않는다. 지원군은 '선'으로, 적군은 '악'으로 단순히 구분되지 않으며, 지원군 내부에서도 완벽한 영

67　侯金鏡,「評路翎的三篇小說」,『文藝報』, 1954年6月 第12號.
68　路翎, 同前, 437-438頁.

웅은 찾아볼 수 없다. 대신, 부대 내 갈등과 고뇌, 그리고 전쟁 중 내린 결정으로 인한 불안감 등이 인간적인 모습으로 묘사된다.

1954년 2월호 『해방군문예』에 실린 단편소설 『너의 영원히 충실한 동지』에서는 지원군들이 전투를 통해 동지애를 느끼고 결국 단결해 나가는 이야기가 전개된다. 박격포 중대 3분대의 분대장 주더푸朱德福는 이전에 속했던 보병대로 돌아가고 싶어 하며 현재 상황에 불만을 품고 있다. 한편, 노련한 포수 장창런張長仁은 새로 배치된 신병 자오시산趙喜山과 갈등을 겪는다. 자오시산이 무기 관리 업무와 동료를 무시하는 태도를 보였기 때문이다. 그런데도 주더푸는 자오시산을 질책하기보다는 그의 순수한 면모를 편애하며 장창런과 자오시산 사이의 갈등을 더 깊게 만든다. 전투 생활 10년의 경험을 가진 노련한 분대장 주더푸가 신병 자오시산과 함께 부대 내 긴장을 유발하는 인물로 묘사되는 점도 흥미롭지만, 더욱 주목되는 것은 부대 내 갈등을 해결하고 단결해 나가는 '과정'이다. 비록 대화와 비판회檢討會를 거치긴 하지만, 완전히 해소되지 않았던 갈등은 주더푸가 아들 편지를 받고 가족 이야기를 꺼내면서 해결된다. 그는 혁명에 헌신하느라 가족을 제대로 돌보지 못했던 과거를 후회하며, 이제는 15살이 되어버린 아들에게 미안한 마음을 드러낸다. 그의 진솔한 이야기를 들은 장창린은 주더푸가 자오시산과 조선 아이들을 자식처럼 여기며 그들을 돌보려 했음을 이해하게 된다. 루링의 이러한 접근은 지원군을 단순한 영웅적 존재로 그리기보다, 인간적인 갈등과 화해의 과정을 통해 더욱 현실적인 모습으로 형상화한 것이다. 하지만, 이 소설은 정치적 단결이 가족애가 아닌 조직의 원칙과 엄숙하고 진지한 자아비판을 통해 이루어져야 한다는 점에서 병사들의 정치 생활을 왜곡했다는 비판을 받았다.[69]

신병 장푸린張福林이 첫 전투를 겪으며 노련한 전사로 성장하는 과정을 그린 『전사의 마음』(『인민문학』, 1953년 12기)에도 이러한 특징이 드러난다. 첫 전투에 참가한 돌격소대 장푸린은 미숙함으로 인해 적에게 발각되어 예정보다 더 빨리 공격을 시작하게 만든다. 예상치 못한 적의 포격 속에서 지원군 전사들이 부상을 당하고, 부분대장이 전사하는 참담한 상황이 벌어지자, 분대장 우멍차이吳孟才는 사랑하는 전우를 잃은 상실감으로 장푸린을 원망하게 된다.[70] 한편, 전투가 이어지는 동안, 장푸린은 용감하게 싸우는 지원군 전우들의 모습을 보며 점차 진정한 전사의 면모를 갖추게 된다.

---

69 侯金鏡, 同前.
70 路翎, 「戰士的心」, 「初雪」, 寧夏人民出版社, 1981, 4頁.

전투 중 그는 마침내 적군 미군과 맞닥뜨리는데, 그가 마주한 것은 그동안 상상해 왔던 잔인하고 무자비한 '미국 놈'이 아니라, "여위고 키가 크며, 18~19세"에 불과한 "공포로 가득 찬 눈동자"를 지닌 소년이었다. 장푸린은 적의 총구 대신 그의 두려운 눈동자를 한참 동안 응시하며 망설인다. 그러다 문득 분대장의 호된 꾸중이 들려오는 듯해 결국 방아쇠를 당긴다. 이처럼 루링이 그린 지원군들은 상부 지휘관에서 신참 병사에 이르기까지 절대적인 선과 악의 이분법적 구도에서 벗어나 있다. 첫 전투에서 죽음에 대한 두려움을 극복하지 못한 전사, 전우를 잃은 상실감으로 미움을 품는 분대장, 자신보다 어린 적군 병사의 공포에 공감하는 지원군의 모습 등 타 작가들의 작품에서는 찾아보기 어려운 전쟁과 인간, 죽음과 공포를 가감 없이 드러내며, 전장의 잔혹한 현실과 복잡한 인간 감정을 날것 그대로 보여준다.

둘째, 루링은 전쟁 속에서 드러나는 인간의 본성을 가감 없이 그렸다. 전쟁은 매 순간 죽음이 도사리는 공간이다. 살아남는 것이 죽는 것보다 어려운 상황에서, 전쟁은 오히려 '생生과의 싸움'이라고 표현하는 것이 더 적합할지 모른다. 그러나 당시 문학에서는 전쟁 속의 죽음이 영광스럽고 성스러운 영웅적 희생으로 그려졌다.[71] 이에 반해, 루링은 죽음의 문턱에서 드러나는 인간의 본성을 솔직하고 용감하게 묘사했다. 그의 작품에서 죽음은 마치 현실과 꿈의 경계를 넘나드는 것처럼, 혼란스럽고 비현실적인 잠꼬대처럼 표현된다. 예를 들어, 『저지대에서의 '전투'』에는 한 정찰소대가 조선의 한 가정집에 잠시 머무는 장면이 등장한다. 이 집의 딸 김성희는 신병 왕잉홍王應洪에게 호감을 느끼지만, 왕잉홍은 오직 전쟁에서 공을 세우는 데만 몰두한다. 그러나 시간이 흐르면서 왕잉홍의 마음속에도 "전에 없던 달콤하고 당황스러운 감정"이 싹트기 시작한다.[72] 그러나 첫 임무를 수행하러 간 왕잉홍은 작전 중 큰 부상을 당한다. 군의 엄격한 규율은 그를 진정한 전사로 성장시키고, 소녀 김성희를 향한 감정도 억누르게 했지만, 죽음이 눈앞에 닥치자 모든 것이 멀어지고 오직 상처로 인한 고통만이 그를 짓

---

71 중화인민공화국 수립 이후부터 문화대혁명 발발 직전까지의 '17년 시기'(1949-1966) 동안, 중국에서 전쟁은 단순히 '비인간적이고 참혹하며 죽음을 동반한 사건'으로 인식되지 않았다. 오히려 전쟁은 침략과 억압에 맞서 해방과 자유를 쟁취하는 정의로운 투쟁으로 여겨졌으며, 인민 영웅들이 탄생하고, 그들을 영도한 마오쩌둥과 중국공산당의 위대함을 입증하는 무대였다. 이러한 이유로, 이 시기 문학작품들은 혁명이상주의, 낙관주의, 그리고 영웅주의로 가득 차 있었다. 자세한 내용은 戴錦華, 「歷史敍事與話語 : 十七年歷史題材影片二題」, 『北京電影學院學報』, 1991年第2期 참고.

72 路翎, 「窪地上的"戰役"」, 『路翎作品新編』, 北京 : 人民大學出版社, 2011, 236頁.

누른다.[73] 피곤함과 통증 속에 의식을 잃고 잠든 그는 짧고 달콤한 꿈을 꾼다. 현실에서 적의 포위 속에 있던 그는 꿈속에서 어머니를 만나 따뜻한 보살핌을 받는다. 이어 자신조차 깨닫지 못했던 '달콤하고 당황스러운 감정' 속에서 김성희와 재회한다. 꿈에서 김성희는 가슴에 훈장을 단 왕잉홍을 위해 춤을 추고, 그 무대는 바로 천안문이다. 그곳에서 마오쩌둥이 그를 격려하고, 김성희는 어머니의 품으로 달려든다. 꿈속에서 왕잉홍은 다시금 강인하고 즐거운 모습으로 적진을 향해 나아간다.[74] 조국을 지키고 조선을 수호하려는 지원군 전사 왕잉홍과 사랑하는 이들과 함께하고 싶은 인간 왕잉홍은 본래 하나다. 그러나 죽음이 가까워지고 나서야 그는 자신의 본래 모습을 깨닫고, 꿈속에서나마 그 소망을 스치듯 이루게 된다.

  반면, 타 작가들의 항미원조 작품에서 '죽음 앞의 인간'은 어떻게 묘사되었을까? 웨이웨이나 루주궈陸柱國의 작품에서는 죽음이 매우 추상적으로 그려지며, 성스럽고 영광스럽게 미화된다. 그렇다면 루링처럼 5·4 신문화운동의 세례를 받은 현대 작가 바진의 작품은 어떨까? 1953년 발표된

73　同上, 262頁.
74　同上, 260-261頁.

『강인한 전사堅强的戰士』는 부상병을 구하려다 지뢰에 중상을 입은 장웨이량張渭良이 온갖 어려움을 극복하고 적의 진지를 뚫고 아군에게 돌아가는 실제 영웅 이야기를 담고 있다. 이 작품에서도 장웨이량은 부상으로 인해 죽음의 문턱을 오가며 몇 차례 정신을 잃고 꿈을 꾸는데, 이는 루링의 작품과 흥미로운 비교를 가능케 한다. 그러나 왕잉훙과 달리, 장웨이량이 꿈속에서 본 것은 따뜻한 가족의 품이 아닌 구사회에서 겪은 고통이었다. 꿈속에서 그는 지주의 핍박으로 죽은 아버지와 가난 때문에 남에게 보낸 친딸을 떠올린다. 동시에 그를 고무한 것은 토지개혁으로 얻은 땅과 집, 그리고 기뻐하는 어머니의 얼굴이었다. 바진의 작품에서 전사의 무의식과 의식의 간극은 주류 이데올로기의 범주에서 벗어나지 않는다. 그의 서사는 신사회에 대한 감사와 찬양, 해방의 기쁨을 강조하며 신·구사회를 대비시킨다. 이런 점에서, 인간의 복합적 내면을 탐구하며 개인적 감정을 강조한 루링의 작품과 뚜렷한 차이가 있다.

　마지막으로 루링의 작품은 전쟁 이후의 평화로운 삶, 고향, 가족에 대한 지향점을 암묵적으로 드러내며, 전쟁은 비일상적이고 일시적인 것으로 묘사한다. 물론 이는 직접적으로 제시되지 않고, 전사들이 떠올리는 고향과 가족이나 오랜 전투 생활로 인해 일상에서 멀어진 고뇌를 통해 간접적으로 표현된다. 이는 전쟁을 정의롭고 영웅적 성장의 장소로 다루며 투쟁 그 자체를 목적으로 삼는 다른 작가들과 차별화된다. 전쟁이 조국과 조선, 더 나아가 세계 평화를 위한 것임에도 불구하고, 정작 지원군 개인의 평화로운 삶은 주목받지 못했다. 그러나 루링의 작품에서 전쟁 속 투쟁은 조국과 조선을 보호하는 동시에, 후방에 남겨진 고향과 가족에 대한 그리움을 더욱 짙게 만들며, '내가 그 평화로운 삶에서 영원히 멀어진 것은 아닐까?'라는 조바심을 불러일으킨다. 예를 들어, 『저지대에서의 '전투'』에서 왕잉홍과 김성희의 관계를 안타깝게 여기는 분대장 왕순의 내면세계는 이를 잘 보여준다. 겉으로는 군의 기율을 강조하지만, 그는 왕잉홍이 사랑에 빠져 있으면서도 전장에서 공을 세울 생각만 하는 것을 안타까워한다. 작전 중 부상을 당해 적진에 숨은 상황에서 왕순은 전쟁의 잔혹함과 대비되는 평화로운 삶에 대한 김성희의 소망을 떠올리고, 자연스럽게 6년이나 떨어져 지내는 아내와의 관계를 회상하며 인간적 고뇌를 드러낸다.

"그가 아내와 떨어져 지낸 지 벌써 6년이 흘렀다. 편지 속 아내는 여전히 그를 6년 전 장난기 많던 청년으로 여기며, 늘 먹는 것을 조심하고 감기에 걸리지 말라고 당

부한다. 평화로운 일상에서는 감기나 기침도 큰 걱정거리일 수 있겠지만, 지금 그는 수많은 전투를 겪으며 단련된 노련한 정찰병이다. 더 이상 장난을 좋아하던 젊은 날의 자신이 아니고, 규율에 따라 어떤 진흙탕이든지 몇 시간이고 잠복해야 한다. 그런 그에게 아침저녁으로 감기 조심하라니! 대체 어디서부터 말을 꺼내야 할까."[75]

왕슌의 감정은 고향과 가족에 대한 그리움에 머물지 않고, 자신의 현재를 이해하지 못하는 아내를 은근히 원망한다. 하지만 그 원망의 진짜 대상은 누구일까? 소설 속에서 명확히 드러나지 않지만, 어쩌면 그것은 전쟁 그 자체였을지도 모른다. 그리고 이미 덜어져 버린 평화롭고 안락한 일상을 향한 갈망은 자연스럽게 자신과 같은 길을 걸어가야 할 젊은 청년 왕잉훙에 대한 연민으로 이어진다.

조선의 '동족상잔', 항미원조 전쟁 인식

루링의 항미원조 작품 중 유일한 장편소설인 『전쟁, 평화

---

[75] 同上, 259頁.

를 위하여』는 1955년 이전에 완성된 것으로 추정되지만, 첫 출판은 1985년 12월에 이루어졌다. 이 소설은 1950년 말 2차 전투가 끝난 시점부터 1953년 7월 27일 정전협정 체결 전후까지를 배경으로, 조선 전선과 지원군의 고향인 중국 후방의 초기 농촌 사회주의 개조 운동을 함께 그리고 있다. 여기에서는 『전쟁, 평화를 위하여』에 담긴 루링의 조선과 항미원조 전쟁에 대한 인식을 살펴보고자 한다.

소설은 총 10개의 장으로 구성되어 있으며, 중국 후방 농촌을 다룬 제5장을 제외하면 대부분의 장에 조선 인민이 등장한다. 특히 전반부에서는 조선 인민군 배영철이 주요 인물로 부각되며 '중·조 합동작전'이 펼쳐지고, 후반부에서는 정전협정으로 나아가는 과정에서 '중·조 군민 간의 우애'가 그려진다. 앞서 언급한 바와 같이, 1950년대 문학 속 조선은 '여성화'된 이미지로 그려지는 특징이 있었다. 그러나 이 소설에서는 조선 인민군, 중국 지원군, 북한 주민들이 함께 등장하며, 기존의 여성화된 조선 서사에서 벗어난 모습을 보여준다.

특히 주목할 점은 루링이 조선 마을의 무대를 '삼팔선 부근'으로 설정했다는 것이다. 소설 전반부에서는 한강 이남의 남한 마을을, 후반부에서는 삼팔선에 가까운 북한 마을을 다룬다. 이러한 무대 설정은 양숴의 작품과 비교했을 때

차이가 더욱 뚜렷하다.

중국과 조선의 경계 지역인 동북에서 철도노동자로 구성된 지원군의 이야기를 다룬 양숴의 『삼천리강산』은 조선과의 지리적 접근성을 무대로 활용하여 전통적인 중·조 간 '순망치한' 관계를 부각하고 국경 밖에서 벌어지는 전쟁이 중국에 미칠 위기감을 효과적으로 강조한다. 그러나 소설의 무대가 조선을 남북으로 가르는 경계인 '삼팔선'이라면? 삼팔선은 민족 간 이념 갈등이 폭발한 한국전쟁, 즉 '동족상잔'의 본질을 드러내는 상징적 공간이다. 이로 인해 항미원조 문예 서사가 요구하는 적아의 명확한 대립 구조가 흔들릴 위험에 처하게 된다. 한마디로, 루링의 삼팔선 설정은 항미원조 서사의 정치적 목적과 어긋나며, 적아 대립 구도를 불안정하게 만드는 매우 민감하고 위험한 선택이라 볼 수 있다. 소설 전반부에서 남한 마을은 "이승만의 선전에 마비된 곳"[76]으로, 후반부의 북한 마을은 "삼팔선에 가깝고, 과거 이승만 정권 바로 옆에 있었기 때문에 간첩과 악질분자들이 늘 소란을 피웠다"[77]고 묘사된다. 만약 이 마을의 인민들이 이승만 군대의 폭정에 견디지 못해 인민군과 지원군

---

76 路翎, 『戰爭, 爲了和平』, 北京 : 中國文聯出版公司, 1985, 61頁.
77 同上, 283頁.

을 열렬히 환영했다는 식으로 표현했다면, 이러한 서사는 정치적 위험을 피할 수 있었을 것이다. 그러나 루링은 이런 길을 선택하지 않았다.

실제로 1951년 6월부터 1953년 7월 27일 휴전조약 체결까지 약 26개월 동안의 전투는 쌍방이 기존 점령지를 두고 삼팔선에서 치열한 공방전을 벌인 시기였다. 지도상으로 한 뼘도 안 되는 땅을 차지하기 위해 수많은 인민과 전사들이 희생되었으며, 특정 지역은 며칠 단위로 국군과 인민군의 통치가 뒤바뀌었다. 이런 과정에서 생계를 위해 양측에 협조했던 인민들은 각 정권에 의해 '부역자'로 낙인찍혀 희생되었고, 조선의 남성들은 자신의 의지와 상관없이 병력 충원이나 노역에 동원되었다. 특히 삼팔선 경계 지역의 비극은 더욱 심각했을 것이다. 1952년 12월 조선에 들어간 루링은 이러한 현실을 직접 목격했을 가능성이 크며, 이를 작품 속 무대로 선택해 전쟁과 인민의 현실을 담아냈다. 루링의 작품에는 북한 인민뿐만 아니라 남한 인민과 남한군도 등장하며, 이러한 접근은 당시 다른 작품들과 확연히 구별된다. 이처럼 전장의 현실을 입체적으로 포착한 루링은 이념에 의해 남북으로 찢어진 평범한 한 가족의 비극을 통해 이 전쟁이 단순히 외세와의 충돌이 아니라 조선의 '동족상잔'임을 간접적으로 드러낸다.

삼팔선 인근 마을에 사는 이 씨네는 두 아들이 서로 다른 이념으로 갈라져 "큰아들은 인민군으로, 둘째 아들은 반동 조직에 참가해 이승만을 따라갔다."[78] 어느 날, 둘째 아들이 몰래 돌아왔다는 소식을 듣고 마을 부녀위원 김정영과 최 씨 아낙이 이 씨네를 찾아온다. 이 씨네 아낙은 마을 사람들이 반동인 둘째 아들을 붙잡으려 한다는 걸 짐작한다. 둘째 아들에게 줄 음식을 준비했지만, 그것을 전달해야 할지 망설이면서도, 부녀위원들이 이를 눈치 채지 않길 바란다. 결국 이 모든 것이 발각되어, 이 씨네 아낙은 아들과 만나기로 한 곳에 지원군과 동행하기로 하고 슬피 울다 혼절한다. 겨우 깨어난 그는 아들과 약속한 저녁 시간이 가까워질수록 또다시 고뇌한다. '혹시 아들을 잡아 죽이면 어떡할까, 내가 잘 설득하고 용서를 빌면 안 될까?' 하다가도 "스파이! 강도, 도적놈!"이라며 아들을 비난한다. 또 그런 말을 내뱉는 자신에게 소스라치게 놀라며 고개를 가로젓다가 문득, 인민군인 큰아들을 떠올린다. 그는 큰아들이 미군의 포위 속에 놓인 모습을 상상하며 두려움에 몸서리를 치고, 애타게 큰아들의 이름을 부르기도 한다. 약속 시간이 되자, 그는 지원군에게 자신이 먼저 아들을 설득할 기회를 달라고 간청

78　同上, 285頁.

한다. 지원군은 요청을 받아들여 풀숲에 숨어 상황을 지켜본다. 그러나 둘째 아들이 숨어 있던 최 씨 아낙을 발견하면서 상황이 악화되고 만다. 이 씨네 아낙은 아들을 설득하려 하지만 실패하고, 결국 둘째 아들이 최 씨 아낙을 해하려 들자 이를 막으려다 아들의 총에 맞아 목숨을 잃는다.

물론 루링은 허용된 이데올로기 범위 안에서 둘째 아들과 그 가족을 형상화했다. 회상 장면에서 큰아들은 긍정적이고 성실한 인물로, 작은아들은 게으르고 약삭빠른 부정적 인물로 묘사되며, 현재는 미군의 스파이 조직에 가담해 돈을 탐하고 조선 인민을 해치며 결국 어머니까지 죽이는 냉혹한 모습으로 그려진다. 그러나 남한군이나 지원군이 아닌, 서로 다른 진영에 속한 두 아들을 둔 어머니에게 서사의 초점을 맞춘 점이 주목할 만하다. 이를 통해 루링은 이 전쟁이 평범한 가족을 비극으로 몰아넣었음을, 더 나아가 한 민족이 남북으로 갈라져 서로 총을 겨누는 '동족상잔'이라는 한국전쟁의 본질을 암시적으로 드러내고 있다.

또한, 전반부에서 조선 인민군으로 활약하는 배영철은 본래 한강 이남에서 살던 평범한 청년으로 묘사된다. 그는 해방 후 동지들과 함께 일본 첩보원이자 지주였던 김윤을 체포했지만, 미군이 서울에 진입하면서 김윤이 풀려나 마을로 돌아오게 된다. 이후 동지들이 김윤의 보복으로 목숨을 잃고, 배영철 자신도 붙잡혀 수감된다. 감옥에서 한 동지의 도움으로 혁명 의식을 깨우친 그는 탈옥하여 삼팔선을 넘어 북한으로 향했고, 전쟁이 시작되자 인민군 정찰대원이 된다.[79] 현재 그는 한강 이남의 고향으로 돌아와 폭격으로 깊게 파인 밭을 바라보며 과거를 떠올린다. 과거 그 밭은 부모님과 누이가 함께 일구던 평화로운 터전이었다. 일찍 세상을 떠난 부모님, 집안을 지키던 누이, 성실했던 매형, 자신을 좋아했던 소녀 등 평화롭던 시절의 기억이 떠오른다. 이처럼 루링은 조선 인민군의 고향을 북한이 아닌 남한으로 설정함으로써 냉전 이데올로기의 경계를 넘어 남한을 상상하게 만들고, 배영철의 회상을 통해 해방 이후 외세의 간섭과 전쟁으로 인해 갈라진 조선의 아픈 현대사를 농축해 낸다.

이와 같이, 『전쟁, 평화를 위하여』는 두 아들이 서로 다른 진영에 속한 조선 어머니의 이야기와 남한에서 평범한 청년이었던 인민군의 가족사를 통해, 이 전쟁이 조선 인민에게는 단순히 '적과 나'의 대립이 아니라 본래 한 가족이었고, 함께 살아가던 이웃이었던 사람들이 서로 총을 겨누게 된 비극임을 드러낸다. 이러한 루링의 작품은 인도주의적 시각이 담긴 유일한 항미원조 문학으로 평가될 만하다.

---

79 同上, 74頁.

3. 새로운 중국인의 탄생: 신주체와 국제주의

중국의 항미원조 주제의 문예는 '항미원조 보가위국'이라는 참전 구호를 중심으로, 중국 인민지원군의 혁명적 영웅주의, 애국주의, 국제주의 정신을 담아냈다. 이러한 항미원조 문예는 정치적 선전과 교육 목적이 강한 사회주의 문예로, 당시 사회를 구체적으로 묘사하면서도 주인공인 인민지원군을 통해 밝은 미래에 대한 희망과 자신감을 전달했다. 이를 통해 신중국의 사회주의 세계관을 대중에게 심미적으로 전달하고 내면화하는 데 중요한 역할을 했다.

특히 작품 속 주인공인 중국 인민지원군의 자아 형상은 신중국 인민의 모범적인 모델이자, 달라진 중국의 위상에 걸맞은 새로운 임무를 수행하는 '주체'로 기능했다. 대중은 이러한 문예 작품을 통해, 자아 형상인 지원군과 자신을 동일시하고, 미 제국주의에 고통받는 타자 형상인 조선과 조선의 인민을 지키는 과정을 통해 새로운 세계질서 속 신중국의 위상과 자신들의 변모한 자아를 확인한다. 사카이 나오키에 따르면, 형상은 허구이지만 정체성에 대한 욕망을 생산하는 상상력을 제어하며, 사람들을 미래를 향해 행동하게 만든다. 이때 자아 주체의 구성은 단선적이지 않으며, 타자 형상과의 관계를 이루며 한 쌍으로 움직이면서 전개된다.[80] 건국 초기, 당대 중국의 냉전적 세계관이 한국전쟁을 중요한 전환점으로 삼아 형성되었다고 볼 때, 항미 원조 문예 속 자아인 '중국 인민지원군'과 타자 '미군' 및 '조선' 형상은 대중이 냉전적 자아와 세계관을 형성해 가는 상상의 원천으로 작용했다.

이 책의 1부는 항미원조 전쟁 시기인 1950년대의 자아와 타자 형상에 대한 분석을 넘어, 1960년대 전쟁 기억이 소환된 시기와 문화대혁명 시기인 1970년대까지 통시적으로 살펴보는데, 이는 항미원조 전쟁이 단지 전쟁 시기에 국한되지 않고, 마오쩌둥 시기 내내 중국이 추구한 세계혁명의 이상에 부단한 동력을 제공했기 때문이다. 필자는 이러한 지속적인 영향의 원인을 항미원조 정신과 마오쩌둥 시기 중국의 지향점 간 유사성에서 찾는다.

항미원조 전쟁은 참전 구호인 '항미원조 보가위국'에서 드러나듯, '강한 중국'과 '혁명 중국'이라는 두 가지 지향점을 담고 있다. 마찬가지로, 1949년 중화인민공화국 수립부터 1976년 문화대혁명 종결까지의 마오 시기 중국 역시 이 두 가지 이상을 중심으로 움직였다. 신중국은 제국주의의 오랜

---

80 사카이 나오키, 「2. '일본사상'이라는 문제」, 『번역과 주체』, 후지이 다케시 옮김, 이산, 2005, 113쪽.

억압과 내분에서 벗어나 민족해방을 이룬 현대적 민족국가로서, 강한 현대 중국의 부흥을 꿈꿨고, 동시에 아시아 사회주의 혁명의 선두주자로서 '혁명 중국'을 건설해야 하는 사명을 안고 있었다. 그러나 마오 시기 중국에서 이 두 가지 지향점이 항상 조화를 이루었던 것은 아니다. '계급투쟁'과 '경제 건설' 중 무엇을 우선시할 것인가 하는 문제는 중국 발전 노선의 초점이자 당내 투쟁의 핵심이 되었다. 마오쩌둥을 비롯한 중공 중앙은 경제 발전의 방향, 속도, 방법 등을 두고 끊임없이 논쟁했으며, 국내외 환경 변화에 따라 두 지향점의 무게중심이 변화했다. 이는 마치 저울의 추처럼 무게중심을 바꿔가며 독특한 사회주의 중국의 풍경을 만들어냈다. 마오쩌둥 시기 중국의 지향점과 동일하게, '강한 중국'과 '혁명 중국'이라는 이상을 담은 항미원조 문예 서사는 단지 전쟁 동원의 수단에 그치지 않고, 그 기억을 재해석하며 마오쩌둥 시기 내내 당대 중국의 주류 이데올로기와 보조를 맞췄다.

  이제 1950년대부터 1970년대까지 항미원조 서사가 혁명 중국의 자아 서술로 자리 잡는 과정의 연속성과 차이점을 분석하고자 한다. 특히 동일한 문화적·정치적 목표를 지향하더라도, 이를 뒷받침하는 역사적·문화적 맥락에 따라 형상의 동일화 대상이나 일체화 정도에 차이가 발생하며, 이러한 차이가 항미원조 서사의 전환과 상징화로 이어졌다는 점에 주목하고자 한다. 이 절에서는 1950년대를 '항미원조 서사의 형성기'로 규정하고, 이 시기 항미원조 서사 속 자아와 타자 형상의 특징과 의미를 다음과 같이 살펴본다.

먼저 자아 형상에서는 항미원조 서사 속 중국 인민지원군 전사의 신분과 그 변화에 주목했다. 이 시기 문학에서 주로 그려진 '가난하고 고통받는 자', 특히 '해방된 농민翻身農民' 출신의 지원군 형상을 통해 사회주의 신인新人으로 상상된 자아의 의미와 한계를 검토한다. 이어 타자 형상인 '조선'을 통해 건국 초기 중국이 국제주의 세계관을 어떻게 형성했는지 살펴본다. 필자는 항미원조 서사에서 타자 '미군'의 형상보다 '조선'이 중국의 자아 정체성을 형상화하는 데 중요한 역할을 했다고 본다. 이에 따라, 조선이라는 타자 형상의 논의를 두 가지 측면에서 전개한다.

첫째, 주체 구성 메커니즘에 기반해 항미원조 서사 속 타자 형상에 대해 살펴본다. 이때, 서방은 동방의 자아 상상에서 보편적 타자 역할을 했으나, 항미원조 문예 속 타자 '미군' 형상이 지닌 한계를 분석하여, '조선'이라는 또 다른 타자의 중요성을 도출한다. 다음으로, 1950년대 항미원조 서사 속 조선 형상의 특징을 중·조 관계의 냉전적 변용과 문예를 통한 기억 재구성의 관점에서 분석한다. 이를 통해

'조선'이 중국의 냉전적 자아 정체성을 완성하는 데 중요한 타자로 기능했음을 확인하고자 한다. 이러한 논의는 1950년대 항미원조 서사 속 자아와 타자 형상화가 중국의 혁명 세계관 구축에 어떻게 기여했는지 입체적으로 이해하는 데 중요한 시사점을 줄 것이다.

1) '가난한 자'에서 '해방된 농민' 지원군으로: 신주체의 탄생

왜 '해방된 농민'인가

중국 정부는 한국전쟁이 미국을 비롯한 연합군의 개입으로 국제전으로 확대되자, 1950년 7월 13일 중앙군사위원회를 소집하고「동북변방 보위에 관한 결정關於保衛東北邊防的決定」을 통해 '동북변방군' 편성을 결정했다. 이후 한국군과 유엔군의 북진이 예상되자, 마오쩌둥은 '동북변방군'을 '중국 인민지원군'으로 개칭하고 펑더화이彭德懷를 사령관으로 임명했다. 참전 병사들은 인민해방군 소속이었지만, 대외적으로는 이 전쟁이 국가적 파병이 아니라 인민들의 자발적인 참여임을 강조하기 위해 '인민지원군'이라는 명칭을 사용했다.

이러한 설정은 문예 작품에도 반영되어, 지원군 형상에서 직업군인은 거의 찾아볼 수 없으며, 대다수가 신중국에서 살아가는 노동자와 농민으로 묘사된다. 특히 후방 지원 부대에는 노동자 신분 병사들이 간혹 등장하기도 했지만, 전방에서 싸우는 병사 대부분은 해방된 농민 신분으로 그려졌다. 여기서 '해방된 농민'이란, 신중국 수립 이전의 구중국에서 지주, 국민당, 일본 제국주의 등으로부터의 핍박에서 벗어나 토지를 분배받고, 노예와 같았던 삶에서 벗어나 신중국의 주인이 된 농민을 의미한다. 따라서 농민 지원군 전사의 형상은 실제 인민지원군을 반영한 것이 아니라, 사회주의 신중국이 요구하는 '사회주의 신인新人'의 모범적 모델이자 새로운 집단 정체성을 상상하고 구현한 것이라고 볼 수 있다. 그렇다면, 왜 하필 농민이 주요 형상으로 선택되었을까?

역사학자 모리스 마이스너는 중국 공산주의자들이 일본 침략자에 대항하는 농민들의 단순하고 소박한 반외세 감정을 근대적 내셔널리즘 의식으로 전환시키는 데 핵심적인 역할을 했다고 평가했다. 그는 또한 공산주의자들의 반일 내셔널리즘 강령에 기반한 농민 동원이 옌안 시기 군사적, 정서적 성공에 크게 기여했다고 보았다. 마오쩌둥 역시 10년에 걸친 옌안 경험을 통해 "진정으로 창조적이고 혁명적인 힘은 도시보다 농촌에 존재한다"고 확신했으며, 인구 대다수를 차지하는 농민, 즉 '대중'의 의지와 힘을 중시했다. 이러한 맥락에서 신중국의 탄생은 단순한 정치적 승리 이상을 의미했다. 그것은 수천만 농민의 적극적인 지지를 수반하는, 대중적 사회혁명을 토대로 거둔 승리였으며, 동시에 오랜 시간 갖은 억압에 억눌려 있던 농민들이 진정한 주체로 거듭남을 의미했다.[81]

이러한 특징은 정치적 선전과 교육을 주요 목적으로 삼는 사회주의 문예에서도 고스란히 반영되었다. 신중국 문예의 뿌리는 1942년 옌안에서 열린 마오쩌둥의 「옌안문예좌담회에서의 강화在延安文藝座談會上的講話」로 거슬러 올라간다. 이 좌담회에서 마오는 좌담회의 개최 목적과 정풍운동整風運動의 방향을 설명하고 문예계가 직면한 과제를 발표했다. 마지막 날 발표한 결어에서 마오는 대중을 위한 문제와 어떻게 대중을 위할 것인지의 문제를 가장 중요한 과제로 세웠다. 그는 대중을 '가장 광대한 인민', '전체 인구의 90% 이상을 차지하는 노동자·농민·병사(노농병工農兵)'로 정의하며, 이들을 위한 문예 창작의 중요성을 강조했다. 이 방향성은 신중국 수립 직전인 1949년 7월 5일 열린 제1회 중화전국문학예술공작자대표대회全國文學藝術工作者代表大會에서도 재확인된다. 이 자리에서 저우양周揚은 마오의 「옌안문예좌담회에서

---

81 모리스 마이스너, 『마오의 중국과 그 이후 1』, 김수영 옮김, 이산, 2004, 제1부 4장 참고.

의 강화」를 신중극 문예 방향을 규정한 결정적 지침으로 재천명하며, 사회주의 문예의 기본 원칙을 재차 강조했다.[82]

그러나 신중국 수립 이전부터 '노농병'이 혁명 문예의 주요 대상이었다고 하더라도, 신중국 수립 이후 '노농병'을 주역으로 삼는 신문예에는 이전과 다른 의미가 담겨 있음을 주목해야 한다. 신중국 수립 이전, 문예는 주로 반제국주의·반혁명 투쟁을 위한 전쟁 동원적 성격이 강했다. 당시 문예는 성공적인 전투 수행을 위한 선전 도구로 기능했으며, 혁명의 승리를 위한 실질적인 무기로 사용되었다. 하지만 신중국 수립 이후인 1950년대 항미원조 문예는 단순히 전쟁 동원의 목적을 넘어, 새로운 정권이 정치적 합법성을 확립하기 위해 필수적인 '문화 영도권(패권)' 확보라는 과제를 안고 있었다. 한위하이韓毓海 교수는 정권의 합법성과 정체성 문제는 문화와 직결되어 있으며, 이는 곧 정치적 문제라고 지적한다.

"합법성Legitimacy과 정체성Identities 자체는 미적, 가치적,

---

82 『新的人民的文藝』"毛主席的『在延安文藝座談會上的講話』規定了新中國的文藝的方向, 解放區文藝工作者自覺地堅決地實踐了這個方向, 並以自己的全部經驗證明了這個方向的完全正確, 深信除此之外再沒有第二個方向, 如果有, 那就是錯誤的方向". 謝冕, 洪子誠主編:「中國當代文學史料選(1948-1975)」, 北京大學中文系中國當代文學教研室, 1995, 20頁.

성별의 모든 측면을 포함하는 문화적인 문제이지만, 국가 및 국제 규범의 정치적 기반도 포함된다는 점에서 보다 근본적인 정치 문제이다."[83]

따라서 그는 당시 문예계와 지식인들에게 가해진 마오쩌둥의 비판 운동을 단순히 '반지식인주의'나 '반문화적 독재'가 아니라, 프롤레타리아 혁명의 완성을 위해 필수적인 '문화영도권'을 확보하기 위한 전략적 선택 중 하나였다고 강조한다. 그렇다면 문화를 통해 정권의 정당성과 정체성은 어떻게 확보되는가? 이는 매체와 문화예술을 활용하여 집권당의 위대한 역사를 서술하고 선전하며,[84] 동시에 그 역사를 함께 만든 혁명 주역들을 기리는 과정에서 이루어진다. 이를 통해 대중은 높은 계급적 자각을 통해 자신의 역사적 사명을 배우고, 스스로 혁명정신을 이어가는 주체가 된다. 과거 혁명의 주변인이었던 인민대중은 이제 신문예 창작과 실천을 통해 자신을 역사적 주체로 재발견하고, 다

---

83 韓毓海:「"漫長的革命"——毛澤東與文化領導權問題(上)」,「文藝理論與批評」, 2008年第一期, 10頁.

84 "對於任何一個新生政權而言, 樹立威權最爲有效的方式之一, 便是利用媒體輿論和文學藝術爲該執政黨撰述一個合法, 合理而又崇高的曆史; 就是在撰述這個合法, 合理而又崇高的曆史的過程中, 新中國電影扮演了一個至關重要並且頗爲成功的角色." 李道新:「中國電影文化史(1905-2004)」, 北京: 北京大學出版社, 2005, 254頁.

음 세대를 위한 새로운 혁명의 동력을 만들어낸다. 이것이 바로 그람시가 말한 '헤게모니Hegemony' 이론이자, 마오가 강조한 '소프트파워軟權力'의 중요성이다.[85]

그렇다면 1950년대 항미원조 서사 속 신중국의 모범이자 새로운 집단 정체성으로 상상된 '해방된 농민 전사-지원군' 형상을 통해, 신중국이 표출하고자 했던 정치적 합법성은 무엇이었을까? 이는 곧 건국 초기 중국의 시대정신을 가늠할 문화적 통로라 할 수 있다.

'새로움(新)' - 신주체, 신중국 정체성 형상화의 특징과 한계

한국전쟁이라는 외세의 침략 위기 속에서 온 나라가 '항미원조 보가위국'을 외치던 시기, 신중국의 새로운 주체로 부상한 '인민지원군'은 단순한 군인이 아니었다. 그들은 애국주의와 국제주의 정신을 체현한 영웅이자, 대중이 학습해야 할 모범적 상징으로 칭송받았다. 실제로 당시 지원군의 영웅적 행적은 전 인민을 단결시키고 생산 의욕을 고취하는 데 큰 역할을 했다.[86] 그리고 지원군의 영웅적 면모를 주제로 한 항미원조 문예는 대중으로 하여금 갓 탄생한 사회주

---

85 韓毓海, 위의 논문 10쪽 참고.
86 劉宏煊主編, 『抗美援朝硏究』, 北京 : 人民出版社, 1990, 451-452頁.

의 신중국의 낙관적인 미래를 상상하게 했으며, 새로운 주체로서의 자각과 혁명 세계관의 수용을 유도하는 문화적 기능을 수행했다. 따라서 대중을 전쟁에 동원하고 새로운 정치적 정체성을 심어주는 문화적 도구인 지원군 형상은 하나하나가 매우 중요한 정치적 의미를 지녔다. 그 핵심은 '신구新舊의 대비'의 서사 구조에 있었다. 즉, 지원군이 보여주는 애국심, 국제주의 정신, 영웅적 희생은 구사회의 '낡은' 모습과 극명한 대비를 이루며, 신중국의 '새로움'과 그 정치적 정당성을 드러내는 핵심 상징으로 기능했다.

  작품 속 지원군의 전투 의지는 애국심과 국제주의 정신으로 촉발되며, 이는 대개 신중국에 대한 만족감에서 시작해, 전쟁 발발로 인한 국내 반혁명 세력의 재등장에 대한 우려, 그리고 항미원조 투쟁과 보가위국의 필요성으로 이어지는 서사 구조를 따른다. 따라서 작품 도입부에서는 대다수가 해방된 농민 출신인 지원군들이 건국 이후 '새로운' 중국에서 누리게 된 삶의 변화를 강조한다. 내 땅과 집을 가지게 되었으며, 가난 때문에 지주에게 팔려갔던 동생이 학교에 다니고 공장에서 일하게 되는 등 구중국과는 확연히 달라진 삶에 대한 만족감을 드러낸다. 그러나 국경 너머 조선이 미제국주의의 침략으로 참혹하게 파괴된 모습을 보며, 그들은 다시 위기감에 사로잡힌다. 이러한 위기감을 고조시키는 요소는 과거 일본 제국주의 침략의 역사다. 일본이 조선을 침략하고 중국을 유린했던 기억은 미 제국주의가 일제와 같은 방식으로 조선을 거쳐 중국을 공격할 것이라는 공포로 이어졌다. 이러한 역사의 교훈이야말로, 농민 출신 지원군들이 조선 인민을 위해 싸워야 하는 이유가 된다. 일제 침략이 남긴 민족적 상흔을 바탕으로 항미원조의 필요성을 설득력 있게 그려낸 대표적인 작품이 바로 앞서 살펴본 양숴의 『삼천리강산』이다.

한편, 작품 속에서 '원조援朝'의 필요성을 설득하는 데 중요한 역할을 하는 서사 방식 중 하나는 조선 인민, 특히 여성과 어린아이를 전쟁의 피해자로 그려 지원군 전사들의 과거 고통을 투영하는 것이다. 예를 들어, 웨이웨이는 조선의 고통을 지원군이 겪었던 과거의 비참한 삶과 연결한다. 그의 작품 『한강 남쪽의 밤낮漢江南岸的日日夜夜』에는 미군의 폭격으로 집을 잃은 늙은 조선 아낙이 아이를 들쳐 업고 불탄 잔해에서 물건을 찾는 장면이 나온다. 이를 바라보는 지원군 전사는 "우리 부모와 저 아낙이 같지 않나요?"[87]라고 말한다. 또 다른 사례로, 바진의 『천둥을 치는 영웅의 이야기

---

87 魏巍, 『漢江南岸的日日夜夜』, 轉載於『魏巍文集』(第7卷), 廣州 : 廣東教育出版社, 1999.

起雷英雄的故事』가 있다. 이 작품에서 영웅 전사 야오 분대장은 조선의 참혹한 현실을 목격한 뒤, 자신이 겪었던 고통스러운 과거를 떠올리며 '똑같은 가난하고 고통받는 자窮苦人'인 조선 인민을 위해 복수하겠다고 다짐한다.[88] 작품 속에서 지원군 전사들이 자신이 겪은 구중국의 고통을 떠올리며 동일한 고통을 겪는 조선 인민을 위해 싸운다는 서사 방식은 '원조'를 이끌어내는 데 필요한 국제주의 정신의 초보적 단계를 보여준다. 이는 국제주의적 각성의 첫걸음으로, 이후 '세계의 가난하고 고통받는 자는 모두 한 가족이다世界窮苦人都是一家'라는 보다 심화된 사회주의 정신으로 확장된다. 이처럼 항미원조 서사에서 '조선'은 중국의 고통스러운 과거를 비추는 거울이자, 낙관적 전망으로 가득 찬 '오늘'과 대비되는 타국이며, 미래를 점치는 교본으로써 중국의 참전 당위성을 설득하는 역할을 한다. 또한, 자아 지원군 형상화 측면에서도 조선 인민을 지켜내는 과정은 지원군이 인민의 영웅과 사회주의 신인이라는 새로운 주체성을 확인하고 강화하는 데 기여하는 중요한 타자로 기능한다.

그러나 작품 속 농민 지원군이 그저 긍정적인 인물로만

---

88   巴金, 『起雷英雄的故事』, 轉載於『巴金全集』(第14卷)』, 北京 : 人民文學出版社, 1986.

그려지는 것이 아니라, 당의 지도와 전투 수행을 통해 점차 전사로 성장하는 과정에 방점이 찍혀 있다는 점도 주목할 필요가 있다. 예를 들어, "부대의 집단생활 속에 농민이라면 갖고 있는 탐욕과 이기심을 이미 잊게 했다"[89]거나, 전투 상황에서는 용감한 모습을 보이지만, 글을 쓰거나 보고를 할 때는 말소리가 작아지고 "문화면에서는 자신감이 떨어지는 모습"[90]을 보인다고 묘사되기도 한다. 낮은 문화 수준과 더불어, 집안을 일으켜 부유해지려는發家致富 심리는 농민 지원군을 부정적으로 묘사하는 또 다른 특징 중 하나다. 루링의 『전쟁, 평화를 위하여』에는 새로 온 농민 전사 동푸董富가 등장한다. 구사회에서 지주를 위해 가축처럼 살아온 그는 토지개혁을 통해 처음으로 자신의 땅을 갖게 되었다. 조국을 위해 참전하여 조선에 왔지만, 전쟁이 길어지자 두려움이 커지고 고향에 있는 땅과 아내 생각에 사로잡혀 괴로워한다. 그저 가업을 세워 옛 방식처럼 평생을 살아가고자 했던 '잘못된' 생각은 동료 전사들과 함께 전투를 수행하면서 바로잡히고, 그는 점차 전사로 성장한다.[91] 이처럼 농

89　老舍, 『老舍全集・第六卷』, 北京：人民文學出版社, 1999, 576頁.
90　巴金, 「魏連長和他的連隊」, 轉載於『巴金全集』(第14卷)』, 北京：人民文學出版社, 1986.
91　路翎, 『戰爭, 爲了和平』, 北京：中國文聯出版公司, 1985, 349頁.

민 지원군은 신중국이 추구하는 바람직한 인민대중의 모습을 투영하면서도, 당의 학습과 개조를 통해 더 나은 주체로 형성되는 대상으로 묘사된다.

'농민' 지원군 형상에 대한 한계는 당시의 문학 비평에도 드러난다. 비평가 천용은 '노동자' 지원군을 주요 인물로 내세운 양쉬의 『삼천리강산』을 두고, "이 인물들은 잠시나마 자신의 땅을 받기 하기 위해 싸우거나, 아버지의 원수를 갚기 위해 군에 입대한 농민과 영세 생산자들보다 한 발 나아갔다"라고 평가했다.[92] 이는 당시 항미원조 문학 속 농민 지원군 형상의 문제점을 정확히 지적한 평가다. 1950년대 항미원조 서사에서 농민 지원군들은 '신구 중국의 대비'를 통해 애국주의와 국제주의 정신을 발휘하지만, 이는 대체로 개인적인 이익과 원한에서 출발하는 초보적인 계급적 각성에 기반하고 있다. 이 같은 설정은 결국 국제주의 정신보다는 애국주의가 훨씬 설득력 있게 전달되는 결과를 낳았다. 이러한 한계는 1960년대 항미원조 서사와 비교할 때 더욱 명확해진다. 1960년대 영화 속 지원군은 숙련된 전사이자 혁명후계자로 묘사되며, 이미 사상개조나 문화 학습이 필요 없는 성숙한 '프롤레타리아트 전사'로 형상화된다. 이들

---

92 陳湧, 「文學創作的新收獲──評楊朔的〈三千裏江山〉」, 『人民文學』, 1953, 56頁.

은 훨씬 높은 수준에서 애국주의와 국제주의 정신을 구현하며, 1950년대와는 차별화된 새로운 자아 인식과 세계 상상을 보여준다.

2) 조선이라는 거울: 국제주의의 형성

동양의 보편적 타자 – 서양과 항미원조 서사 속 미군 형상의 한계

1950년대 항미원조 서사는 전쟁 시기 대중을 성공적으로 동원하기 위해 '왜 남의 나라에서 목숨을 걸고 싸워야 하는가?'라는 근본적인 질문에 답해야 했다. 이러한 참전의 당위성을 설득하기 위해, 항미원조 서사는 전통적인 중·조 간 '순망치한' 관계를 바탕으로 대중의 위기감을 자극하거나, 지원군의 '신구 대비'를 통해 조선과 그 인민을 과거 중국의 고통스러운 역사를 비추는 거울로 삼았다. 이를 통해 조선은 구중국을 떠올리게 하는 동시에, 낙관적인 사회주의 전망 속에서 미래를 상상하게 만드는 상징적 역할을 맡았다. 결과적으로, 이 시기의 항미원조 문학에서 조선 형상은 실제 조선의 모습을 반영하기보다는 중공 정부의 전쟁 동원과 지원군의 영웅주의, 애국주의, 국제주의 정신을 강조하기 위한 하위 서사로 구성된 사회적 상상물로 기능했다.

프랑스의 형상학 연구자 바러우巴柔는 이국의 형상을 광범

위하면서도 복잡한 총체인 상상물로 연구해야 한다고 주장한다. 그에 따르면, 사회 집단의 상상물인 '형상'은 하나의 문화적 현실의 재현으로, 이는 그것을 창조하거나 찬동하고 선전하는 개인이나 집단이 속한 이데올로기와 문화적 공간을 드러내고 설명하는 역할을 한다.[93] 즉, 특정 형상이 만들어지고 활용되는 방식은 그 자체로 해당 사회의 가치와 세계관, 그리고 정치적 목적을 반영하는 거울인 셈이다. 바러우의 형상학 이론을 항미원조 문예에 적용하면, 작품 속 타자 형상인 미군과 조선은 단순히 외부 세계를 묘사한 것이 아니라, 중공 정부나 작가들이 속한 이데올로기와 문화적 맥락을 반영하는 자아 인식의 산물이라 볼 수 있다. 이러한 타자 형상화는 중국의 새로운 자아 정체성과 밀접하게 연결되며, 중국이 대립하거나 상호 보완적 관계를 맺는 타자들을 어떻게 묘사하는가에 따라 자아의 정위가 구체화된다.

이처럼 자아 주체의 구성은 타자 형상과의 관계 속에서 이루어진다는 점에서 사카이 나오키가 제시한 '쌍형상화 도식'과 연결된다. 이 도식은 정체성 형성이 단선적으로 하나의 대상에 집중되는 것이 아니라, 다른 형상과 대비를 이루

93　巴柔,「從文化形象到集體想象物」, 孟華主編:『比較文學形象學』, 北京大學出版社, 2001年版, 121 ; 孟華, "一個作家筆下的形象, 主要不是對異國社會(缺席的客體)的表現, 而是對本國社會(在場的主體生活於其中)的表現.", 相同, 9頁.

면서 공간적으로 전개된다고 본다. 이 도식이 항미원조 문예를 통한 중국의 자아 인식과 세계 상상을 논하는 데 특별한 시사점을 주는 이유는, 사카이가 이 도식을 일본 사상사의 발상을 분석할 때 적용하며, '결여 의식에서 비롯된 모방 욕망의 대상'으로서 서양 사상을 대칭항으로 설정했기 때문이다.

사카이는 일본 사상사를 발화구조로 바라볼 때 일본 사상사가 서양 사상사와의 대결에서 출발했다는 점이 드러나며, 서양에 사상이 있으면 일본에도 사상이 있어야 한다는 대칭성과 평등에 대한 요구에 지배된 형태로 발상된다고 지적한다.[94] 또한, 여기서 '서양'은 단순히 실체적이고 지리적인 개념이 아니라, '일본'과 같은 특수성을 성립시키는 보편성의 위치가 부여되며, 완전히 이념적이며 헤게모니적인 것이라고 설명한다. 결국 가상된 서양이라는 것과의 격차를 통해, 자기 나라의 정체성을 설정하고 서양에 대한 모방과 반발의 역학으로 자기 나라의 역사를 만들어내려는 시도는 거의 모든 '비서양' 지식인이 처해야 했던 역사적 사명이었다고 결론짓는다.[95] 따라서 서양에 대한 영합이든 반발이든 간에

---

[94] 사카이 나오키, 앞의 책, 113쪽.
[95] 사카이 나오키, 앞의 책, 116쪽.

서양이 보편적 위치를 차지하는 한, 자신의 문화적·역사적 정체성을 구축하기 위해 '서양'은 참조되고 의지될 수밖에 없다.[96]

이 도식을 항미원조 문예에 적용하면, 문예 속 자아는 중국 인민지원군으로, 타자는 조선, 남한군, 미군으로 구성된다. 이때 각 타자 형상은 국제전이자 이념 전쟁인 항미원조 전쟁에서 독특한 의미를 지닌다. 조선은 국제주의 정신의 상징이며, 미국은 반제국주의를 향한 중국의 혁명 투쟁과 내셔널리즘의 대상이고, 남한군은 미 제국주의의 앞잡이이자 민족 반역자로 그려진다. '중국-지원군'의 자아 정체성은 이러한 타자와의 관계를 통해 상상되며, 각 타자 형상이 냉전 질서의 양대 진영 중 하나에 속하기 때문에 이는 냉전 질서 속 세계 상상으로 확장된다.

사카이 나오키의 도식에 따르면, '중국-지원군'을 주체로 놓았을 때, '서양-미군'은 대립항으로 보편의 위치를 차지할 수 있다. 하지만 흥미로운 점은 이 시기의 항미원조 문

---

96 반대로 "서구의 아시아 상상 속 타자―아시아는 어떤 모습일까?"라는 질문에 대해, 저우닝周寧은 상호문화 형상학의 관점에서 서구가 서로 다른 시기에 중국을 어떻게 형상화했는지 분석했다. 그는 "서구의 중국 형상에서 서구 문화의 규율화와 체제화가 발견되며, 이는 식민주의, 제국주의, 글로벌리즘 이데올로기의 필수 구성 요소가 되어 서구의 근대성과 그 문화적 패권을 구축하는 데 참여한다"고 지적했다. 周寧, 「跨文化形象學的觀念與方法――跨文化硏究以中國形象爲方法」, 『東南學術』, 2011年第5期, 5頁.

예에서 미군이 보편성을 대표하는 형상으로 완전하지 않다는 것이다. 오히려 단순화되고 희화화된 미군 형상은 허술하기까지 하다. 그 예로, 양쉬의 『삼천리강산』을 들 수 있다. 앞서 소개했듯이 이 소설은 중국 동북의 국경 지역에서 근무하는 철도 노동자들이 지원군으로 조직되어 북한 인민들과 함께 미군 폭격으로 파괴된 철도를 복구하고 후방 지역을 지켜낸 이야기를 다룬다. 극 중 철도지원군 부대장 우쩐과 그의 부대가 마주친 미군 포로의 모습은 다음과 같이 형상화된다.

"포로들은 비틀거리며 이리저리 도롯가에 주저앉았다. 그중 매부리코에 누런 잡초 같은 수염이 엉겨 붙은 미국 군관은 많은 사람들 앞에 쭈그리고 앉아 똥을 쌌다. 그는 쭈그려 앉자마자 '오케이'를 외치고 볼일을 마치고는 이를 잡기 시작했다. 코트를 벗어 뒤집자 털 위로 이가 보리 이삭처럼 떼를 지어 기어다녔고, 손으로 툭툭 털어내자, 아래도 후드득 떨어졌다."[97]

1950년대 항미원조 문예 속 미군 형상은 비위생적이고,

97　楊朔, 同前, 64頁.

파렴치하며, 죽음을 두려워하는 겁쟁이로 묘사되었다. 이러한 형상은 미군을 단순화하고 희화화하여, 중국 지원군의 정당성과 도덕적 우위를 부각하려는 의도를 명확히 드러낸다. 그렇다면 항미원조 문예에 사카이 나오키의 '쌍형상화 도식'을 적용할 수 없는 걸까? 이를 위해 태평양전쟁 발발 전 일본 대중문화 속 미국 형상을 분석한 요시미 순야의 논의를 참고해 보자.

"일본에 있어 '미국'은 욕망이나 증오의 대상이기는 했어도 (미국이 일본에 행했던 것처럼) 분석이나 관찰, 이해의 대상으로 위치를 부여받고 있지 않았다. 일본은 오히려 '귀축미영鬼畜美英'[98]의 환상적 표어로 실제 미국을 시계 밖으로 쫓아내고 타자로 직시할 일조차 피하면서 안에 들어박혀 있었다. 미국과 일본 간에는 군사적·경제적 불균형뿐만 아니라 이러한 문화적인 눈길의 불균형도 존재하고 있었던 것이다."[99] (괄호는 인용자)

98　제2차 세계대전 당시 일본에서 사용된 선전 용어로 '귀신과 가축(귀축)' 같은 '미국과 영국'을 의미한다. 이러한 선전 용어를 통해 미국과 영국에 대한 대중의 증오와 적개심을 고취했다.
99　요시미 순야, 「냉전체제와 '미국'의 '소비'-대중문화에서 '전후'지정학」, 『문화과학』, 2005.06, 139쪽.

그의 주장은 1950년 초 한국전쟁 당시 중국이 미국에 비해 경제, 군사, 문화 등 모든 면에서 열악했던 상황을 떠올리게 한다. 어쩌면 중국은 미국을 '타자'로 제대로 응시조차 할 수 없었던 것일지도 모른다. 하지만 이를 단지 피동적이고 소극적인 회피로만 볼 수는 없다. 중국 학자 왕후이汪暉가 제기한 '반현대적 현대성反現代性的現代性' 논의를 통해, 당시 중국이 '미국을 대표로 하는 자본주의적 현대성'을 어떻게 바라보고 있었는지 성찰할 필요가 있다. 왕후이는 '반현대적 현대성'이라는 이 역설적인 방식이 특정한 문화적 근원을 가지며, 중국 현대화 운동의 이중적 역사 맥락, 즉 현대화를 모색하면서도 서구 현대화가 초래한 다양한 역사적 결과를 성찰하는 것에서 이해되어야 한다고 주장한다. 그는 이를 토대로 가치관과 역사관의 측면에서 마오쩌둥의 사회주의 사상을 일종의 반자본주의적 현대성에 기반한 현대성 이론으로 볼 수 있다고 설명한다. 다만, 왕후이는 '반현대적 현대성'이 마오쩌둥 사상의 특징에 국한되지 않으며, 만청晩清 이래 중국 현대사상의 주요 특징 중 하나로 이해되어야 한다고 강조한다.[100]

---

100 汪暉, 위의 논문, 137쪽. 덧붙여 그는 개혁개방 이후 중국이 마오의 이상주의적 현대화 '방식'만 버리고, 현대화라는 목표 자체는 계승했는데, 개혁 전의 사회주의와 비교해 볼 때, 당대 사회주의는 비록 현대화의 이데올로기로서의 마르크스주의이

신중국은 미국을 대표로 하는 자본주의적 현대성을 부정하면서도, 동시에 '부강한 중국'을 위해 '현대성'을 욕망했다. 그러나 중국 특유의 현대성을 구축하기에는 당시 현실이 지나치게 열악했다. 특히 세계에서 가장 강하다는 미군과 맞서야 했던 한국전쟁에서, 중국이 미국을 타자로 응시할 방법은 지원군의 정신 무장을 강조하거나 미군의 외형을 비하하는 방식으로 처리될 수밖에 없었을 것이다. 이처럼 단순히 미군과의 대립을 통해 표상된 자아와 타자의 관계는 중국 지원군의 자아 정체성을 발현시키기에는 부족함이 있다.

여기서 사카이 나오키의 '쌍형상화 도식'을 다시 적용해 보자. 항미원조 문예 속 자아-타자 형상은 '지원군-미군' 구도뿐만 아니라 '지원군-조선' 형상에도 주목할 필요가 있다. 마오 시대 항미원조 문예에서 조선 형상화는 미군 형상보다 훨씬 성공적이었다. 실제로 1950년대와 1960년대 항미원조 문예를 비교해 보면, 미군 형상보다 조선 형상이 비중 면에서나 질적으로 더욱 두드러진다. 이는 어떻게 설명될 수 있을까? '미국'이라는 보편적 틀에 대항하는 자아로서 '중국'을 상정하면서도, 조선에 대해서는 '중국'을 보편적 위치에 놓고 '조선'을 대립항으로 배치하는 이중구조를 취

지만, 그 안에 반현대성 경향은 갖추지 않고 있다며 비판했다.

하고 있지 않을까. 사카이의 도식이 '중국'과 '조선' 간의 관계에도 적용될 수 있다면, 이는 전통적으로 동아시아, 특히 조선에서 중국이 가지던 절대적 지위와 긴밀히 연결되어 있다. 이를 파악하기 위해, 유구한 역사 속에서 형성된 중국과 조선 간의 복잡하고 다양한 관계에 대한 이해가 필요하다.

새로운 사회주의 조선 상상: 냉전 질서 속 대중 기억의 1차 변화

항미원조 서사가 형성된 1950년대는 신중국 이전 시기의 조선에 대한 기존 기억이 일차적으로 변화한 시기로 볼 수 있다. 이는 중·미 관계와 달리, 오랜 역사를 공유한 중·조 관계 속 기억과 감정이 호불호만으로 설명될 수 없는 복잡한 양상을 지니기 때문이다. 요약하자면 중·조 관계는 대체로 다음과 같은 4단계를 거쳐 발전해 왔다.

먼저 중국 중심의 천하 질서 시기, 중국과 조선은 종주국과 종속국의 관계를 맺었다. 이 관계는 현대 민족국가의 식민-피식민 관계와 성격이 다르지만, 조선은 오랜 기간 중국의 천하 질서 속에서 정치적·문화적으로 깊은 영향을 받았다. 이러한 관계 때문에, 청일전쟁 패배와 조선에 대한 주도권이 일본으로 넘어간 '한일병합'은 청말 지식인들에게 엄청난 충격을 안겨주었다. 1904년, 중국의 량치차오梁啓超

는 『조선망국사략朝鮮亡國史略』 서문에 이렇게 적었다.

"이제 조선은 없어졌다. 지금부터 세상에는 조선의 역사가 다시 있을 수 없고, 오직 일본의 번속藩屬 일부분의 역사로 남을 뿐이다." "조선과 친속親屬의 관계를 가진 이가 어찌 이 일을 기록하지 않을 수 있겠는가."[101]

량치차오는 일본의 식민지로 전락한 조선을 동정하면서도, 조선에 대한 정치적 주도권이 청나라에서 일본으로 넘어간 점을 애석해했다. 이러한 과도기를 거쳐 중·조 관계는 청 제국의 몰락 이후 항일 시기까지, 민족국가 의식이 주도하는 '반反 천하질서'의 두 번째 단계로 이행한다. 이후 사회주의 중국의 탄생은 중·조 관계를 새로운 방향으로 이끌며, 평등과 계급의식을 중시하는 '초超 민족국가' 의식으로 전환된 '계급 질서' 시기를 열었다. 그리고 1980년대 개혁개방 이후 중·조 관계는 다시 민족국가 질서로 회귀하는 양상을 보인다.

그러나 중국인들의 조선에 대한 감정은 이와 같은 국가 간 관계의 전환만으로 단절되거나 분리되지 않았다. 심지어

---

101 梁啓超, 『朝鮮亡國史略』, 『新民叢報』, 1904年9月第53-54號.

신중국이 수립된 1950년대 계급 질서 속에서도 과거 천하 질서 시기에 조선에 대해 가졌던 절대적 우위와 민족국가 질서 시기에 형성된 조선과의 관계는 여전히 조선에 대한 신중국 인민들의 감정과 인식을 형성하는 중요한 요소로 남아 있었다. 이는 동일한 피억압 민족으로서 계급의식과 평등이 강조되던 사회주의 시기에도, 과거의 천하 질서와 민족국가 질서 시기의 경험이 복합적으로 조선에 대한 감정을 구성하고 있음을 보여준다.

전쟁 발발 이후, 관방의 공식 매체는 새로운 계급 질서 속에서 중·조 관계를 재정립하며 '사회주의 조선'을 '형제국'으로 칭하고, '원조'의 필요성을 대대적으로 선전했다. 그러나 이러한 정치 구호식의 국가 선전은 항미원즈 전쟁에 대해 다양한 심리를 가졌던 대중을 효과적으로 동원하지 못했다. 특히, 신중국에서 가장 가까운 기억으로 남아 있는 일제 침략 시기 조선인에 대한 원한은 사회주의 조선과 '원조'의 필요성을 설득하는 데 큰 걸림돌이 되었다. 당시 많은 중국인에게 '얼구이즈'로 불린 조선인, 즉 '고려봉자'에 대한 부정적 인식은 깊이 뿌리내려 있었다. 특히 '고려봉자'는 과거 중·조 관계에서 축적된 중국인의 조선인에 대한 감정과

기억을 가장 진하게 응집하고 있다.[102]

 이때, 공식 서사와 대중 서사가 '고려봉자'에 대한 부정적 기억을 지우고 새로운 사회주의 조선을 형성하기 위해 접근한 방식이 서로 다르다는 점은 매우 흥미롭다. 먼저, 국가 선전을 정치 구호식으로 전달하는 공식 서사의 경우, '고려봉자' 문제를 직접적으로 다루면서 냉전 진영 논리에 따라 이를 '사회주의 조선'에서 분리하는 방식을 택했다. 그 대표적인 예가 1950년 인민일보에 실린 사설 「'원조'는 바로 '고려봉자'에 반대하기 위함이다」이다. 독자 왕쿤王昆과 편집자가 '고려봉자' 문제를 주제로 의견을 주고받는 이 사설에서, 독자는 "일제 시기 '얼구이즈'로 중국을 괴롭혔던 조선의 '고려봉자'들을 우리가 왜 도와야 하는가?"라고 질문한다. 이에 대해 편집자는 다음과 같이 답변한다.

 "당신이 말한 일제 침략기의 '고려봉자'는 계급 성분으로 볼 때, 지금의 이승만을 비롯한 조선 반동파입니다. 이들은 중국에 장제스蔣介石 도적단이 있는 것과 같습니

---

102 마자오馬釗 교수는 '고려봉자' 문제가 단순한 역사적 문화 편견의 현대적인 재탕이 아니라, 20세기 중국이 외세 침략을 받아 동아시아 정치 지형이 크게 변화한 것과 관련해 대중이 몸소 겪은 상처에서 비롯됐다고 설명한다. 馬釗, 「政治, 宣傳與文藝 : 冷戰時期中朝同盟關系的建構」, 『文化研究』, 2016年01期, 106-107頁.

다."¹⁰³

　편집자는 '고려봉자'를 이승만 무리와 연결해 '사회주의 조선'과 분리하고, 이승만 무리와 장제스 무리를 하나의 범주로 묶어냄으로써, 대중에게 새로운 냉전 진영 논리를 설득력 있게 전달하려 했다. 이렇게 이념에 따라 '두 개의 조선'을 명확히 구분한 공식 서사와 달리, 공식 서사와 대중을 연결하는 중간 매개체인 대중 서사는 중국 인민의 조선에 대한 기존 기억을 선택적으로 활용하거나 은폐하는 방식을 통해, 계급 질서에 부합하는 새로운 조선의 기억을 형성해냈다. 이러한 대중 서사는 국가 선전을 일상생활 속으로 스며들게 하고, 민중의 정서적 공감과 동일화를 유도하는 정감화된 정치선전 방식에 중점을 두었다.¹⁰⁴

---

103 「"援朝"正是爲了反對"高麗棒子"」, 『人民日報』, 1950年第八期.
104 마자오 교수는 항미원조 당시 대중 동원 과정에서 정치 구호식의 공식 서사가 즉각 대중에게 받아들여지지 않았기 때문에 "공식 서사를 어떻게 대중 서사로 전환할 것인지"가 매우 중요한 문제였다고 지적한다. 그에 따르면, 공식 서사와 대중 서사의 차이점은 구체적으로 다음과 같다: "중국의 실천은 또 다른 문제를 제기하는데, 이는 국가 관점의 '공식 서사official narrative'를 어떻게 '대중 서사popular narrative'로 전환할 것인가에 관한 것이다. '공식 서사'는 당의 방침과 정책, 국가 이익과 국제 전략을 기반으로 구축되며, '대중 서사'는 '지역적local', '일상적quotidian', '자기중심적self-centered', 심지어 '이기적selfish'인 성격을 띠며, 일상생활의 경험에서 비롯된다. '공식 서사'와 '대중 서사'는 긴장과 대립의 관계에 놓여 있다. 이러한 추상적인 정치적 개념을 대중 서사의 문예 작품을 통해 생활적이고, 영상적이며, 인간적인 이야기로 바꿔 구체적이고 생동감 있는 인물, 사건, 장면으로 구성하여 일반 대중이 감상하고, 읽고, 체험하며 상상할 수 있도록 한다." 同前, 108頁.

대중 서사인 항미원조 문예 속에서 형성된 1950년대 조선 형상화 패턴은 북·중 간 혁명 전우애를 강조하는 서사와 조선 남성과 성인의 부재를 특징으로 하는 탈남성화·탈성인화 서사의 두 가지로 나뉜다. 이 중에서도 탈남성화·탈성인화 패턴이 주류를 이뤄, 여성과 아동만 남은 조선은 남성이자 성년인 중국 인민지원군 전사의 보호가 필요한 '피보호자'로 그려졌다. 전쟁이 실제로 진행되던 당시에는 혁명적 전우애나 '과거에 조선이 중국의 혁명을 도왔으니 이제 우리가 보답해야 한다'라는 도의적 차원보다, 전쟁 피해자인 조선 여성과 아동의 이미지를 전면에 내세우는 방식이 대중의 지지와 지원군의 투지를 고취하는 데 더욱 효과적이었기 때문이다. 이를 통해 미 제국주의가 초래한 전쟁의 참혹함을 극대화하고, 중국 또한 과거의 암흑기로 되돌아갈 수 없다는 점을 강조하여 '보가위국'의 필요성을 부각할 수 있었다. 아울러, 이러한 조선 형상은 과거 천하 제국 시기, 대국으로서의 중국이 아시아에 대해 가졌던 절대적 우위와 민족적 자존감을 새로운 냉전 질서에 맞게 변용한 결과로도 볼 수 있다.[105] 따라서, 이 시기 조선은 공식 서

105　첸리췬錢理群 교수는 중국의 한국전쟁 참전과 승리가 가져다준 정신적 측면의 성과를 다음과 같이 언급하고 있다. "1953년, 미국을 중심으로 한 유엔군이 중국과 조선이라는 두 낙후된 동양 국가와 협상 테이블에 앉을 수밖에 없었고, 한국 전장에

사에서 '영웅의 민족'이자 '인류 평화를 지키는 전초기지'로 호명되었지만, 문예 작품과 같은 대중 서사에서는 중국과의 평등한 관계나 계급 질서 속 동지적 관계보다는 '보호받아야 할 대상'으로 주로 그려졌다. 이러한 서사적 특징 때문에 조선 인민군을 비롯한 조선 남성의 표상은 찾아보기 어렵다. 그 대표적인 예로, 1951년에 제작된 다큐멘터리 〈항미원조〉를 들 수 있다.

신중국 최초의 항미원조 대형 다큐멘터리 〈항미원조〉는 약 60분 분량으로, 사회주의 조선의 탄생부터 한국전쟁 발발과 미군의 도발, 조선인민군의 반격, 중국 인민지원군의 참전 결정 및 전지戰地에서의 승전보, 대중의 열렬한 지지 등을 담은 선전 기록물이다. 이 다큐멘터리는 당시 전국 40여 개 도시에서 동시에 상영되었으며, 이는 그 규모와 정치적 중요성을 짐작하게 한다. 영상은 조선의 지리적 위치, 역사, 그리고 중·조 관계를 소개하는 것으로 시작되며, 중·조 사이의 지정학적 특징에 따른 '순망치한' 관계의

서 사실상 무승부를 기록했을 때 거의 모든 중국인과 지식인들은 '중국이 이제부터 국제무대에서 독립적이고 평등한 지위를 얻었다'는 민족적 자부심을 느꼈다. 이는 충분히 이해할 만한 일이다. 더욱이 내가 보기에, 이러한 민족적 자주성, 자강, 자존심과 자부심은 동양의 낙후된 국가들이 현대화의 길로 나아가는 데 있어 중요한 정신적 자원이다. 이는 '세계화'라는 명목으로 쉽게 지워질 수 없는 가치이다." 錢理群, 「我們這一代人的世界想象」, 『書城』, 2006.

중요성, 혁명 전우애, 사회주의 조선의 탄생, 같은 평화 진영으로서의 평등한 위치를 강조한다. 이는 앞서 살펴본 공식 서사의 전형적인 특징을 보여준다. 그러나 중국의 참전을 알리며 중국 인민지원군이 처음 등장하는 장면에서 특별히 주목할 만한 점이 있다. 삽화로 표현된 이 장면의 제목은 '수호자保衛者'로, 화면을 가득 채운 비장한 표정의 지원군 전사가 다친 조선 남자아이와 여자아이를 양손에 하나씩 안고 있다. 이는 대중 서사에서 지원군과 조선 인민 간 관계를 상징적으로 묘사한 장면으로, 지원군이 조선의 보호자라는 이미지를 부각한다.

문학작품에서도 이러한 탈남성화·탈성인화의 조선 서사 패턴을 쉽게 찾아볼 수 있다. 전방을 지원하는 후방 노동자 지원군 이야기에 조선 남성이 간혹 등장하기는 하나, 전방에서 전투를 수행하는 주체는 대부분이 중국 인민지원군이다. 그리고 제국주의 침략의 피해자인 조선 인민들에게 중국 지원군이 과거 구중국에서 겪은 고통과 민족적 상흔을 투영하는 방식으로 서사된다.[106] 이와 같은 서사는 작품 속 지원군들의 '원조'를 위한 전투를 국제주의라는 추상적이고

---

106 이 책의 1장 2절에서는 계급적 고통과 민족적 상흔이라는 관점에서 작가들이 항미원조 전쟁을 어떻게 인식했는지 작품을 통해 다루었다. 구체적인 내용은 앞 절을 참고하기 바란다.

난해한 이념이 아닌, 구체적이고 실질적인 행동으로 체화하는 역할을 한다. 즉, 지원군이 전쟁으로 아들, 남편, 아버지를 잃은 조선 여성들과 아동들에게 아들로, 남편으로 그리고 아버지로서 그들을 보호해야 한다는 당위성을 부여하며, 이를 '공산주의 맥락에서의 가장주의'로 수용하게 하는 것이다. 이를 통해, '항미'의 당위성은 초보적인 국제주의 이념으로 확장되고 새로운 혁명 질서 속에서 인민대중에게 요구된 국제주의 정신은 중국 전통에 깊이 뿌리내린 유교적 가족 질서 및 위계 구조와 맞물려, 대중에게 큰 이질감 없이 수용될 수 있었다.

위와 같이, 1950년대 조선을 '피보호자'로 묘사한 서사 방식은 '고려봉자'와 같은 부정적 기억을 은폐하면서, 천하 제국 시기 중국이 아시아에서 누렸던 절대적 우위와 민족적 자존감을 새로운 냉전 질서에 맞게 변형시켰다. 이러한 과정을 통해 초보적인 국제주의 이념을 바탕으로 사회주의 동방의 수호자로서 신중국의 이미지를 완성했다. 이는 신중국 수립 이전의 조선에 대한 기억을 사회주의 이념에 맞게 재구성한 첫 번째 시기라고 할 수 있다. 조선 형상의 두 번째 변화는 1950년대 후반에 일어난다. 이 시기는 당시 미 국무장관 덜레스John Foster Dulles가 중국이 현대화로 나아감에 따라 사회주의 체제에서 자본주의 체제로 평화롭게 전환할 것이라고 주장한 '화평연변和平演變'¹⁰⁷의 위협이 대두되던 시기였다. 이러한 상황에서 중국은 혁명 위기 극복과 세계혁명의 비전 제시가 절실한 시점이었다. 이때 조선과 항미원조 전쟁은 '아시아·아프리카·라틴아메리카亞非拉(이하 AALA)' 민족해방운동의 열기를 재현하는 공간으로 기능하며, 1960년대 중국이 필요로 했던 미래 전망을 완성하는 데 중요한 역할을 맡게 된다.

---

107 早在1957年美國艾森豪威爾政府就提出"和平取勝戰略", 鼓吹要通過"和平演變", 以促進"蘇聯世界內部的變化".1958年, 美國國務卿杜勒斯在公開談話裏, 又宣稱"共產主義的統治正在產生一個工業上和科學上現代化的強大的國家.如果自由世界對國際共產主義進行有效的抵抗, 中蘇統治者多關心自己人民的福利, 少關心爲了擴張主義的目的而剝削人民的日子就會更快地到來.在那一天到來的時候, 我們的關係就會幸運地爲一向存在於俄國和中國人民同美國人民之間的自然的誠摯而友好的精神所支配.杜勒斯預言"隨著中國走上現代化道路, 必然發生'和平演變'", 顯然給毛澤東很大的刺激.[台灣]錢理群:『毛澤東時代和後毛澤東時代(1949-2009)——另一種曆史書寫(上)』, 台北:聯經, 2012年, 第411頁.

2장
1960년대 전쟁 회고:
항미원조 기억의 첫 소환

1. 사회주의 위기 속 전쟁의 재소환: 항미원조 영화의 흥기

1) 중국의 혁명 위기와 항미원조 기억의 소환

마오 시기의 중국은 '혁명'과 '건설'의 상반된 사명을 안고, 그 무게중심이 '혁명'에서 '건설'로 혹은 '건설'에서 '혁명'으로 바뀔 때마다 정치·사회적으로 큰 파장을 일으키며 독특한 사회주의 중국의 풍경을 만들어냈다. 이러한 방향 전환은 국내외 환경 요인으로 인한 사회주의의 위기 극복을 위한 선택이었다. 현대 중국정치 연구자 모리 가즈코는 1970년대 말까지의 중국정치를 '내정과 외교의 연계linkage'로 특징지으면서, 내부 정치의 결정적 요인으로 미국과 소련을 주축으로 한 국제환경과 이에 대응하는 중국 지도자의

인식과 행동을 꼽았다.[1]

"외부로부터의 영향 가운데 하나는 소련을 중심으로 하는 사회주의 진영으로부터, 또 하나는 미국(그리고 때로는 일본)의 대아시아, 대중국 정책으로부터 초래되었다. 한국전쟁을 계기로 만들어진 아시아의 동서 대립 및 냉전 구조가 중국의 정치에 가져온 압력은 막대한 것이었다. 우선 한국전쟁에 연루됨으로써 국제적 고립과 소련에 대한 의존, 소련식 사회주의의 무조건적인 도입이 초래되었는데, 이것은 중국의 그 이후 선택지를 대단히 한정적으로 만들었다. 또한 마오가 예정보다 훨씬 빨리 사회주의로의 이행을 결단했을 때(1953년 과도기 총노선), 그 직접적 계기가 되었던 것은 한국전쟁 휴전과 미국을 포함한 서방의 봉쇄 전략이라는 국제적 여건 때문이었다."[2]

---

[1] 모리 가즈코가 중국의 내정과 외교가 연계된 원인으로 지목한 중국 지도자의 인식과 행동은, 마오쩌둥이 중국을 세계 변혁 세력으로 스스로 자리매김하며, 외교적 수단뿐만 아니라 내정까지 동원해 세계질서 변화를 시도한 점을 말한다. 모리 가즈코 지음, 『현대중국정치(제3판)』, 이용빈 옮김, 한울아카데미, 2013.
[2] 모리 가즈코, 위의 책, 18쪽.

서구의 봉쇄에 더해 1956년 이후 격해지는 중·소 갈등은 신중국 건국 이래 '소련일변도'를 지향해 온 중국 정부에게 경제적 타격은 물론, 국가 이데올로기의 위기감을 초래하는 직접적인 요인이 된다. 중·소 갈등은 소련공산당 제20차 대표대회 이후인 1957년 말 모스크바에서 열린 세계공산당 회의에서 국제공산주의운동의 주도권 쟁탈을 두고 명확히 드러났다. 이후 양국 관계는 점차 악화되었고, 1960년 소련이 중국 내 소련 전문가 전원을 철수시키고 모든 과학기술 지원 프로그램을 폐기하며 경제 지원 철회를 결정함으로써 최악으로 치닫게 된다.[3] 이러한 소련의 고압적인 태도는 위기에 처한 중국의 국내 상황을 더욱 어렵게 만들었다. 문제는 이러한 위기가 미·소를 중심으로 한 국제 환경에서만 초래된 것이 아니라는 점이다. 중국이 현대화의 길을 걸어감에 따라 필연적으로 '화평연변', 즉 전쟁을 제외

---

[3] 50년대 말 내부 다툼부터 철저한 결렬에 이르는 60년대 말까지의 중소 관계 그리고 중국 내부 극좌 경향의 심화 과정을 살펴보면, 양자 간의 밀접한 연관관계를 유추해 볼 수 있다. 션즈화·리단후이李丹慧는 스탈린 사후 중소 양당, 양국 관계가 우호에서 분열에 이르는 기본 과정을 1954-1957년(친밀 우호), 1958-1959년(내부적 다툼), 1960-1964년(갈등의 공개화), 1965-1969년(철저한 결렬)의 4단계로 구분한다. 이 역사 과정에 관한 서술 및 그 사료는 다음을 참조하였다. 沈志華, 「無奈的選擇: 冷戰與中蘇同盟的命運(1945-1959)」, 北京: 社會科學文獻出, 2013; 沈志華·李丹慧, 「프롤레타리아 국제주의의 딜레마에 관한 시론──중소 동맹의 결렬로 본 사회주의 국가관계의 구조적 불균형」, 재수록: 2017년 한국 성균관대학교 동아시아학술원·한국냉전학회 국제학술대회 자료집, 6쪽.

한 평화적인 방법으로 사회주의 체제에서 자본주의 체제로 이행하게 될 것이라는 1958년 당시 미국 국무부 장관 덜레스의 발언은 사회주의 중국의 '혁명'과 '건설' 사이의 모순을 정확하게 짚고 있었다. '계급투쟁과 경제 건설 중 무엇을 더 중시할 것인가'하는 문제는 중국의 발전 노선이자 당내 투쟁의 초점이 되었는데, 마오를 비롯한 마오주의자들과 당내 공산주의자들은 신중국의 경제 발전 방향과 속도, 방법, 내용 등을 놓고 늘 대립했다.

> "대부분의 공산주의자들은 여전히 소련식 발전 모델에 집착하고 있었고, 제1차 5개년 계획의 연장인 제2차 5개년 계획의 관점에서 모든 것을 판단했다. 이에 반해 마오가 제기하는 정책은 소련식 모델의 전면 거부를 전제로 하고 있었다. 관료주의의 합리화, 도시의 공업화, 중앙집권적 국가 통제의 필요성에 따르는 것을 거부하는 새로운 마오주의 개념은 '대중노선'이라는 옌안 모델을 일반화하는 것에서부터 출발하고 있었다."[4]

역사학자 모리스 마이스너는 대약진운동의 발동 역시, 소

---

4 모리스 마이스너, 『마오의 중국과 그 이후 1』, 김수영 옮김, 이산, 2004, 232쪽.

련식 1차 5개년 계획에 따른 경제 성장과 도시 공업화가 가져온 부정적 측면에 대한 마오주의의 결론이라고 보고 있다.

> "중국의 제1차 5개년 계획은 관료 및 새로운 형태의 사회적 불평등, 특권 엘리트층의 증가를 가져왔고 근대화되고 있는 도시와 낙후된 농촌 간의 격차를 더욱 벌려 놓았으며, 이데올로기의 쇠퇴를 낳았다. 사회적·정치적·이데올로기적 결과는 중국으로 하여금 사회주의-공산주의 목표에 더 다가가게 하기는커녕 오히려 더 멀어지게 하고 있었다. 이에 대한 마오주의식 결론은 사회주의적 목적은 사회주의적 방법에 의해서만 실현될 수 있다는 것이었다. 그리고 도시 공업화의 폐단을 치료하기 위해 마오쩌둥이 택한 방식은 농촌을 공업화하는 것이었다."[5]

그러나 대약진운동은 실패로 끝났고, 이어진 3년간의 자연재해와 대기근으로 중국은 건국 이후 가장 심각한 위기를 맞이했으며, 마오의 정치·경제적 기반도 크게 약화되었

---

5 모리스 마이스너, 위의 책, 271쪽.

다. 이러한 총체적 위기를 극복하기 위해 중공 중앙은 류사오치劉少奇와 덩샤오핑을 중심으로 '7000인 대회'를 열고 '조정-공고-충실-제고' 방침을 통해 정치운동의 힘을 줄이고 생산력 증대에 힘을 쏟았다. 시의적절한 조정 정책 덕분에 중국은 대약진 운동의 실패와 대기근의 여파에서 벗어나 사회·경제적으로 빠르게 안정을 되찾을 수 있었다. 하지만 경제 회복과 새로운 성장을 견인한 이러한 정책은, 한편으로 사회적·사상적 측면에서 부정적인 결과를 초래하기도 했다. 차이샹蔡翔 교수는 조정 정책을 통한 경제 복구 과정에서 발생한 국내 문제가 국제환경에서 비롯된 혁명위기감을 더욱 증폭시켰다고 보고, 1960년대 중국의 '사회주의 위기 징후'를 다음과 같이 지적한다.

"사회주의가 자체적으로 '관료주의 계급'을 만들어냈다는 것은 의심할 여지가 없으며, 이는 문화대혁명 발발의 일부 원인이 되었다. 그러나 이 외에도 사회주의는 '중산계급' 혹은 '중산층'을 형성하고 있었다. 이 계층은 통상적으로 기업의 관리자, 전문가, 기술자 등으로 구성되었으며, 도시는 이들 계층이 존재하는 주요 공간 형태가 되어, 마오쩌둥이 말한 '3대 격차三大差別', 즉 노동자와 농민 간, 도시와 농촌 간, 정신노동자와 육체노

동자 간의 격차와 같은 결과를 낳았다."⁶

　중국의 경제 발전에 따른 이러한 문제들은 중국이 현대화 길을 걸어감에 따라 필연적으로 '화평연변'이 발생할 것이라는 덜레스의 예언대로 되어가는 듯 보였다. 더구나 스탈린 사후 당 서기로 올라선 니키타 흐루쇼프의 '반스탈린주의', '평화공존 노선' 등의 새로운 사회주의 방향은 사회주의 세계 내부에서 일어나는 '화평연변'의 가장 명확한 결과로 보였다. 사회주의 진영의 종주국인 소련에서 나타난 이러한 변화는 자연스럽게 '중국이 화평연변의 다음 대상이 되지 않을까'하는 위기감을 증폭시켰다. 따라서 1960년대 중국이 마주한 혁명위기감, 더 나아가 '사회주의 체제 존속의 위기'는 단순히 중·소 결렬과 서구의 대중국 봉쇄 등 외부 환경에서만 기인한 것이 아니었다. 이는 국내 사회주의 체제 운영 과정에서 생겨난 당의 관료화, 조정기를 거치면서 이루어진 경제회복, 경제 성장이 가져오는 계급 분화 그리고 그로 인한 사회적 불평등과 인민의 불만 누적 등 다양한 요인이 복합된 총체적인 이데올로기의 위기였다.

6　蔡翔, 「1960年代的文學, 社會主義和生活政治」, 『文藝爭鳴·當代視野』, 2009年 8月, 60頁.

마오쩌둥은 이러한 위기를 느끼고 1962년 6월 제8기 10중전회에서 다시 '계급투쟁'의 기치를 내걸고 '건설'에서 '혁명'으로 방향을 틀었다.[7] 그러나 이 전환은 1950년대 건설과 혁명 사이의 갈지자형 패턴과는 달랐다. 첸리췬은 1960년대 중반의 계급투쟁이 1950년대 반우파 투쟁과는 다르다고 지적하면서, 그 특징을 '전면적인 계급투쟁'과 '수정주의 반대'를 꼽는다. '전면적인 계급투쟁'은 국제 및 국내 두 전선에서 동시에 쓰는 것이고, '수정주의 반대'는 소련 흐루쇼프의 수정주의와 중국 내의 수정주의 모두에 반대하는 것이다.[8] 이는 1960년대 계급투쟁을 둘러싼 중국의 국내외 환경이 크게 달라졌음을 시사한다.

우선 가장 눈에 띄는 것은 계급투쟁이 특정한 반동 계급을 대상으로 한 것이 아닌 '전면적' 투쟁이며, 그 중점이 '수정주의'에 있다는 점이다. 이는 마오가 사회주의 국가의 '화평연변'에 현실적 위기감을 느끼고 있었음을 보여준다. 또한, 마오는 '수정주의'가 중국 사회는 물론, 심지어 당 내부

---

7 毛澤東明確指出：在社會主義曆史階段中, "存在著無產階級和資產階級之間的階級鬥爭, 存在著社會主義和資本主義這兩條道路的鬥爭", 毛澤東：『對中共八屆十中全會公報稿的批語和修改』,『建國以來毛澤東文稿』(第十冊), 中央文獻出版社, 1996年出版, 196-197頁. 轉載於蔡翔, 同上, 53頁
8 [台灣]錢理群：『毛澤東時代和後毛澤東時代(1949-2009)——另一種曆史書寫(上)』, 台北：聯經, 2012, 379頁.

에도 있다고 판단하여 '반수정주의'의 투쟁 무대를 국내로까지 확대했다. 이것은 '조정 시기' 경제 성장에 따른 대가로 생겨난 각종 사회 불평등과 관련이 있다. 중국 사회는 분명 혁명과 평등, 집단주의의 가치관과 멀어지고 있었다.

하지만 중국이 직면한 문제는 국내에만 국한되지 않았다. 가장 큰 위기로 다가오는 것은 소련과의 분열이었다. 소련은 사회주의 진영의 지도국으로, 신중국의 현대화 모델이었으며 정치, 문화, 경제, 사회 등 국가 전반에 걸쳐 막대한 영향을 끼쳤다. 따라서 소련과의 교류 및 관계 단절은 단순히 경제적 손익의 문제가 아니라, 국가 정체성과 이데올로기 자체를 흔드는 심각한 위기였다.

첸리췬은 마오쩌둥 시기 국제사회의 봉쇄 속에서 중국 인민이 느꼈던 고립감과 그로 인해 고조된 민족주의 정서에 주목한 바 있다. 특히, 1950년 건국 초기 미국에 이어 1960년대 소련까지, 연이은 고압적인 봉쇄가 중국 인민에게 다음과 같은 충격과 배신감을 안겨줬다고 회고한다.

"1960년대에 이르러, 소련을 중심으로 한 국제 공산주의 운동과 사회주의 진영이 중국을 봉쇄하기 시작했습니다. 그리고 이번 봉쇄는 모두가 큰형님이라고 생각했던 소련에 의한 것이었습니다. 나는 우리 세대가 모두

'소련의 오늘이 곧 중국의 내일'이라고 생각했다고 말한 바 있습니다. 우리의 학습 모델이었던 소련이 갑자기 중국을 배신했고, 이는 1960년대 민족주의 정서에 비장감을 더했습니다.'"[9]

건국 초기, 중국 정부가 기존의 '친미 · 반공 · 반소親美 · 反共 · 反蘇'에서 새로운 '반미 · 용공 · 친소反美 · 容共 · 親蘇' 이데올로기로 전환하는 것이 신생 정부의 운명을 결정할 만큼 중요했던 것처럼, 이 시기 '미국과 소련에 반대'하고 '수정주의를 반대하고 막아내는 것反修防修'은 또 한 번의 중대한 위기였다. 그러나 동시에 이는 소련의 영향권에서 벗어나 중국식 사회주의를 개척해 나갈 기회이기도 했다. 마오쩌둥은 소련과는 차별화되면서도 보다 새로운 혁명 비전을 제시해야만 했다. 이것은 현재의 위기를 극복하기 위한 대응책일 뿐만 아니라, 미래지향적인 전망을 제시함으로써 국내 혁명은 물론, 중국이 주도하는 새로운 세계혁명의 판을 짜는 중요한 전환점이었다. 이러한 필요에 따라, 사회주의 신중국의 자아인지와 세계상은 또 한 번 변화하게 된다. 마오는 이 시기를 놓치지 않고 두 개의 깃발을 높이 들었다. 하나는 자

---

[9] 同上, 335頁.

력갱생을 통해 민족의 독립과 존엄을 수호하는 것이었으며, 다른 하나는 수정주의에 반대하여 마르크스주의의 순결성을 지키고, 중국이 세계혁명의 중심이 되자는 것이었다.[10] 이는 위기가 닥칠 때마다 인민대중을 하나로 묶는 힘의 원천이 '민족주의'였으며, 신중국의 계급적 각성과 냉전적 세계관이 민족주의를 바탕으로 형성된 것임을 잘 보여준다.

전쟁이 끝난 이후인 1950년대 후반, 다시 소환된 항미원조 기억과 항미원조 영화 열풍은 이와 같이 중국의 국내외적 환경이 초래한 혁명위기감을 정치·문화적으로 극복하고, 세계혁명의 비전을 제시하고자 했던 노력의 하나로 보아야 한다. 항미원조 전쟁은 중국 정부가 추구하는 이와 같은 지향점을 두루 만족시키는 주제라는 점에서 다시금 선전된 것이다. 여러 불리한 조건 속에서 오로지 '백절불굴'의 정신으로 세계에서 가장 강한 미군에 맞서 승리한 '인민지원군 정신'은, 당시 국내외적으로 어려운 여건 속에서 한껏 고조된 민족주의 열정과 맞물려 인민을 하나로 결집하는 데 효과적이었다. 또한, '미 제국주의의 침략으로 고통받는 형제국, 조선을 돕는다'라는 메시지는 프롤레타리아트 국제주의 정신을 고양했다. 그러나 이 시기 항미원조 서사의 구성

---

10 同上, 336頁.

담론이 1950년대의 전쟁 시기와는 달라졌음에 주목해야 한다. 비록 항미원조 전쟁에 내포된 '애국주의'와 '국제주의 정신'의 주제는 변함없었지만, 달라진 국내외 정세와 그에 따른 자아 인식과 세계관의 비전에 맞추어 새롭게 쓰인 것이다.

이 장에서는 이 시기 다시 소환된 항미원조 서사가 1950년대와는 또 다른 변화를 보이며 중국의 혁명 역사 서사로 자리매김했음에 주목하고, 항미원조 영화를 '혁명전쟁' 장르로 살펴보고자 한다. 앞서 항미원조 서사가 담고 있는 '강한 중국'과 '혁명 중국'이라는 사회 집단 이상이 자아와 타자 형상을 통해 구체적으로 재현된다는 것을 살펴보았다. 이제 이 시기 항미원조 영화 속 자아인 지원군 형상과 타자 조선의 형상에 어떤 변화가 나타나는지, 그리고 이러한 새로운 형상 기획에 담긴 당시 중국의 위기감과 그에 대한 대응책은 무엇이었는지를 종합적으로 분석하고자 한다.

이 시기의 항미원조 문예는 영화라는 대중매체를 통해 소비되었다. '총성 없는 문화전쟁'으로 불리던 냉전 시기, 영화와 같은 영상 언어는 대중들에게 자국의 이데올로기를 선전하고, 그들을 교육해 내는 매우 중요한 대중매체였다. 구소련의 혁명가 블라디미르 레닌도 정치선전과 문화적 관점에서 영화의 활용을 매우 중요하게 여겼다. 특히 혁명전쟁 주제의 영화는 자국의 혁명 역사를 간접적으로 체험하는 문화적 매개체로, 사회주의 이데올로기와 혁명 사상을 선전하고 교육하는 데 중요한 역할을 했다. 이 장에서는 본격적인 논의에 앞서 신중국에서 영화가 수행한 문화·정치적 기능과, 1949년부터 문화대혁명 이전까지인 '17년 시기'에 제작된 항미원조 영상물을 살펴볼 것이다. 이러한 이해를 바탕으로, 1960년대의 시대적 배경과 이 시기 제작된 항미원조 영화를 분석하여 중국 정부가 구축하고자 했던 새로운 자아인식과 세계상을 탐색하려 한다.

2) 신중국 영화사에서 항미원조 영화의 위치

신중국 수립 이전, 중국에서 영화는 자본주의 서구 문명을 체험할 수 있는 즐거움이자 도시의 일부 계층만이 누릴 수 있는 문화적 상품이었다. 그러나 신중국 수립 이후, 영화는 국영 체제 아래에서 '공농병'(노동자, 농민, 병사)을 신문화의 주체로 내세우며 새로운 문화적 헤게모니를 구축하는 데 중요한 역할을 맡게 되었다. 영화 산업은 민간 운영에서 완전한 국가 운영 체제로 전환되었으며, 성격 면에서는 오락과 교화를 포함한 혼합적 기능에서 벗어나 정치적 기능이 중심이 되었다. 보급 측면에서도 영화는 도시 시민을 대상

으로 한 대중적 유행 문화를 넘어, 프롤레타리아와 노동 인민을 겨냥한 정치적 문화로 변모하였다.[11]

하지만 신중국의 '주체'는 전체 인민의 80%를 차지하는 농민이었다. 대다수가 문맹이던 농민을 신문화의 '주체'로 성장시키는 일은 결코 쉬운 과제가 아니었다. 이러한 상황에서 신중국의 영화는 '보급 위주普及爲主'라는 원칙을 세우고, 대중에게 오락과 교화를 동시에 수행하는 군중 예술의 역할을 담당하게 된다. 문화부는 「1950년 전국문화예술공작 보고와 1951년 계획 요점一九五〇年全國文化藝術工作報告與一九五一年計劃要點」을 통해, 영화가 가장 강력한 예술 형식이기 때문에 전체 문화예술 사업에서 최우선 순위로 삼을 것이라는 입장을 명확히 밝혔다.

농민을 주요 관객으로 삼는 영화 매체의 강점은 세 가지로 요약할 수 있다. 첫째, 비교적 간단한 설비만으로 상영이 가능하다. 둘째, 대규모 군중을 대상으로 상영할 수 있다. 셋째, 사실적인 표현 방식은 문화 수준이 낮은 관객도 내용을 쉽게 이해할 수 있게 한다. 특히, 영화 속 농민 출신의 영웅은 관객들에게 '자기투영自我鏡像'의 대상이 되어, 농

11　尹鴻,『從新中國電影到中國新電影的曆史轉型』,『清華大學學報(哲學社會科學版)』, 2003年第5期第18卷, 39頁.

민들의 내면적 욕구를 대리 충족시켜 주었다. 동시에 이러한 영화는 특유의 스토리텔링과 농민 이미지를 통해 정치적 언어와 일상 언어를 연결함으로써, 농민 관객의 가치관과 세계관을 재구성했다. 이에 평범한 농민들이 새로운 정치개념을 바탕으로 자신의 일상과 과업을 해석할 수 있도록 도왔다.[12] 1950년대 후반부터 끊임없이 제작된 항미원조 영화는 '혁명전쟁' 장르로 자리 잡으며, 혁명 시기 영화의 주요 특징을 모두 닮아냈다. 이들 영화는 숭고한 역사 서술, 웅장한 조국의 꿈, 성장하는 영웅의 계보, 이상에 대한 열정적 찬가를 충실히 반영했으며,[13] 관객들에게 사회주의 이데올로기와 혁명 사상을 선전하고 교육하는 데 매우 중요한 역할을 했다.

신중국 초기, 항기원조 영화는 주로 장춘영화제작소長春電影制片廠와 팔일영화제작소八一電影制片廠에서 제작되었는데, 각각 고유한 기원과 특징을 가지고 있었다. 먼저, '신중국 영화사업의 요람'으로 불리는 장춘영화제작스는 1937년 8

12　王敏, 同上, 8頁.
13　리다오신李道新은 그의 저서에서 1949년부터 1979년까지 중국 본토 영화의 특징을 "국가를 집으로 삼는 정치 담론"의 지배 아래 놓인 네 가지 주요 주제로 설명하고 있다. 그 네 가지는 숭고한 역사 서술, 장대한 국가적 꿈, 영웅의 성장 서사, 그리고 이상에 대한 열정적 찬가다. 이는 마오 시기 중국정부가 영화를 통해 전달하고자 하는 역사적이고 정치적인 사명 그 자체라고 할 수도 있을 것이다. 李道新, 『中國電影文化史(1905-2004)』, 北京: 北京大學出版社, 2005, 254-287頁.

월, 일본 제국주의가 세운 만주국의 '주식회사 만주영화협회(만영)'를 전신으로 한다.14 이 제작소가 '신중국 영화사업의 요람'으로 불리는 이유는 당에서 파견된 지하 노동자 조직 '동북영화노동자연맹'이 공식적으로 인수한 첫 국유영화 생산기지이기 때문이다. 또한, 중국 공산당의 영화사업에 대한 기본 정책이 처음으로 명확하게 제시된 곳이기도 하다. 1948년, 중국 공산당 중앙선전부는 「영화사업에 관한 동북국 선전부에 전달한 지시關於電影工作給東北局宣傳部的指示」를 발표하는데, 이 지시는 해방 이후 영화사업에 대한 기본 정책으로 채택되어 주요 정책 사상으로 자리 잡았다. 이후, 다른 영화 정책의 제정과 시행에도 근본적인 영향을 미쳤다.15 장춘제작소에서 만들어진 항미원조 영화에는 〈상감령上甘嶺〉(1956), 〈불길의 열차烽火列車〉(1960), 〈철도의 수호자鐵道衛士〉(1960), 〈영웅의 아들딸英雄兒女〉(1964) 등이 있다.

1952년 8월 1일 설립된 팔일영화제작소는 인민해방군 총정치부 산하의 유일한 군 영화제작소로, 군사 교육 영화, 군사 뉴스 기록 영화, 국방 과학 연구 영화 등을 아우르는

---

14 楊俊卿,「長春電影制片廠的前身——偽滿洲國映畫協會株式會社」,「吉林檔案」, 1994年5期, 43頁.
15 胡菊彬・姚曉濛,「新中國電影政策及其表述(上)」,『當代電影』, 1989年01期, 9頁.

중국의 유일한 종합 영화 스튜디오다. 설립 초기 이 제작소의 주요 임무는 혁명전쟁과 사회주의 건설 시기 동안 인민군대의 투쟁과 삶을 담은 다양한 영화를 제작하는 것이었다. 이를 통해 우수한 군인 이미지를 형성하고, 사회주의, 집단주의, 애국주의, 혁명적 영웅주의 정신을 고취하여 군대의 혁명화, 현대화, 정규화 건설을 촉진하고자 했다. 또한, 팔일영화제작소는 중공 지도부의 "혁명적 현실주의와 혁명적 이상주의의 결합이 곧 사회주의 현실주의이다"라는 중요 지시에 따라, 1955년부터 혁명·역사 영화를 제작하기 시작했다. 이에 1966년 문화대혁명 발발 이전까지, 총 42편의 혁명·역사 주제의 영화를 제작했다. 이들 영화는 강한 정치의식, 고양된 낙관주의, 통속적인 언어와 단순한 서사 구조 등의 특징을 지닌다.[16] 팔일영화제작소에서 만들어진 항미원조 영화에는 〈창공의 나란한 날개長空比翼〉(1958), 〈우정友誼〉(1959), 〈삼팔선 위에서三八線上〉(1960), 〈기습奇襲〉(1960), 〈영웅탱크병英雄坦克手〉(1962), 〈침략자를 타격하라打擊侵略者〉(1965) 가 있다.

1949년부터 문화대혁명 발발 직전까지인 '17년 시기' 항

---

16 高慧, 『八一電影制片廠戰爭片研究』, 湖南大學碩士學位論文, 2008年, 19-20頁, 22頁.

미원조 주제의 영화는 제작된 시기와 특징에 따라 크게 다음의 세 시기로 나눌 수 있다. 첫 번째 시기는 전쟁 초기인 1950년부터 1952년으로, 항미원조 전쟁의 발발 원인과 '사회주의 조선'을 소개하고 중·조 간의 단결을 통한 원조의 필요성을 전달하는 선전용 다큐멘터리가 많이 제작되었다.

두 번째 시기는 휴전 이후인 1956년으로, 장춘영화제작소에서 제작된 첫 항미원조 장편영화 〈상감령〉이 대표적이다. 영화는 판문점 휴전 협상이 지연되는 가운데, 미군이 대규모 기습 공격을 가하는 장면으로 시작된다. 이에 맞서 지원군 8연대는 20여 차례의 접전을 벌이며 용맹하게 싸운다. 그 과정에서 상부의 지시를 받고 진지를 구축하는데, 식량과 물이 모두 끊긴 고립된 상황에서 무려 24일 동안 어두컴컴한 참호 속에 적군과 대치하게 된다. 그러나 지원군들은 조국애와 희생정신으로 무장해 극한의 어려움을 이겨내고, 후방의 지원을 받아 미군과의 전투에서 대승리를 거둔다. 이 승리로 인해 한반도의 형세는 급변하고, 결국 미국이 휴전협정에 서명하며 중국에 굴복한다는 내용이다. 영화 〈상감령〉은 여러 악조건 속에서 세계 최강을 자부하는 미군과의 전투에서 승리한 지원군들의 영웅주의와 애국정신을 담아 대중의 엄청난 사랑을 받았으며, 현재까지도 신중국 초기 영화사의 걸작으로 평가받고 있다.

항미원조 영화의 절정기라 할 세 번째 시기는, 북한 내 중국지원군이 온전히 철수한 1958년부터 문화대혁명이 발발하기 직전인 1965년까지다. 이 시기는 항미원조 전쟁을 통해 더욱 공고해진 중·조 간의 '혈맹' 관계를 선전하며, 문학에 이어 영화 창작으로 또 한 번의 전성기를 맞이한 시기였다. 중국의 창빈 교수는 당시의 주요 당 기관지, 종합 간행물, 문학잡지, 출판사의 자료를 근거로 항미원조 창작의 고조기가 1950년 10월부터 1954년까지였으며, 1950년대 후반부터는 문학 창작의 양이 현저하게 줄었다고 지적했다.[17] 그러나 문학창작이 시들해졌을 뿐, 영화 장르는 1950년대 후반부터 문화대혁명 발발 이전까지 꾸준히 제작되었고 문화대혁명 시기에도 '8대 양판희' 중 하나로 선정될 정도로 중요한 위치를 차지하며 제2의 전성기를 누렸다.

전성기의 첫 신호탄은 1958년 중국어로 번역 상영된 북한 제작 영화 〈전우戰友〉였다. 이 영화는 중·조 간의 전우애와 국제주의 정신을 주지로 하여 중국 인민들에게 큰 사랑을 받았다. 이에 화답하듯 1959년 팔일영화제작소에서 〈우정〉을 제작하여 상영하기도 했다. 이후 문화대혁명 이전까지 약 7편의 영화가 제작되면서 항미원조 영화는 번영기를

---

17 常彬,「抗美援朝文學敍事中的政治與人性」,『文學評論』, 2007年第2期, 59-60頁.

맞이한다. '17년 시기' 제작된 항미원조 영상물은 아래 표와 같다.

[표] 1950~1965년 제작된 항미원조 영상물(확인 가능한 영상물만 기재)

시기 구분	제목	제작년도	장르	영화제작소
1	〈항미원조抗美援朝〉 제1부	1951	다큐멘터리	북경
2	〈상감령上甘嶺〉	1956	극영화	장춘
3	〈창공의 나란한 날개長空比翼〉	1958	극영화	팔일
	〈전우戰友〉	1958	극영화	*북한 제작
	〈우정友誼〉	1959	극영화	팔일
	〈삼팔선 위에서三八線上〉	1960	극영화	팔일
	〈불길의 열차烽火列車〉	1960	극영화	장춘
	〈철도의 수호자鐵道衛士〉	1960	극영화	장춘
	〈기습奇襲〉	1960	극영화	팔일
	〈영웅탱크병英雄坦克手〉	1962	극영화	팔일
	〈영웅의 아들딸英雄兒女〉	1964	극영화	장춘
	〈침략자를 타격하라打擊侵略者〉	1965	극영화	팔일

항미원조 영화가 전성기를 맞이한 세 번째 시기 영화와 두 번째 시기의 대표작 〈상감령〉의 가장 큰 차이는 영화 속 조선의 등장 여부에 있다. 〈상감령〉은 조선에서 벌어진 전투 실화를 바탕으로 제작되었음에도, 그 존재감은 크지 않다. 영화 초반, 조선인민군 장교가 중국지원군 사단장에게 전화하여 전투 정황을 알리는 장면 외에는 북한의 흔적

을 찾을 수 없다. 이 때문에 지원군이 어디에서 누구를 돕기 위해 싸우는지 알 수가 없으며, 영화는 오로지 중·미의 대결, 즉 '중미전쟁'처럼 그려진다. 결과적으로 국제주의보다는 애국주의가 영화의 주요 주제로 부각된다. 이러한 조선의 부재는 1950년대 항미원조 문학에서 나타나는 탈남성화·탈성인화된 조선 형상화 특징과 궤를 같이한다.

반면, 1960년대 항미원조 영화 속에서는 '사회주의 조선'의 구체적인 표상들이 전면에 등장한다. 인민군, 조선의 아버지와 어머니, 여전사와 같은 인물들이 그려질 뿐만 아니라, 1950년대 문학 속에서 거의 찾아볼 수 없었던 '이승만의 위군偽軍'으로 묘사된 남한군까지 등장하면서 영화는 '두 개의 조선'을 보여준다.

이어지는 글에서는 이러한 조선 형상의 대대적인 변화를 통해, 항미원조의 역사가 전 시기와 비교하여 어떻게 재해석되었는지 분석하고, 이러한 형상화를 통해 중국 정부가 추구했던 새로운 혁명의 지향점은 무엇이었는지 살펴보고자 한다.

2. '프롤레타리아트 전사'로 진화한 신주체

1950년대 항미원조 문학에서 살펴볼 수 있듯이, 항미원조 문예는 '항미원조 보가위국'이라는 구호에 담긴 신중국의 사회주의 세계관을 인민대중에게 심미적으로 전달하고 이를 내면화하는 역할을 했다. 이때, 자아의 이상적 형상으로 지원군은 신중국이 지향하는 바람직한 인민대중의 모델이었기 때문에, '사회주의 신인'으로서 정치적 교화와 선전의 의미를 담는 것이 매우 중요했다.

앞서 지원군 형상의 '해방된 농민' 신분에 주목하여, 1950년대 신중국의 정치적 정체성을 부여하는 전략과 그 한계를 살펴보았다. 1960년대 영화 속 지원군은 이러한 농민 신분을 완전히 벗고, 1958년부터 1963년까지는 프롤레타리아트(무산계급) 전사로, 문화대혁명 전야인 1964~1965년에는 '혁명후계자'로 변화하는 두 단계를 보여준다. 지원군 형상이 신중국이 추구하는 사회주의 중국의 이상을 구현하고 실행하는 '주체'로 기능했다면, 이러한 형상의 변화는 항미원조 문예가 전달하고자 하는 중국 정부의 메시지 또한 달라졌음을 의미한다. 덧붙여, 1950년대의 항미원조 문예의 주요 목적이 실제 당면한 전쟁 위기를 성공적으로 극복하기 위한 인민의 신체적·정신적 동원에 있었다면, 전쟁 기억의 회고시기로 접어든 1960년대는 이데올로기적이고 상징적인 목적에 초점이 맞춰질 수밖에 없다. 이러한 변화는 자아 지원군 형상뿐만 아니라, 타자 조선 형상에 그대로 반영된다. 이 시기 항미원조 영화 속에서 지원군 형상이 어떻게 변화했는지, 그리고 그 변화에 담긴 의미는 무엇인지 구체적으로 살펴보자.

1) '해방된 농민'에서 '무산계급 전사'로

1950년대 대부분의 항미원조 문학에서 중국 인민지원군의 영웅주의, 애국주의, 국제주의 정신을 표상할 때 가장 중요한 요소는 신·구 중국의 대비였다. 평범한 농민이던 지원군들이 이 전쟁에 참전한 이유도, 힘든 훈련을 이겨내고 전투 사기가 하늘을 찌르는 것도, 해방 이후 자신과 가족의 삶에서 느껴지는 변화다. '신중국' 수립 이후의 행복과 과거로 되돌아갈지 모른다는 위기감이야말로 지원군인 '내'가 '나의 조국'을 지켜야만 하는 가장 중요한 이유인 것이다. 조선을 돕는다는 '원즈'에 담긴 국제주의 정신도 이러한 맥락에서 형성된다. 미 제국주의와 이승만 정권에 고통받는 조선인들의 모습은 '구중국' 시절 자신이 겪은 고난을 떠올리게 했고, 그들과 마찬가지로 '가난하고 억압받는 자'의 입장에서 복수해 주고 싶다는 마음이 국제주의 정신으로 그려진 것이다. 이처럼 '새로움新'은 항미원조 전쟁에 담긴 핵심 메시지이자, 중국 공산당 정권의 정당성을 확인하고, '내(농민)'가 새로운 시대의 주역임을 깨닫게 하는 출발점이다.

그런데 1950년대 후반 영화로 재현되기 시작한 항미원조 전쟁에서 '새로움'은 그 이전 시기보다 한 단계 높은 수준의 계급 각성으로 그려진다. 지원군들은 더 이상 희망차고 행복한 자기 삶을 지키기 위해 싸우지 않는다. 또한, 낮은 문화 수준에 머물거나 '집안을 일으켜 부유해지려는發家致富' 잘못된 생각을 개조해야 할 '농민' 지원군이 아니다. 이 시기 영화 속 지원군은 생산수단을 소유하지 않은 '프롤레타리아트(무산계급)' 전사로서 무산계급이 영도하는 조국을 지키는, 결점이 없고 성숙한 전사의 모습으로 그려진다. 조선 인민이 전쟁으로 인해 가족을 잃고 고통받는 모습에 여전히 연민을 느끼고, 이를 통해 전투 사기를 고취하는 점은 변함이 없다. 그 대표적인 예가 반복적으로 등장하는 '조선 어머니'라는 기호다.

그러나 이전과 달리, 지원군은 조선 인민의 모습을 보며 더 이상 자신의 과거나 어머니를 떠올리지 않는다. 조선은 이제 중국의 '과거'를 비추는 거울로 기능하지 않는다. 이는 항미원조를 거치며 사회주의 국가로서 초기 정비를 마친 중국이 과거 '신구 대비'를 통해 정치적 합법성을 강조하던 방식에서 벗어나, 보다 성숙한 사회주의 혁명의 지드적 지위를 확립했음을 보여준다.

1958년 상영된 영화 〈창공의 나란한 날개〉는 지원군 공군 비행사 장후張虎가 자돈심을 버리고 당 지도자와 동료들의 도움을 받아 '세계의 하늘 제왕'이라 불리는 미 공군을 물리치는 이야기다. 영화에서는 장후가 가난한 농딘 출신이라는 점이 명확하게 드러나지 않으며, 장후는 교육 수준이 떨어지는 농민 전사가 아닌 전문 비행사로 묘사된다. 이후 제작된 영화들에서 농민 출신의 지원군 형상이 완전히 사라진다. 한편, 1959년 영화 〈우정〉에 등장하는 분대장은 자신과 조선을 구해준 지원군과 중국에 고마움을 전하는 조선 부녀에게 다음과 같이 화답한다.

"부인, 이것은 마오 주석이 가르쳐 준 것입니다. 우리는 조선 인민들의 보살핌과 도움에 매우 감사하고 있습니다. 추운 날씨와 차가운 바람이 살을 엘 때, 당신들은 추위에 떨면서도 집과 온돌을 우리에게 내어주셨습니다. 영하 30도의 강추위에도 조선의 어머니는 얼음을 깨고 부상당한 지원군의 빨래를 해주셨어요. 조선의 들것 대원들은 부상병의 안전을 위해 자신의 소중한 생명도 기꺼이 바칩니다! 부인, 조선 인민은 영웅의 인민입니다. 조선 인민은 미 제국주의의 침략에 대항한 전쟁으로 조국을 수호했을 뿐만 아니라, 우리 조국의 사회주의 건설도 적극 도와 세계평화를 지켜냈습니다. 우리는 조선 인민들이 노동당과 김일성 원수의 지도 아래 반드시 반침략 전쟁의 승리를 이루고 자기 조국의 통일을 이룩할 수 있을 것이라 믿습니다."[18]

대사가 보여주듯, 지원군은 사회주의 혁명에 대한 자기 사명을 정확히 파악하고 있는 '전사'로, 사회주의 형제국인 조선(북한)과 이 전쟁이 조국과 세계혁명에 어떤 의미를 지니는지 명확하게 이해하고 있다. 영화 〈삼팔선 위에서〉(1960)에는 물질과 돈으로 회유하여 군사정보를 캐내려는 미군 군사경찰MP에 맞서 지원군이 자본주의의 물질만능주의를 조목조목 비판하는 장면이 나온다. 영화 속 구체적인 상황은

---

[18] "大嫂, 這是毛主席教導我們的. 我們非常感謝朝鮮人民, 對我們的關懷和支援. 在冰天雪地, 寒風刺骨的時候, 你們寧願自己受凍, 也要把房子和暖炕讓出來給我們住. 在零下三十度的嚴寒裏, 老媽媽打開冰河, 給志願軍傷員洗衣上. 有的朝鮮擔架員, 爲了一個志願軍傷員的安全, 可以獻出自己寶貴的生命！大嫂, 朝鮮人民是英雄的人民, 朝鮮人民反抗美帝國主義侵略的戰爭, 不僅保衛了自己的祖國, 而且也積極地支援了我們祖國的社會主義建設, 保衛了世界和平. 我們相信朝鮮人民在勞動黨和金日成元帥的領導下, 一定能夠取得反侵略戰爭的勝利, 一定能夠實現自己祖國的統一".

다음과 같다. 군 경계선을 사이에 두고 미군은 지원군에게 친구가 되자면서 만년필과 돈주머니를 건넨다. 그러자 지원군은 "내가 사는 이곳은 돈으로 친구를 살 수 없어'라고 답한다. 미군은 그래도 포기하지 않고 "우리 미국은 가장 부유한 나라야. 우린 뭐든 다 있어, 너는 도대체 뭘 원해?"라고 다시 묻는다. 이에 화가 난 지원군은 "나는 당신들이 조선에서 나가길 바라! 그건 못하겠지? 더러운 물건 집어치워!"라고 소리치며, 자신에게 던져 준 돈주머니를 경계선 너머로 차버린다. 이 장면은 돈으로 원하는 것을 얻으려는 미군을 통해 미국 자본주의의 천박함을 부각하는 동시에, 조선에서 나가라고 당당히 외치는 지원군의 모습으로 사회주의 전사의 확고한 태도를 강조한다. 이는 미군의 겉모습을 희화화하며 '종이호랑이'로 묘사하던 이전 방식과는 확연히 달라진 점이다.

'프롤레타리아트 전사'로 변모한 지원군 형상은 전투 측면에서도 전략적이고 기술적으로 노련한 모습을 보여준다. 영화 〈기습〉(1960)은 돌격대 소대장 팡용方勇과 대원들이 병력과 화력에서 훨씬 우세한 적을 기발한 전략으로 통쾌하게 물리치는 이야기를 그린다. 영화 속 지원군은 임무 수행을 위해 산을 넘다 예상치 못하게 남한군 수송대와 마주치자, 미군으로 변장하여 그들의 나태한 태도를 꾸짖으며 총한 발 쏘지 않고 쫓아낸다. 또한, 다리 폭파 임무를 수행하기 위한 사전정찰에서는 남한군 부상병으로 위장하여 적진 한복판으로 들어가 적의 뒤통수를 치는 대담한 작전을 펼치기도 한다. 〈영웅탱크병〉(1962)은 적의 폭격으로 망가진 도로를 버리고 험한 산길로 탱크를 몰아 제 때에 전방을 지원하여 승리하는 탱크부대의 영웅담이다. 산길을 뚫고 적의 공습을 피해 도착한 탱크부대는 위장하고 적진 앞에 매복해 굶주림, 갈증과 싸우며 타격 기회를 엿본다. 이 과정에서 왼쪽 다리에 부상을 입은 운전병은 고통을 참아가며 임무를 수행하고, 포병 지원군은 국공내전에서 희생된 조선 전우와 '조선을 해방시키겠다'던 약속을 지키기 위해 아들에 이어 참전한 사연을 들려주기도 한다. 이런 지원군 부대는 산길에서 탱크를 몰아도 끄떡없는 숙련된 기술자이자, 국공내전부터 한국전쟁에 이르기까지 중국의 주요 혁명전쟁에 헌신해 온 노련한 혁명가이다.

이처럼 과거 '해방된 농민'에서 '전사'로 변화된 지원군 형상에 중국은 어떤 자아 이미지를 담고자 했을까? 1958년부터 1960년대 초반, 중국 인민은 대약진운동의 전개와 실패, 뒤이은 3년간의 자연재해로 재앙에 가까운 현실을 견뎌야 했다. 이러한 상황은 대중에게 공산당 정부에 대한 불신의 씨앗을 남겼다. 게다가, 1956년 소련공산당 제20차 대회 이후 불거진 중·소 갈등은 1960년에 이르러 표면화되며 중국의 정치적 불안정을 가중시켰다. 미국을 비롯한 서구 자본주의 국가들로부터의 봉쇄에 이어, 소련을 중심으로 하는 사회주의 진영 국가와도 적대해야 하는 상황은 중국의 국제적 고립을 더욱 심화시켰다. 이와 같은 불안정한 국내외 정세를 극복하기 위해, 마으쩌둥은 다시 한번 '혁명과 건설'의 깃발을 들어 올렸고, 국가의 부름을 받은 중국 인민지원군은 '프롤레타리아트 전사'의 모습으로 소환되었다. 항미원조 전쟁이 건국 초 어려운 여건에서 미 제국주의를 상대로 '승리'한 전쟁이라면, 승리의 주역인 지원군들은 신중국 초기의 고난과 역경을 상징하는 존재였다. 모든 조건에서 미군보다 뒤처져 있던 지원군이 유일하게 미군을 능가했던 점은, 바로 백절불굴의 의지와 혁명 영웅정신으로 무장한 정신적 강인함이었다. 이 점에서 새로운 지원군 형상은 인간의 혁명 의지를 무엇보다 중시했던 마오의 '주의주의主意主義'[19] 정신을 체현함과 동시에, 조국 수호와 세계혁명 실현

---

19 올바른 의지와 정신 그리고 혁명 의식을 가진 사람들은 어떤 물리적 장애도 극복하고 자기 사상과 이상에 따라 역사적 현실을 창조해 낼 수 있다는 마오쩌둥의 신념을 말한다. 역사 발전의 '객관적건 힘'을 믿는 마르크스주의적 확신과 달리, 마오쩌둥은 역사의 방향을 결정하는 필수적인 요소를 인간의 의식적인 행동이라 보았다. 혁명의 가장 중요한 요소 또한, 혁명 활동에 참여하는 사람들의 의지로 보았다. 모리스 마이스너, 『마오의 중국과 그 이후1』, 김수영 옮김, 어산, 2004, 4장 참고.

의 역사적 책임을 지닌 '프롤레타리아트 전사'로서, '프롤레타리아트 국제주의 혁명정신'을 드높일 적합한 담체가 되었다.

이러한 '전사'로서의 지원군은 구사회의 노예 같은 삶으로 돌아가지 않기 위해, 또는 구사회에서의 고통을 공유하는 조선 인민의 복수를 위해 전투의지를 불태우는 '농민' 지원군과 출발점부터 다르다. 특히, 영화 속 주요 서사를 이끌어가는 지원군은 이전처럼 갓 입대한 신입 전사가 아닌, 공산당원이나 청년단원, 노련한 전사 또는 지도원의 모습이다. 새로운 지원군 신분은 프롤레타리아트 혁명 전사 중에서도 그들을 선두에서 이끄는 당의 위치를 전면에 부각하고, 세계혁명을 실현하기 위한 국제주의 정신의 화신으로 혁명 중국의 미래를 투영하고 있다. 이는 과거의 '신구 대비'를 통한 '새로움' 찬미보다 한 단계 더 나아가, 성숙한 사회주의 국가로서의 새로운 정체성을 제시한 것으로 해석할 수 있다. 항미원조 서사 속 새로운 지원군 형상을 통해, 국내외 위기를 돌파하기 위한 정치적 메시지는 물론, 혁명 중국의 미래, 즉 프롤레타리아트 독재를 기반으로 한 세계혁명의 지도자로서 사회주의 미래도 함께 담을 수 있게 된 것이다. 이러한 점에서 볼 때, 새로운 지원군 형상은 마오쩌둥이 당시 내세운 두 가지 기치, 즉 '자력갱생과 민족의 독립 및 존엄성 수호'와 '수정주의에 반대하고 마르크스주의의 순결을 지키며 중국을 세계혁명의 중심으로 세우자'[20]는 이념에 정확히 부합하며, 중국의 자아상과 세계관을 지탱하는 강력한 상징으로 기능했다.

2) 문화대혁명 전야, '혁명후계자'의 탄생

1958년부터 1960년까지 6편의 항미원조 영화가 제작·상영되며 창작 활동이 왕성했던 것과 달리, 1961년부터 1963년 사이에는 단 한 편의 영화만이 상영되어 직전의 활발했던 흐름이 눈에 띄게 꺾인다. 그리고 1964년, 항미원조 영화의 경전經典으로 평가받는 〈영웅의 아들딸〉이 상영되며 대중의 큰 사랑을 받는다. 그런데 잠깐의 공백기를 거쳐 선보인 〈영웅의 아들딸〉 속 지원군 형상은 그 직전의 영화들뿐만 아니라 1965년 〈침략자를 타격하라〉와도 뚜렷한 차이를 보인다. 이에 아래에서는 지원군 형상의 이와 같은 변화가 불과 몇 년의 짧은 기간에 이뤄진 것일지라도, 중국을 둘러싼 국내외 환경의 변화를 암시한다고 보고, 항미원조 전쟁이라는 동일한 주제 안에서 어떤 요인이 지원군 형상에

---

20 錢理群, 同前, 336頁.

변화를 가져왔는지 '혁명후계자' 담론을 통해 살펴보고자 한다.

'혁명후계자' 담론의 등장

서구의 '화평연변' 전략과 소련의 '수정주의'가 중국의 '프롤레타리아트 독재' 소멸 위기감을 고조시키자, 마오쩌둥은 혁명을 계승할 제3, 4세대, 즉 '혁명후계자'의 양성이 당과 국가의 운명을 결정짓는 중대한 문제임을 자각한다. 이에 따라 마오는 1964년 6월 16일, 「프롤레타리아트의 혁명후계자 양성培養無產階級的革命接班人」 담화를 내고 그 필요성을 다음과 같이 언급한다.

"프롤레타리아트 혁명사업의 후계자를 양성하는 문제는 근본적으로 구세대 프롤레타리아 혁명가들이 개척한 마르크스-레닌주의 혁명 위업을 계승할 수 있는지, 우리 당과 국가의 지도력이 앞으로도 계속 프롤레타리아트 혁명가들의 손에 달려 있는지, 우리의 후손들이 마르크스-레닌주의의 올바른 길을 따라 계속 전진할 수 있는지에 대한 문제입니다. 또한 중국에서 흐루쇼프의 수정주의가 반복되는 것을 성공적으로 막을 수 있는지에 대한 문제이기도 합니다. 한마디로 이것은 우리 당과 국가의 운명에 사활이 걸린 매우 중요한 문제입니다. 이 것은 프롤레타리아트 혁명 대의를 위한 백년대계, 천년 대계, 만년대계입니다."21

마오의 담화 발표 이후, 사회 각 방면에서 '프롤레타리아트 혁명후계자 양성'과 관련된 논의가 쏟아져 나왔다.22 이들 논의에는 자기가 속한 분야에서 어떻게 혁명후계자로 거듭날 것인지, 혁명의 후손을 어떻게 양성해야 할 것인지에 대한 고민과 방법들이 담겨 있다. 논의의 공통된 핵심은 혁명후계자가 되기 위해 두엇보다 당의 지도를 충실히 따르

---

21 "培養無產階級革命事業接班人的問題, 從根本上來說, 就是老一代無產階級革命家所開創的馬克思列寧主義的革命事業是不是後繼有人的問題, 就是將來我們黨和國家的領導能不能繼續掌握在無產階級革命家手中的問題, 就是我們的子孫後代能不能沿着馬克思列寧主義的正確道路繼續前進的問題, 也就是我們能不能勝利地防止赫魯曉夫修正主義在中國重演的問題, 總之, 這是關系我們黨和國家命運的生死存亡的極其重大的問題, 這是無產階級革命事業的百年大計, 千年大計, 萬年大計." 人民日報編輯部·紅旗雜志編輯部, 『關於赫魯曉夫的假共產主義及其在世界歷史上的教訓』(1964.07.14)

22 雪蓬寫的『電影與革命接班人』(『電影藝術』, 1963年第04期), 陳明寫的『論革命接班人』(『江淮論壇』, 1964年04期), 中國京劇院四團演員楊秋玲寫的『做一個紅色的革命接班人』(『戲劇報』, 1964年09期), 地質技術員張英泉寫的『我決心當好無產階級革命接班人』(『中國地質』, 1965年5期), 工人們, 民兵寫的『老工人, 農村民兵談培養革命接班人』(『曆史教學』, 1965年6期), 毓賢寫的『何延齡熱心培養革命接班人』(『黃河建設』, 1964年12期), 曉竹寫的『爲培養革命接班人貢獻出更多的力量』(『電影藝術』, 1964年), 軍陵指揮員江孝連寫的『爲當好革命接班人而學』(『學術研究』, 1965.3期), 有關知識青年陳國基的故事『走革命道路做無產階級接班人——記歸國華僑, 城市下場知識青年陳國基』(『中國農墾』, 1965年04期), 文學方面培養工農兵業餘作家的專論『大力培養無產階級革命文學接班人』(『山東文學』, 1965年11期)等.

고 마오쩌둥 사상으로 무장해야 한다는 것이었다. 그렇다면 '혁명의 후손'인 청년 세대는 어떻게 배양할 수 있을까? 신사회의 평화로운 환경에서 성장한 이들은 대규모 폭풍우 같은 계급투쟁 경험이 부족하고, 적지 않은 이가 계급의 적의 면모를 잘 알지 못해, 평화라는 안일한 사상에 빠져 경계심을 잃기 쉽다고 여겨졌다.[23] 따라서 적합한 후계자를 배양하기 위해 청년들의 사상교육을 강화하고, 그들이 '노농병' 대중 속으로 들어가 '삼대 혁명(계급투쟁, 생산투쟁, 과학기술)'의 실천 속에서 자신을 단련하고 개조해야 한다는 목소리가 높았다.

그러나 이러한 '프롤레타리아트 혁명후계자'가 되기 위해서는 일상 속에서 끊임없는 투쟁과 주관적인 사상 개조, 정신적 단련이 요구되었고, 이는 근본적인 한계를 내포하고 있었다. 특히 그 실천이 객관적인 조건의 개선이 아니라, 개인의 사상과 태도를 변화시키는 주관적 방식에 집중되었기 때문에, 오히려 더욱 급진적인 방향으로 치달을 수밖에 없었다. 왜냐하면 이들이 맞서야 할 '적'은 추상적인 이념적 존재가 아니라, 현실 속에서 마주하는 불평등과 사회적 모순이었기 때문이다. 결과적으로 '혁명후계자' 담론과 이를

---

23 陳明,「論革命接班人」,『江淮論壇』, 1964年04期, 18頁.

둘러싼 사회적 실천은 문화대혁명의 발동과 직접적으로 연결되었다.

한편, 혁명후계자 양성의 목표가 사상개조를 통한 사회주의 신인으로의 성장이라고 볼 때, 주체의 인식과 세계관 형성에 큰 영향을 미치는 사회주의 문예는 필연적으로 매우 중요한 도구가 될 수밖에 없다. 따라서 이 시기 항미원조 기억의 소환과 항미원조 영화 열풍은 단순한 문화적 이슈가 아닌, 중국이 당시 국내의 환경에서 초래된 위기감을 극복하고, 새로운 사회주의 지향을 위해 단결하고자 한 문화·정치적 노력으로 해석해야 한다.

혁명후계자 양성의 목표를 달성하기 위해 항미원조와 같은 전쟁 서사가 어떤 장점을 지니는지, 같은 주제를 공유한 몇 가지 예시를 통해 살펴보자. 먼저, 일상생활을 소재로 '혁명후계자' 양성 주제를 다룬 작품의 예로, 1960년에 발표된 루원푸陸文夫의 소설『준비准備』를 살펴보자. 이 소설은 여고생 마슈펀馬淑分이 노동을 통해 모범적인 노동자 계급으로 성장하는 과정을 그리고 있다. 공장 노동자로 일하게 된 마슈펀은 맡은 일이 단조롭고 재미없다며 금세 싫증을 내고, 이를 지켜보는 씨에 사투謝師傅는 답답함을 느낀다. 마슈펀은 급기야 대입 시험 준비를 이유로 무단결근까지 하고, 집으로 찾아온 씨에가 노동의 중요성과 기쁨을 이야기하며 설득하지만, 그의 마음을 쉽게 바꾸지 못한다. 그러던 중, 마슈펀은 우연히 떠난 출장에서 고장 난 기계의 부품이 자신이 만든 작은 기어임을 알게 된다. 이를 계기로 자신의 일이 얼마나 중요한 역할을 하는지 깨닫고, 노동에 대한 책임감과 소중함을 느낀다. 결국, 마슈펀은 기계를 사랑하는 여성으로 성장해 공장을 떠나 중등 기술학교에 입학한다. 이처럼 당시 '혁명후계자' 양성 주제를 다룬 대부분의 문예 창작은 앞 세대의 가르침이나 선진적인 인물의 업적을 통해 청년이 자기 잘못을 깨닫고 이를 극복하며 승인된 후계자로 성장하는 방식으로 전개되었다.[24] 전쟁이 아닌 평화건설 시기의 젊은 세대에게 요구되는 '혁명정신'은 일상생활에서 마주하는 각종 불만족과 개인적 좌절을 사상적으로 극복하는 데 중점을 두었다. 이는 중국이 영도하는 위대한 세계혁명 이상과는 참으로 동떨어진, 자질구레하고도 소소한 것이었다.

문학이 아닌 실제 생활에서도 크게 다르지 않았다. 「혁명후계자가 되기 위해 배우자爲當好革命接班人而學」[25]라는 글에서

---

24 黃蕾, 『"接班人"問題與1960年代初的文學-文化想象』, 華東師範大學博士學位論文, 2016, 28頁.
25 江孝連, 「爲當好革命接班人而學」, 『學術研究』, 1965.3期

군부대의 지휘관이 혁명후계자가 되기 위해 어떤 노력을 기울이는지 살펴보자. 장江孝連은 2년째 군 지휘관 임무를 수행 중이지만, 실제 전투나 작전 경험이 없다. 대신 그는 마오쩌둥 저작을 학습하고, 마오 사상을 지침으로 삼아 오랜 기간 프롤레타리아 사상과 부르주아 사상 간의 투쟁을 지속하는 데 몰두한다. 그는 일상생활에서 '흥무멸자興無滅資'[26]의 사상투쟁을 강화하고 단련해야 한다고 결의를 다지지만, 그가 실천하는 투쟁이란 평범한 생활 속에서 일어나는 너무나 사소한 일뿐이다.

"간부가 된 후 저는 비판을 기꺼이 받아들입니다. 누군가가 저를 비판한다면, 그가 저의 가장 친한 친구입니다. 또한, 간부가 된 후에도 저는 여전히 청소와 부업 생산에 적극적으로 참여합니다. 노동에 자주 참여하는 것이 단련과 개조의 가장 좋은 기회이며, 부대를 움직이는 가장 좋은 방법입니다. 게으름, 욕심, 탐욕이 '화평연변'의 시작이라는 점을 다시금 되새깁니다."[27]

---

26 무산계급의 사상을 일으키고 자산계급의 사상을 타도하자는 뜻.
27 同上.

군대의 지휘관조차 이처럼 일상적이고 사소한 수준에서 사상단련과 생활 속 투쟁을 실천하는 상황이라면, 다른 분야에서의 사상단련과 투쟁은 더욱 한계를 드러낼 수밖에 없다. 반면, 혁명전쟁 영화는 이러한 일상생활 속 계급투쟁이 안고 있는 한계와 비교해 볼 때, 평화로운 시기에 태어나고 자란 청년들의 혁명 가치관을 각인하는데 더욱 생동감 있고 현실적 쾌감을 가져다주는 소재였다. 생사를 넘나드는 극한 상황에서 강력하게 부각되는 당과 계급의 의미, 조국 수호와 혁명 실현이라는 이상을 위해 자기 목숨까지도 기꺼이 바치는 영웅주의 등 혁명전쟁 영화는 그 자체가 프롤레타리아트 혁명후계자 양성을 위한 생생한 교본이었다. 그리하여 항미원조 전쟁은 1960년대 중국의 시대정신, 즉 반제국주의 · 국제주의 · 제3세계 민족해방 · 혁명 영웅주의를 담은 혁명 역사로 소환되었고, 사회주의 신인의 상징성을 지닌 인민지원군은 '흥무멸자'의 역사적 책무를 지닌 '혁명후계자'로 형상화된다. 다음으로, 영화〈영웅의 아들딸〉을 통해 항미원조 영화 속에서 '혁명후계자'가 어떻게 표상되었는지, 그리고 기존의 지원군 형상과는 또 어떤 차이가 있는지를 구체적으로 살펴보자.

소설 『단원』에서 영화 <영웅의 아들딸>로

1966년 문화대혁명 발발 이전, '혁명후계자' 담론이 공론화된 이후 제작된 영화는 <영웅의 아들딸>(1964)과 <침략자를 타격하라>(1965) 단 두 편이다. 두 영화는 문화대혁명 전야에 '혁명후계자' 담론을 중심으로 한 중국의 새로운 자아 인식과 세계혁명의 이상을 담고 있으나, 각각의 초점이 다르다. <영웅의 아들딸>이 '혁명의 인계자와 인수자'로서 인민지원군을 표상하는 데 방점을 둔 반면, <침략자를 타격하라>에서는 '제3세계 민족해방 투쟁'의 현장으로서 '조선'을 부각하고 있다. 본 장에서는 먼저 영화 <영웅의 아들딸>을 통해 인민지원군 형상에 투영된 새로운 사회주의 미래 상상을 살펴보고자 한다.

영화 <영웅의 아들딸>은 중국의 저명한 작가 바진이 1961년 발표한 중편소설 『단원團圓』이 원작이다. 전쟁 발발 후, 바진은 두 차례 조선을 방문했다. 1952년 '중국 문학 예술계 연합회(문련)'가 파견한 '조선전지방문단'을 이끌고 한 번, 그리고 1953년 8월, 전지 르포 집필을 목적으로 약 6개월 간 조선에 체류한 방문이었다. 그는 1950년대에 발표한 『영웅들 사이에서의 생활生活在英雄們中間』, 『평화를 지키는 사람들保衛和平的人們』, 『영웅의 이야기英雄的故事』뿐만 아니라, 1960년대의 『부지도원副指導員』, 『귀가回家』, 『안녕再見』 등 다양한 작품에서 지원군 전사들의 영웅적 면모와 조국애를 생생하게 그려 독자들에게 큰 사랑을 받았다. 그중에서도 1961년 발표한 『단원』이 특히 주목할 만하다. 이 작품은 해방 전부터 항미원조까지 한평생을 혁명에 투신한 혁명가 '왕원칭王文淸'을 주인공으로, 해방 전 잃어버린 딸과 조선의 전장에서 상봉하는 이야기를 다루고 있다. 그런데 사회주의 국가에서 상충할 수 있는 조국애와 가족애를 동일한 지평에서 조명한 이 소설을 '혁명의 인계와 인수'라는 주제를 중심으로 영화화한 것은 매우 의미심장하다. 각색의 결과, 소설에 담긴 '혈육의 정'과 '가족 윤리'를 지탱하는 개인과 민족의 울타리가 허물어지고 이를 초월하는 '혁명 대가정'의 서사로 변모했기 때문이다. 이러한 동일 텍스트의 상이한 서사 방식은 중국이 3~4년이라는 짧은 시간 동안 어떻게 항미원조 서사를 재구성하고 지원군 형상에 '혁명후계자'라는 새로운 의미를 부여했는지 보여준다.

소설 『단원』은 군 정치부에서 영웅 전사들의 업적을 기록하러 온 화자 리린李林의 시선을 통해 전개된다. 어느 날, 리린은 정치위원 왕원칭의 친딸이 신문사에서 일하는 왕팡王芳이라는 놀라운 이야기를 듣는다. 20여 년 전, 왕원칭은 상하이의 인쇄 공장에서 아내와 함께 혁명 지하 작전을 벌이던 중, 아내가 외국인 해병에게 해코지당해 죽고, 자신도 국민당에 붙잡혀 투옥되는 비극을 겪었다. 그 후, 옆집에 살던 노동자 왕푸뱌오王富標가 홀로 남겨진 왕원칭의 어린 딸 왕팡을 정성스럽게 키워낸다. 그러나 왕원칭은 투옥 이후 딸의 소식을 알 수 없었고, 딸이 생존해 있는지도 모른 채 수십 년을 살아왔다. 그런데 조선 전장에서 우연히 왕푸뱌오의 아들 왕청王成을 만나게 되었고, 그를 통해 왕팡이 바로 잃어버린 친딸임을 알게 된다. 왕원칭은 그 사실을 숨긴 채 지내다가, 지원군 전사를 위문하기 위해 전장을 방문한 왕푸뱌오의 도움으로 딸 왕팡과 극적으로 재회한다.

잃어버린 가족의 극적 상봉 장면이 소설의 절정인 반면, 영화는 초반부터 부녀관계라는 복선을 깔고 서사를 전개하며, '혈육의 정'을 초월한 '혁명 격정'과 혁명의 인계·인수를 강조한다. 영화 속에서 정치위원 왕원칭은 같은 부대 '문예공작단'[28]의 왕팡이 자기 친딸임을 알게 되지만, 옛이야기를 나눌 새도 없이 전투가 시작되고 왕푸뱌오의 아들 왕청은 홀로 고지를 지키며 적과 용감하게 싸우다 장렬히 전사한다. 전투가 승리로 끝난 후, 왕원칭은 왕팡에게 왕청의 희생 소식을 전하며, 그의 혁명 영웅주의 정신을 전 군

---

28 문화 선전 공작단. 군대·지방 기관·대중 단체 등에 부속되어 연극·무용·노래 따위의 문예를 통해 문화 선전을 하는 기관이다. '문공단'으로 줄여 부르기도 한다.

과 전 인민이 배울 수 있도록 그의 영웅 사적을 기리는 노래를 써보라고 왕팡을 격려한다. 왕팡은 오빠 왕청의 혁명 영웅주의 정신을 담은 노래를 완성해 공연을 올리고, 최전방에서 싸우는 지원군 전사들을 위한 위문공연을 올리며 점차 '혁명 문예전사'로 성장한다. 그러던 중, 왕팡은 적의 공습으로부터 취사원을 보호하려다 부상을 당하고 고국으로 돌아가 치료를 받게 된다. 한편, 왕푸뱌오는 지원군 전사들을 위문하기 위해 조선을 방문하고, 왕원칭이 바로 왕팡의 친부임을 알아본다. 때마침 전장으로 돌아온 왕팡은 이 사실을 듣고 크게 기뻐하고 '왕청 정신'으로 무장한 지원군들과 함께 전장 한복판으로 전진한다. 왕푸뱌오와 왕원칭은 '왕청 소대' 깃발을 들고 무명고지를 향해 용맹하게 돌진하는 지원군들을 흐뭇하게 바라보고, 전투는 승리로 마무리된다.

이처럼 영화는 소설을 원작으로 하지만, 1960년대 중반의 시대정신을 담은 새로운 작품으로 재탄생했다. 불과 몇 년 사이, 항미원조 기억을 구성하는 주류 서사 방식이 달라진 것이다. 특히 이러한 차이는 영화의 제목이 보여주듯, 지원군의 영웅적 형상화를 통해 명확히 드러난다. 따라서 전투원 왕청, 문예공작단원 왕팡, 그리고 정치위원이자 지도원인 왕원칭을 통해 변화된 시대정신과 그 의미를 구체적으로 살펴볼 필요가 있다.

먼저, 전투원 왕청은 영화 초반부에 적과의 전투에서 고지를 지키다 희생되는 인물로, 비중 자체는 크지 않다. 그러나 왕청의 영웅적 희생은 그의 뒤를 이을 지원군 전사들에게 '혁명정신의 모범'으로 자리 잡으며 영화 전체적으로 상징적인 중요성을 지닌다. 영화감독이자 각색을 맡은 마오펑毛烽은 제작 과정에서 왕청의 영웅적 형상을 구현하는 데 특히 심혈을 기울였으며, 왕청이라는 캐릭터가 항미원조 전쟁에서 실제 영웅으로 칭송받는 양건스楊根思를 비롯해 수많은 지원군 전사들의 영웅 업적을 종합한 결과물이라 밝혔다.[29] 왕청은 프롤레타리아 전사로서의 계급적 각성이 뚜렷한 인물로, 그는 자신에게 부여된 혁명의 사명을 명확히 인지하고 있다. 항미원조 전쟁 참전 전, 그는 아버지의 뒤를 이어 공장에서 노동자로 일하며 불의에 저항하는 노동자로서의 계급적 자각을 키워갔다.[30] 전쟁에 참전한 이후에도 그는 공산당원으로서 전 세계 프롤레타리아 혁명을 위한 전사의 책무를 정확히 인식하고 있었다. 부상이 완전히 회복되지 않은 상태에서 출전이 허락되지 않자, 왕청은 연대

---

29 袁成亮, 「電影〈英雄兒女〉誕生記」, 『世紀橋』, 2006年07期, 91頁.
30 왕팡의 대사를 통해 왕청이 어린 시절부터 노동자인 아버지처럼 외국인 공장에서 일했으며, 작업반장의 부당한 대우에 저항해 왔음을 알 수 있다. 毛烽, 武兆堤改編 : 『英雄兒女』, 北京 : 『中國電影出版社』, 1965, 52-53頁.

장에게 "혁명 전사는 굳건해야 하며, 무너지거나 부서지지 않고, 가벼운 부상으로 전선에서 물러나지 않아야 한다고 늘 말씀하시지 않았느냐"라고 말하며 자신의 결의를 전한다. 그런데도 허락이 떨어지지 않자, 옆에 있던 왕원칭에게도 호소한다. "정치위원님, 당신도 늘 우리에게 말씀하셨잖아요. 전 세계 프롤레타리아트 혁명을 위해서라면, 칼산과 불바다에 들어가는 것도 두려워하지 않아야 한다고요."[31]

반면, 소설에서 왕청은 왕원칭이 왕팡을 친딸로 확신하게 하는 매개체로만 기능할 뿐, 영화에서처럼 중요한 인물로 부각되지 않는다. 오히려 소설에서는 통신병 샤오류小劉가 영화 속 왕청의 역할을 대신하고 있는데, 이를 통해 농민 전사에서 프롤레타리아 혁명 전사로 변화한 지원군의 형상 차이를 분명하게 확인할 수 있다.

화자인 리린의 눈에 비친 샤오류는 "동그랗고 통통한 얼굴에 늘 미소를 짓고 있는" 외모에[32] 자신이 잘 지키지 못해 왕팡이 부상을 입었다며 자책하는 어린 병사다. 노련한 전투원이자 계급의식이 투철한 혁명 전사 왕청과는 사뭇 다르다. 또한, 샤오류는 교육 수준이 낮은 농민 출신으로 그

31　毛烽, 武兆堤改編:『英雄兒女』, 北京:『中國電影出版社』, 1965, 26頁.
32　巴金,『團圓』,『巴金全集·第十一卷』, 北京:人民大學出版社, 1989, 525頁.

려져³³ '해방된 농민 지원군이 조선의 전장에서 성장한다'
라는 1950년대 항미원조 문예 속 전형적인 지원근 형상화
틀 안에 있다. 특히, 소설과 영화에서 부상과 죽음을 어떻
게 처리했는지 비교해 보면, 문화대혁명 발발 직전 지원군
형상에 담긴 상징적 의미와 혁명 낭만주의 문예 기법을 엿
볼 수 있다.

소설에서 샤오류는 전투 중 두 다리를 절단해야 하는 큰
부상을 입고 고국으로 이송된다. 화자 리린은 한참 후에야
중대장을 통해 그의 소식을 듣는데, 중대장은 당시 상황을
이렇게 설명한다.

> "그는 피투성이에 두 다리가 모두 망가졌어요. 그런데
> 들것 대원들이 와도 그는 '나는 버틸 수 있어요. 더 싸울
> 거예요'라고 말했답니다. 나중에 제가 그를 보러 갔어
> 요. 미간을 찌푸린 채 얼굴에는 핏기가 하나도 없었지
> 만, 나는 그가 신음하는 소리를 듣지 못했습니다. 저는
> 그에게 표창을 올리겠다고 했는데, 샤오류는 임무를 제
> 대로 완수하지 못했으니 마땅히 자아비판을 해야 한다

---

33 "他這個農村出來的青年，文化水平並不低.他說，他剛入朝的時候，只認得
七八百字.可見他到了部隊以後，有很大的進步", 巴金, 同上, 528頁.

고 말했습니다."[34]

이처럼 소설 속 샤오류의 부상 묘사는 작가 바진의 기존 항미원조 작품들과 마찬가지로 전쟁의 참혹함이나 생사를 넘나드는 두려움보다는 지원군의 영웅주의와 조국애를 강조하고 있다.

반면, 시청각 매체인 영화에서 지원군의 전투와 죽음은 더욱 비현실적이고도 낭만적인 색채가 강화된다. '17년 시기' 혁명 역사 제재의 영화는 대중성과 정치의식의 고양이 매우 중요했기 때문에, 실제 창작 과정에서는 극과 문학에 많이 기대고 있었다. 특히, 영화는 영웅적인 인물에 대한 스토리텔링을 바탕으로, 빛과 색감, 위치와 각도, 쇼츠shots, 음향과 음악 등 다양한 시청각적 장치를 통해 텍스트의 정치성을 극대화했다.[35] 문혁 전야에 상영된 〈영웅의 아들딸〉 속 왕청의 전투 장면은 영웅 형상화에 대한 극단의 정치적 상징화를 보여준다.

왕청은 무명고지를 혼자 지키며 무전을 통해 지휘부에 사

---

34 同上, 548-549頁.
35 參考: 路紹陽,『"十七年"革命曆史題材電影中的修辭策略』,『解放軍藝術學院學報(季刊)』, 2011年第1期.

격 위치를 알린다. 왕원촉의 격려가 무전을 통해 전달되자, 왕청은 굳은 의지를 보이며 "보고드립니다, 저는 공산당원으로 끝까지 버텨낼 것입니다!"라고 답한다. 이 대사와 함께, 포탄 소리를 압도할 만큼의 웅장하고 경쾌한 배경음악이 흘러나오며 긴박한 분위기를 고조시킨다. 적군이 점점 진지 가까이 밀고 올라오고, 아군의 사격 거리 드한 왕청의 위치와 점점 가까워진다. 왕청은 자신 때문에 사격지원에 방해가 될까 우려하며 다급하게 외친다. "나를 향해 쏘라, 나를 상관하지 말라!" 그는 몰려오는 적군을 주시하면서 "승리를 위해 나를 향해 포를 쏘라!"라고 무전기에 소리친다. 이 순간 배경음악은 웅장한 여성 합창으로 바뀌고, 왕청 한 명과 몰려오는 다수의 적군 간 전투가 치열하게 펼쳐진다. 그리고 배경음악이 웅장한 남녀합창으로 전환되며, "불타는 금강, 인간이 우뚝 섰네! 영웅의 찬가가 삼천리강산에 울려퍼지네!烈火金剛, 屹立人間. 英雄的贊歌傳遍三千裏江山"라는 낭송이 울려퍼진다. 적군이 왕청과 육박전을 벌일 만큼 가까워지자, 왕청은 "승리는 영원히 우리의 것!"이라고 외치면서, 고지 맨 위에 폭탄봉을 들고 선다. 이때, 왕청의 모습을 비추는 카메라 앵글과 조명, 주변 배경, 음향효과 등은 문혁 시기 영웅 인물을 묘사하는 연출기법과 유사하다. 왕청은 하늘을 배경으로 고지 위에 당당히 서 있으며, 그의 실루엣은 빛을 받아 더욱 상징적이고 숭고하게 표현된다. 폭탄봉을 든 그의 모습은 단순한 전사 이상의 존재로 형상화되며, 혁명과 조국을 위해 희생하는 영웅적 전사의 이상적 이미지를 구현한다.[36] 이어진 왕청의 죽음은 폭발음과 함께 폭풍우 속에 흔들리는 나무, 대자연 속의 산과 강을 보여주는 것으로 상징적으로 처리된다. 화면 없이 음악만 듣고 있으면, 그의 죽음이 전혀 연상되지 않을 만큼 경쾌하고 웅장하다.

이처럼 영화 속 왕청의 죽음은 소설 속 샤오류처럼 두 다리를 잃어야만 하는 전쟁의 참혹함도 없고, 동생 왕팡의 눈물조차 허락되지 않는다. 영웅의 죽음이 이렇게 비현실적이고 낭만적으로 처리되는 방식은 '17년 시기' 전쟁영화의 전형적인 특징이다.[37] 그의 죽음이 슬픔이 아닌 영광인 까

---

[36] 왕반이 이 장면을 탁월하게 묘사하고 있어 참고할 만하다. "왕청이 몸을 곧게 세우고 폭탄을 들고 있는 모습은 작은 언덕 위에서 더욱 웅장하게 부각된다. 이 장면은 로우 앵글로 촬영되어, 왕청의 건장한 상반신이 화면 대부분을 차지하게 하고, 하늘을 떠받치고 땅을 딛고 선 중국의 위대한 영웅의 이미지를 보여준다. 배경에는 수천 줄기의 석양빛이 구름 사이로 뚫고 내려와 왕청의 뒤편에 신성한 빛줄기를 형성하고 있다. 적절한 거리에서 잡은 클로즈업은 왕청의 얼굴 표정을 뚜렷이 드러내는데, 그 표정은 결연하고 단호하다. 죽음을 앞에 두고 있음에도 그는 이를 궁극적 승리로 여기는 듯하며, 목숨을 바쳐 도리를 실현하고자 한다. 그의 거대한 형상은 초월적 광채를 모방한 듯한 신성한 빛 속에 잠겨 있고, 이 일련의 장면들은 강렬한 극적 효과를 자아내며, 왕청의 영웅적 위업을 숭고한 음악적 서사시로 승화시킨다." 王斑, 由元譯, 「藝術, 政治, 國際主義 : 中國電影裏的抗美援朝」, 『當代作家評論』, 2012年第4期, 190頁.
[37] "作爲英雄主義的頌歌, 影片不回避犧牲與死亡, 但略去了戰場上可能的無謂的,

닭은 비록 몸은 죽어도 그의 영웅 정신만은 대대로 전승되어 세계혁명을 실현하는 길을 닦아줄 것이기 때문이다. 영화 속 왕청의 영웅적 희생은 혁명정신의 계승이라는 주제를 중심으로, 그의 동료 전사들뿐만 아니라 정치위원 왕원칭과 같은 혁명 기성세대의 '인계'와 왕팡, 샤오류와 같은 청년 세대의 '계승'을 통해 구치적으로 재현된다.

특히, 왕원칭의 형상은 감독이자 각색을 맡은 마오펑이 각별하게 여긴 인물로, 그는 다음의 네 가지 목표를 염두에 두고 왕원칭의 캐릭터를 각색했다. 첫째, 왕원칭은 사단 정치부 주임으로서 극 중 주요 인물이며, 사단 전체에서 자신의 '정치적 역할'을 수행해야 한다. 따라서 사단 정치부 주임이 마치 자기 딸을 위해 전선에 간 것처럼 보이는 소설 속 '단점'을 극복해야 한다. 둘째, 현실 생활의 원형을 참고하여, 왕원칭을 '혁명 기성세대의 건강한 감정'을 지닌 인물로 그려야 한다. 그는 전사를 교육하는 것처럼 딸을 교육하고 딸을 교육하는 것처럼 전사를 교육해야 한다. 셋째, 마오쩌둥 주석이 레이펑雷鋒[38]을 전 국민 교육의 전형적인 모

殘酷的死, 略去了抽象的對人, 主與死的討論, 而代之以爲敍事過程與敍事方式所放大的英勇的獻身與意識形態, 價値體系所肯定的犧牲.", 戴錦華, 「歷史敍事與話語 : 十七年歷史題材影片二題」, 『北京電影學院學報』, 1991年02期, 50頁.

38 인민해방군 병사. 1940.12.18.~1962.8.15. 불의의 사고로 사망한 뒤, 마오쩌둥의

범으로 삼은 것에서 영감을 받아, 왕원칭은 왕청의 영웅상을 전 군대를 교육하고 사기를 고취하는 전형적인 모범으로 삼아야 한다. 넷째, 이야기가 항미원조 전장에서 전개되기 때문에 '정의로운 전쟁'은 고상하고 아름답다는 것을 보여줘야 한다.[39] 이와 같은 각색 목표에 맞춰, 소설 속에서 왕원칭이 잃어버렸던 딸 왕팡에 품었던 "부성애 같은 감정"[40]은 혁명 기성세대의 건강한 혁명 감정으로 전화轉化되었다. 따라서 그는 딸 왕팡을 지원군 전사로 대하고, 지원군 전사를 자기 자식처럼 대하며, '계급의 감정'을 통해 혁명정신의 전수자로 표상되었다.

왕원칭의 부대 내 역할은 기존 항미원조 영화에서 묘사된 전투지휘관의 전형적인 모습과도 뚜렷한 차이를 보인다. 〈상감령〉(1956), 〈기습〉(1960) 같은 대표적인 항미원조 영화에서 지원군 지휘관들은 주로 백절불굴의 정신력과 뛰어난 전술 능력, 전장에서의 용맹함으로 특징된다. 반면, 왕원칭은 노혁명가이자 정치위원으로 전술적 역할보다는

지시에 따라 '레이펑 정신을 배우자'는 운동이 전국에 확산되면서 널리 알려졌다. 오늘날까지도 사회주의 집단주의 가치관을 구현한 모범적 인물로 상징되고 있다.
39 「〈英雄兒女〉創作過程(初稿)」, 轉引自陳娜, 「不僅僅是故事旅行:小說〈團圓〉與電影〈英雄兒女〉的改編研究」, 「文藝爭鳴」, 2014年10期, 182頁.
40 巴金, 「團圓」, 「巴金全集·第十一卷」, 北京:人民大學出版社, 1989, 534頁.

프롤레타리아트 혁명정신을 양성하고 선전하는 데 중점을 둔 새로운 지원군 형상을 제시한다.[41] 이러한 왕원칭 형상은 당시 인민해방군의 사상적·정치적 지위를 투영한 중요한 상징으로 볼 수 있다. 첸리췬은 1961년 마오쩌둥이 큰 곤경에 빠졌을 때 군대에 다시금 희망을 걸었으며, 마오와 린뱌오林彪 통솔 아래 있는 군대와의 상호 호응은 문화대혁명을 위한 준비였다고 말한다.

> "마오가 1963년 '해방군을 배우자'고 호소하고, 직접 부대를 위해 〈팔연송八連頌〉이라는 찬가를 써주며, '마오 주석의 좋은 전사'라고 추앙받는 레이펑을 널리 알리는 것 등에는 모두 깊은 뜻이 있었습니다. 그는 분명히 농민이 주체가 되는 근대가 이미 관료화되고 날로 부패해가며 그의 적에 의해 통제되는 당에 비해, 더욱 '부패에 저항하고, 영원히 때 묻지 않는' 도덕적 순결성과 '억압을 두려워하지 않고, 핍박을 무서워하지 않으며', '제국주의도 무섭지 않고, 도적도 겁내지 않는' 혁명성을 가지고 있으며, 자신의 노선을 추진하는 주요 의탁 대상

---

41 王斑, 同前, 189頁.

이 되어야 한다고 생각했습니다."⁴²

이처럼 인민해방군은 일반적인 군대의 의미를 초월하여 문혁 전야, 마오파와 자꾸만 부딪히는 당보다 더욱 혁명적이고 도덕적으로 순결한 정치적·사상적 영역에서의 모범으로 부각되었다. 인민해방군의 위상은 1964년 웨이웨이가 『중국청년中國靑年』 잡지에 기고한 「참새의 작은 뜻을 버리고 백조를 동경하며 높이 날아오르라!」에서도 잘 드러난다. 웨이웨이는 글의 첫머리에서 '레이펑 동지에게 배우자'라는 당시의 유행을 언급하며, 이를 통해 혁명청년의 이상적 행복론을 전개한다. 그는 청년들에게 "어떠한 행복관을 가져야 하는가?"라는 질문을 던진 뒤, 그 답으로 "가장 진보적이고 혁명적인 계급인 프롤레타리아트의 행복관"을 세울 것을 강조한다.⁴³

마지막으로 왕팡 형상은 다음 두 가지 측면에서 그 의미에 주목해 볼 필요가 있다. 첫째, 문예를 통해 문화를 선전하는 '문공단원'이라는 지원군 왕팡의 역할이다. 항미원조

---

42 錢理群, 同前, 414-415頁.(한599-600쪽)
43 "在'向雷鋒同志學習'的熱潮中, 我國青年又一次展開了關於幸福問題的討論.", 魏巍, 『棄燕雀之小志, 慕鴻鵠而高翔！──〈幸福的花爲勇士而開〉續篇』, 『魏巍文集·第七卷』, 廣州, 廣東敎育出版社, 404頁.

문예에서 문공단원이 주요 인물로 다뤄진 것은 〈영웅의 아들딸〉의 왕팡이 처음이다. 기존의 영화나 소설에서 문공단원이 종종 등장하기도 했지만, 전투원의 보조적인 역할로 등장할 뿐이었다. 그런데 이 영화 속 왕팡은 문화적 측면에서의 '중조우애'를 체현하는 중요한 매개가 된다. 예를 들어, 왕팡은 조선 부녀들과 교류하며 조선의 장구춤을 배운 뒤, 조선 인민과 함께 무대에 올라 큰 환영을 받는다. 무대 위 긴 머리를 두 갈래로 땋고 한복을 곱게 차려입은 왕팡은 영락없는 조선 소녀의 모습이다. 이러한 모습은 기존의 '중조우애'를 표현할 때 자주 쓰인 방식, 즉 함께 싸우며 두터워진 전우애나 지원군을 위한 조선인의 희생을 묘사하는 것과 차이가 있다. 은막 위에 조선의 문화를 구체적으로 그려냄으로써 중·조의 '문화적 교류'라는 새로운 측면을 부각한 것이다.[44] 둘째, 왕팡을 매개로 재현되는 친근한 '중·조 간의 부녀관계'다. 영화 속 왕팡은 조선인 김정태를 '아버지'라 부르고 잘 따른다. 또한, 김정태는 친딸 같은 왕팡이 적

---

44 왕반은 문예공작자 왕팡의 등장을 통해 중조 간의 군사적 협력뿐만 아니라 예술·문화 교류의 측면까지 표현해냈다는 점을 강조하며, 그 의의를 두 가지 측면에서 설명했다. 첫째, 예술과 군사의 긴밀한 결합 배경에는 마오의 군사 낭만주의적 작전사상 체계가 자리하고 있다. 둘째, 문화 교류와 비군사적 협력의 측면에서는 중조 인민 간의 관계가 하나의 혁명 대가정으로 비유될 수 있다. 比喻成一個革命大家庭. 王斑, 由元譯, 「藝術, 政治, 國際主義:中國電影裏的抗美援朝」, 『當代作家評論』, 2012年第4期.

의 폭격으로 인해 목숨이 위태로워지자, 죽음을 무릅쓰고 강을 건너 왕팡을 구하기도 한다. 이는 기존에 중·조 간의 국제주의를 상징적으로 표현하던 전형적인 서사, 즉 '조선인 어머니와 지원군 아들'이라는 패턴을 깨뜨렸을 뿐 아니라, 중·조 간의 계급 감정을 혈육애나 가정 윤리로 표상하여 관객의 정서적 공감을 끌어낸다. 특히, 극의 마지막에서 왕팡은 왕원칭의 혈육이라는 가정 윤리를 넘어, 국경을 초월한 프롤레타리아트의 딸이자 혁명후계자로 성장한다. 왕팡의 성장 서사는 단순한 개인적 서사에 그치지 않고, 세계혁명의 맥락에서 '조선의 전장'을 하나의 상징적 무대로 확장한다.

이상으로 영화 〈영웅의 아들딸〉에 등장하는 지원군 형상을 통해, '혁명후계자' 담론이 공론화된 이후 달라진 항미원조 서사 변화를 살펴보았다. 프롤레타리아트의 영웅 전사 왕청, 전사들의 정치선전과 사상적 배양을 책임지는 정치위원 왕원칭, 혁명후계자이자 문화적 측면에서의 중조우애를 체현하는 왕팡의 형상은 〈영웅의 아들딸〉이 항미원조 영화의 경전으로 칭송받으며 엄청난 사랑을 받았던 이유를 잘 보여준다. 이는 이 영화가 문혁 전야 중국 정부가 지향했던 국가의 이상과 중국이 주도하는 세계혁명의 청사진을 담고 있었기 때문이다.

한편, 1965년에 상영된 〈침략자를 타격하라〉도 〈영웅의 아들딸〉과 마찬가지로 프롤레타리아트의 후손이자 혁명후 계자인 지원군 전사 '다용大勇'을 형상화했다. 다른 점이 있다면, 다용은 노동자 계급 출신의 왕청과 달리 노혁명가인 부모의 혈통을 가지면서도 빈농 계급의 손에 자랐다는 점이다. 하지만 〈침략자를 타격하라〉의 특징은 이 영화가 '조선'을 전면에 등장시킨다는 점에 있다. 이 영화에 대한 분석을 다음 절에서 다뤄보자.

3. 국제주의 세계관의 확장:
혁명 열기 속 '아시아 · 아프리카 · 라틴아메리카AALA'와 조선

1) 새로운 혁명 공간, 'AALA': 항미원조 서사의 재구성

'AALA'와 1960년대 중국

1950년 말, 중공 중앙은 '수정주의'를 경계하고 '화평연변(평화로운 변혁)'을 방지하는 것을 뚜렷한 과업으로 삼았으며, 국제 정세에 주목하면서 국내 혁명 노선의 조정 또한 불가피해졌다. 이에 따라 새로운 혁명 노선에 부합하는 혁명 동력을 탐색하는 일은 지도부가 직면한 긴급하고도 중대한 과제로 부상했다. 이 과정에서 '아시아, 아프리카 및 라틴아메리카 국가AALA'에서 나타난 제3세계 민족해방 열기는 1960년대 중국이 새로운 '세계 상상'을 구상하는 중요한 매개가 되어주었을 뿐 아니라, 세계혁명 리더로서 국제공산주의 운동에서 중국의 위상을 높일 수 있는 '타자'로 기능했다.

"1960년대 중국 외교의 초점이 소련 및 사회주의 진영에서 '혁명'의 AALA로 이동했다. 이러한 관점의 전환 과정에는 지정학적 관점에서 국제 정세에 대한 현실적인 판단과 중국의 국제공산주의 운동에 대한 새로운 이해가 포함되었다."[45]

이러한 언급이 시사하듯, 당시 중국 정부에게 미·소 양 강대국으로부터의 국제적 고립은 분명 위기였으나, 동시에 마오가 줄곧 추구해 온 '중국이 영도하는 세계혁명 이상'을 실현할 기회로 작용했다.

제3세계라는 혁명 공간은 1960년대 갑작스럽게 나타난 것은 아니다. 중국 사회주의 혁명 자체가 정통 마르크스주

45　王蔥蔥, 『革命之路――中國社會主義時期文學文化想象中的 "世界"(1949-1966)』, 上海大學博士學位論文, 2012年, 82頁 참고.

의 이론의 산업 노동계급 중심 혁명과 먼, 농민 중심의 혁명이다. 마오는 일찍부터 중국혁명의 특수성을 자각하고, 세계혁명운동에서의 중국의 역할을 인지하고 있었다. '중간지대中間地帶'를 처음 언급한 1946년부터 1970년대 '제3세계' 이론으로 발전하기까지, 미·소 양대 진영 어느 곳에도 속하지 않는 지역들을 '반제국주의적 성질을 띠는 국가들'로 규정하며, 이들을 국제혁명의 잠재적 동력으로 바라봤다. 이 과정에서 중국의 혁명 경험과 국제무대에서의 행보는 그 실천적 토대가 되어주었다.

'중간지대' 이론은 1946년 8월, 마오와 미국 언론인 안나 루이스 스트롱Anna Louise Strong의 담화에서 처음 나왔다. 제2차 세계대전 직후, 미·소 갈등이 점차 격해지면서 많은 이들이 제3차 세계대전 가능성을 우려하던 시기였다. 이러한 국제적 긴장 속에서, "미국이 반소反蘇 전쟁을 일으킬 가능성이 있느냐"는 기자의 질문에 마오는 미 제국주의가 직면하고 있는 내외부적 모순들을 지적하고,[46] 미·소 사이 광활한 '중간지대'의 존재와 영향력을 강조하며 미국의 침략 위협을

---

46 "(미국의 반소전쟁 선건 배경에는) 미국 반동파들이 지금 미 제국주의가 직면하고 있는 많은 실제적 모순들을 은폐하려는 연막입니다. 미국반동파와 미국 인민간의 모순, 미 제국주의자와 기타 자본주의 국가, 식민지, 반半식민지 국가들간의 모순이 바로 그러한 모순들입니다." 중국공산당 중앙문헌편집위 엮음, 『모택동선집Ⅱ』, 이희옥 옮김, 도서출판 전인, 1990, 160-161쪽.

받는 미국 인민을 포함한 모든 국가의 인민이 굳게 뭉쳐 미 반동파와 각국 졸개들의 공격에 반대하자고 주장한다.

"미국과 소련 사이에는 매우 광활한 지대가 놓여 있으며, 여기에는 유럽, 아시아, 아프리카의 많은 자본주의 국가들과 식민지, 반(半)식민지 국가들이 있습니다. 미국 반동파가 이러한 나라들을 굴복시키기 전에는 결코 소련을 공격할 수 없습니다."[47]

중공 중앙위원 류샤오치도 제7차 중국 공산당 대회에서 마오의 사상이 모든 동방국 인민의 지침이라 강조하고, 그 다음 해인 1947년 안나 루이스 스트롱과의 인터뷰에서 그 생각을 한층 더 예리하게 피력한다.

"마오쩌둥 업적의 위대함은 마르크시즘을 유럽형에서 아시아형으로 바꾼 데 있다. 중국은 거대한 수의 인민이 보잘것없는 농토를 경작하며 기아선상에서 허덕이는 반봉건·반식민 국가다.", "보다 산업화된 경제로의 변화를 시도하는 과정에서 중국은 선진 산업 국가들의 압

---

47 위의 책, 161쪽.

력에 부딪히게 되었다.", "동남아시아 다른 나라들도 비슷한 처지에 놓여있다. 중국이 선택한 길은 그들 모두에게 영향을 줄 것이다."[48]

스탈린도 중국 공산당의 혁명 승리 이후 아시아革명에 대한 기존 생각을 바꾸었다. 그는 이른바 '분업합작分工合作' 개념을 제시하며, 식민지와 반식민지, 종속국에서 전개되는 민족 민주 혁명운동에서 중국 공산당의 역할을 국제혁명 운동의 중요한 축으로 인정했다.[49] 이는 아시아 지역에서 중국의 지도적 역할을 승인한 동시에, 국제공산주의 운동 내에서 중국이 새로운 중심으로 부상할 가능성을 반영한 발언이었다. 1949년 11월 베이징에서 열린 세계 노동 연맹 회의

---

48 Anna Louise Strong, The Thought of Mao Tse-tung, *Amerasia*, XI, No.6(June 1947), p.161. 轉引自/ 스튜어트 슈람, 『모택동』, 김동식 옮김, 두레, 1979, 243쪽.

49 스저師哲의 회고에 따르면, 1949년 6월 류사오치劉少奇가 소련을 방문했을 당시 중소 양국은 국제 문제에 있어 명확한 역할 분담을 논의한 바 있다. 당시 스탈린은 이렇게 말했다: "국제 혁명 운동에서 중국과 소련 양측이 더 많은 책임을 져야 하며, 어느 정도 역할을 나누어 협력해야 합니다. 앞으로 중국이 식민지, 반半식민지, 속국들에서 일어나는 민족 민주주의 혁명 운동을 더 많이 지원해주길 바랍니다. 왜냐하면 중국 혁명 자체와 그 경험이 이들 국가에 더 큰 영향을 미칠 수 있고, 그들에게 참고가 될 수 있기 때문입니다. 이 점에서 소련은 중국만큼의 영향력을 발휘하기 어렵습니다. 이는 마치 중국이 유럽에서 소련처럼 영향력을 행사하기 어려운 것과 마찬가지입니다. 그러므로 국제 혁명의 이익을 위해 우리 둘이 역할을 나누는 것이 좋습니다. 여러분은 동방과 식민지, 반식민지 국가들에 대해 더 많은 일을 하고, 더 큰 영향력을 발휘해 주세요. 우리는 서방에 대해 더 많은 책임을 지고, 더 많은 일을 하겠습니다. 이것은 우리가 마땅히 져야 할 국제적인 의무입니다!" 師哲, 『我的一生──師哲自述』, 北京 : 人民出版社, 2001年版, 309頁.

世界勞組聯盟會合에서 류샤오치는 중국의 혁명모델이 "유사한 상황에 있는 식민·반식민 국가들의 인민해방을 위한 주된 경로가 될 수 있다"라고 선언했다.[50] 위와 같이, 중국 공산당은 혁명 과정과 신중국 수립 이후, 신중국이 식민·반식민 국가들에 미치는 영향과 자신의 역할에 대해 명확히 인지하고 있었다.

국제무대에서도 약소국과 신생국들이 독립적으로 제 목소리를 낼 수 있어야 한다는 주장이 터져 나오기 시작했다. 1952년 12월에 열린 아시아·아랍 12개국 회의에서 이러한 요구를 처음 들고나와 국제공조를 주장한 나라도 중국이었다. 한편, 당시 중국의 총리 겸 외교부장인 저우언라이周恩來는 한국전쟁에서 북한을 도와 미국에 맞서 싸운 결과, 중국이 국제적으로 고립되는 상황에 직면하자 외교적 돌파구 마련에 나서야 했다. 그리하여 그는 미국과 소련이 아닌 제3세계로 눈을 돌리게 된다. 중국 공산주의자들은 '갈색의 나라'들이 두 강대국의 영향권 아래로 나뉘어 들어가야 한다는 생각에 반대했고, 이러한 입장은 중국을 제3세계 연대의 중추로 만들었다. 중국은 확실히 데탕트détente(긴장 완화)와

---

50 존 루이스 개디스, 『새로 쓰는 냉전의 역사』, 박건영 옮김, 사회평론, 2002, 270쪽.

분할이 아닌, 독립과 자결을 상징하는 것처럼 보였다.[51]

저우언라이는 1954년 인도 총리 네루Jawaharal Nehru와 만나 중·인 수뇌회담을 열고, 제3세계가 함께 뜻을 모아야 한다고 목소리를 높였다. 이어 인도네시아, 중국, 인도, 파키스탄, 스리랑카의 5개국 총리가 콜롬보에 모여 '평화 5원칙'을 발표하고 제3세계 국가들이 모이는 '반둥회의'를 구상하게 된다. 마침내 1955년 4월 18일, 아시아·아프리카 신생 독립국 29개국 대표들이 인도네시아 반둥에 모여 '반둥회의'를 개최했다. 이 회의에서 그들은 반제국주의·반식민주의적 민족주의라는 정치이념과 평화공존 비동맹중립이라는 외교 노선으로 요약되는 '평화 10개 원칙'을 발표하며 세계사에 이정표를 세웠다. '반둥회의'는 중국이 제3세계 국가들을 결집해 국제 외교무대에 중요한 존재로 등장하는 전환점이 되었고, 세계의 여론과 지지에서 동떨어져 있던 중국의 외교적 고립을 종식하는 계기를 마련했다.

'반둥회의'는 '제3세계 공동 의식의 형성'이라는 면에서도 중요한 정신적 유산을 남겼다. 반둥에서 제3세계 국가의 대표들은 '과거 식민주의 국가들이 만든 질서를 거부하겠다'

---

51   비자이 프라샤드, 『갈색의 세계사: 새로 쓴 제3세계 인민의 역사』, 박소현 옮김, 뿌리와이파리, 2015, 66쪽.

라는 의사를 표명했으며, 그들 스스로 국제문제를 논의하고 의견을 수렴해 결의할 수 있음을 증명해 보였다. 이 회의는 또한 유엔 내부에서 아시아 · 아프리카 그룹, 이후 아시아 · 아프리카 · 라틴아메리카 그룹으로 성장하는 집단의 원형을 만들었다.[52] 사실 제3세계가 절규하는 반제국주의나 반식민주의라는 구호는 정교한 논리체계를 갖춘 것이라기보다는 서구열강을 향한 감정, 즉 과거 억압과 착취에 대한 저항의식의 성격이 짙다.[53] 그러나 바로 그러한 '감정적 연대'가 문화 · 자원 · 인구 · 정권 체제 등 그토록 이질적인 구성원을 하나로 묶어준 가장 강력한 동력이 되었을 것이다.

한편, 1956년 흐루쇼프의 스탈린 비난 연설은 소련 노선의 변화를 알리는 신호였다. 소련의 대미 정책은 세계평화 유지를 강조하는 유화정책으로 전환했으며, 이는 중국과의 이념적 갈등을 심화시키는 계기가 되었다. 중국은 소련의 이러한 변화를 '수정주의'로 규탄했고, 소련은 중국의 입장을 '교조주의'라 비판하며 양국 간 갈등이 표면화되었다. 이 시기 제3세계 민족주의자들은 평화공존과 화해를 주장하는

---

52 위의 책, 71쪽.
53 Robert A. Mortimer, 『제3세계국제정치론: 제3세계 연립정책을 중심으로』, 장해광 옮김, 대왕사, 1985, 15쪽.

소련과 지속 혁명을 고수하는 중국 사이에서 중국의 노선에 더욱 공감하는 고습을 보였는데, 이것은 제3세계를 엮어준 '감정적 연대'의 영향이 컸다고 판단된다. 중국은 그들과 같은 반식민지·전前산업화 단계의 빈곤 속에서 민족 스스로의 힘으로 자주독립을 이루고 식민제국주의자들을 몰아내 사회주의 국가를 건설했다. 이러한 경험은, 이제 막 해방된 여러 신흥 독립국에 참고할 수 있는 가장 적합한 모델로 여겨졌다. 이러한 배경 속에서 중국은 점차 제3세계의 사회주의 중심 국가로서 주도적 위치를 점할 수 있게 되었다. 실제로 중국은 중·소 논쟁이 심화하던 시기에, 외교와 정치 문화뿐만 아니라 경제적 지원을 통해 제3세계 국가들의 지지를 얻으려 전방위적인 노력을 기울였다. 중국 신화통신사 사장 우렁시吳冷西의 회고에 따르면, 마오쩌둥은 베트남 공산당을 자기편으로 끌어들이기 위해 덩샤오핑을 파견하고, 베트남에 200억 위안의 막대한 경제원조를 약속했다. 이 금액은 당시 전체 국민 수입의 5분의 1, 재정수입의 60퍼센트에 해당하는 거액이었다. 당시 북한 노동당 지도자 황장엽도 훗날 회고록에서 이렇게 말했다.

"당시의 국면은 국제공산주의 운동의 지도권이 소련의 손에서 중국으로 넘어갔다는 인상을 주었다. 알바니아는 소련보다 중국에 더 호감을 갖고 있었다." "흐루쇼프가 조건을 내걸고 원조한 것과 달리 중국은 조건을 내걸지 않았을뿐더러 필요한 것보다 더 많이 주는 일이 자주 있었다. 그래서 알바니아도 중국 편에 섰다."[54]

1963년 이후, 마오쩌둥은 '중간지대'론에 대한 자기 생각을 공고히 한다. 특히 1964년 일본 공산당 중앙위원회의 한 정치국 위원과의 대화에서 이렇게 말한다.

"그래서 중간지대는 두 부분으로 나뉘는데, 하나는 아시아, 아프리카, 라틴아메리카의 경제적으로 낙후된 광범위한 국가를 의미하고, 다른 하나는 유럽으로 대표되는 제국주의 국가와 선진 자본주의 국가를 의미합니다. 이 국가들 모두 미국의 통제에 반대합니다. 동유럽 각국에서는 지금 소련의 통제에 반대하는 문제가 발생하고 있습니다."[55]

---

54 왕단, 『왕단의 중국 현대사』, 송인재 옮김, 동아시아, 2013, 199쪽.
55 毛澤東, 「兩個中間地帶(一九六三年九月, 一九六四年一月, 七月)」, 『毛澤東文集·第八卷』, 北京: 人民大學出版社, 1999, 344頁.

우리는 이 내용을 통해 두 가지 중요한 점을 확인할 수 있다. 첫째, '중간지대'의 한 부분에 라틴아메리카가 추가되어 '제3세계' 이론의 기본 체계가 형성되었다는 점이다. 둘째, 1946년에 비해 소련에 대한 중국의 판단이 부정적으로 변화했다는 점인데, 이는 향후 마오의 제3세계 혁명 체계가 소련의 혁명모델과 완전히 다른 방향으로 전개될 것임을 암시한다. 그리고 문혁 전야인 1965년 린뱌오가 중국인민항일전쟁승리 20주년을 기념하기 위해 발표한 「인민전쟁승리만세人民戰爭勝利萬歲」에서, 중국이 중심이 되는 새로운 세계혁명 청사진이 명확히 드러난다.

'AALA' 국가들의 혁명으로 재현된 항미원조 전쟁

첸리췬은 1950~1960년대 지식인의 세계 상상에 영향을 끼친 주요 요인으로 러시아문학과 억압받는 민족의 문학을 꼽으며, 당시 청년들의 보편적인 가치 이상을 다음과 같이 설명한다.

> "1950년대와 1960년대의 지식인들은 러시아문학과 억압받는 민족의 문학에 심취했고, 이는 우리의 세계 상상에 직접적인 영향을 미쳤다고 할 수 있습니다. 우리의 마음속에서 세계는 '억압자와 피억압자'로 구성되었

으며, 전자는 우리의 적이고 후자는 우리의 형제, 자매, 친구였습니다. (국내와 국제적으로) 인간이 인간을 억압하고, 인간이 인간을 착취하며, 인간이 인간을 노예화하는 모든 현상을 제거하는 것이 바로 우리의 가치 이상이자 역사적 사명이었습니다."56

전 세계가 억압자와 피억압자로 이분되어 있다는 현실 인식, 그리고 여전히 많은 이들이 착취당하며 노예처럼 살고 있다는 문제의식, 그리고 중국이 이런 억압받는 민족을 위해 마땅한 역할을 해야 한다는 역사적 사명감은 첸리췬이 언급한 것처럼 그 시대 특유의 감정 구조에 기반한 것으로, 현재의 국제질서에서는 이해하거나 공감하기 쉽지 않은 정서일 수 있다.57 그러나 당시 중국 인민들에게 이러한 이상적 혁명 세계관은 실재했고, AALA 국가들은 그러한 자아 인지와 세계 상상을 지탱하는 중요한 타자였다.

중국 연구자 왕충충王蔥蔥은 신중국의 '17년 시기' 문학과 문화 상상 속에서 '세계'가 어떠했는가를 분석하며, 당시 중

56　錢理群,「我們這一代人的世界想像」,『書城』, 2006年06期, 17頁.
57　"這或許是一種烏托邦式的理想與追求, 但我們卻是絕對真誠. 而且顯示出一種將國際問題看作是國內問題的一個延伸的思路, 這也是屬於我們這一代人的", 錢理群, 同上.

국 문예계에 등장한 AALA가 1960년대 중국의 정치문화와 어떤 영향을 주고받았는지 밝힌 바 있다. 그에 따르면, 1958년 우즈베키스탄의 수도 타슈켄트에서 열린 제1회 아시아·아프리카 작가 회의 이후, 중국과 AALA 국가 간의 문화교류가 한층 깊어졌으며, 중국의 혁명 세계관 속에서 AALA 국가는 점차 중요한 '타자'로 기능했다.

중국과 아시아·아프리카·라틴아메리카 국가 간의 문학적 교류는 의심할 여지 없이 공식적인 성격을 띠고 있었다. 예를 들어, 생일 축하 행사와 같은 사적인 행사가 공적인 영역에서 정치적 행위로 명확히 바뀌었다. 그러나 이러한 국가 이데올로기적 문화교류조차도 신중국의 자아 정체성을 위한 소중한 '타자'를 제공했다. (중략) 중국의 대약진운동은 AALA 국가의 많은 작가들에게도 열광적인 찬사를 받았다. "철鐵! 평화와 인민의 꿈을 의미하며, / 강鋼! 전쟁광의 죽음을 의미하네. / 위대한 중국! / 인류의 친구! /'대약진'으로 계속 전진하라 / 인류는 강철 같은 친구를 얻었네. / 앞으로, 앞으로, / 하늘에 붉은빛이 나타난다." 비슷한 찬가가 중국 신문과 잡지에 자주 등장했다. 그것은 광대한 AALA 국가들이 중국 모델에 대한 인정의 표명이었을 뿐만 아니라, '세계'

에 대한 중국의 상상을 크게 재구성하고 있었다.[58]

자아는 타자와의 상호관계 속에서 인식되며, 그 안에서 관계를 맺으며 성장한다. 국내외적으로 중국의 사회주의 이데올로기가 위협받는 시점에, AALA 국가의 인정과 지지는 미국과 소련 양 진영으로부터 고립된 중국에게 자아 승인은 물론, '반제국주의 공동운명체'라는 상상의 공동체를 형성해 주었다. 또한, 문예 속에서 재구성된 새로운 '동방'은 소련 중심에서 벗어나 중국 중심의 혁명적 상상력을 확장하는 데 기여했다. 이는 특히 청년들에게 혁명의 무한한 공간과 영구함을 체현시켜주며, 세계혁명이라는 이상을 추구하게 만드는 중요한 동력이 되었다.

신문, 사설, 음악, 화보, 문예 작품 등을 통해 AALA 국가들의 민족해방투쟁 소식이 넘쳐났고, 이는 중국 인민에게 그들의 혁명 열기를 충분히 느끼게 해주었다. 그러나 단지 '계급 감정'만으로는 한 번도 가본 적 없고 직접 만나본 적도 없는 그들과 중국이 밀접하게 연결되어 있다는 생

---

58 王蔥蔥, 『革命之路――中國社會主義時期文學文化想象中的"世界"(1949-1966)』, 上海大學博士學位論文, 2012, 80-81頁.

생한 실감을 느끼기엔 어려움이 있었다.[59] 자연스럽게 문예 창작의 중심은 '상상의 공동체'로 여겨지는 AALA 국가들의 혁명 열정을 실감 나게 재현하는 것이 되었다. 동시에 AALA 국가들의 해방투쟁 과정에 중국의 지도적인 역할을 부여하고 그들과 연대하는 그림을 도출하는 데에 창작의 초점이 맞춰졌다.

1960년대 항미원조 영화 열풍과 그 속에서 조선이 등장하는 방식은 이러한 역사적·정치적 배경 속에서 충분히 이해될 수 있다. 항미원조 영화는 국내의 경제적 어려움과 국제적 고립 상황에서 부각된 '자력갱생自力更生'의 민족주의 열정을 시각적으로 형상화하기에 더없이 적합한 장르였다. 동시에, 외부와 단절된 고립감 속에서 형성된 강렬한 자아 숭고감과 순수한 영웅주의 정서를 효과적으로 표현할 수단이기도 했다. 이 시기 조선의 형상화는 중공 정부의 정치·문화적 필요에 따라, AALA 국가들과 함께 새로운 혁명 공간의 일부로 재구성된 결과였다. 항미원조 전쟁과 조선은 이러한 맥락상 여러 측면에서 선전에 탁월한 대상이었다.

---

59 왕총총 역시 논문에서 당시 문예 창작에서 중국과 아프리카 노동자 간의 개인적인 계급 감정을 어떻게 구체적으로 연결할 것인가 하는 문제에 직면했다고 언급한다. "당시 중국 노동자와 아프리카 인민의 계급 감정을 반영한 유사한 문예 작품들은, 정도의 차이는 있지만 모두 양자를 어떻게 연결할 것인가 하는 문제에 직면했다." 王蔥蔥, 同上, 94頁.

항미원조 전쟁은 건국 초 미국을 중심으로 한 제국주의에 맞서 싸워 '승리한' 정의로운 전쟁이었으며, 전국적으로 전개된 항미원조 운동을 통해 애국주의와 국제주의 정신을 학습하고, 중국 인민들이 사회주의 인민으로 각성하는 중요한 기틀을 마련해 주었다. 조선은 중국의 오랜 이웃으로, 역사적으로 '희로애락'을 함께한 관계였다. 일본 제국주의 시기 '조선이 만주를 식민하고, 일본이 조선을 식민한다以鮮殖滿, 以日殖鮮'라는 일본의 식민방침으로 인해 중국 인민들 사이에서 조선에 대한 악감정이 존재했으나, 아시아의 사회주의 국가로 탄생한 중국과 조선(북한)은 전쟁을 거치면서 국가 주도의 정치선전을 통해 점차 둘도 없는 '형제국'이 되었다. 게다가 중·소 갈등이 점차 격화되면서 사회주의 국가들과의 관계가 소원해진 중국에 북한은 당시 몇 안 되는 소중한 교류국이었다. 이러한 여러 조건을 종합해볼 때, 아시아·AALA의 반제국주의·반식민주의 민족 저항을 생생하게 재현하는 데 있어, 항미원조 전쟁과 조선에 대한 중국 인민의 집단적 기억은 사회주의 이데올로기 관점에서 볼 때 매우 안전하고 또 모범적으로 표창할 만한 소재였다.

그러나 항미원조 문예 속 조선 형상화가 1950년대 '조선의 부재'에서 1960년대 '조선의 등장'으로 변화한다고 해서, 이 시기 조선의 형상화가 실제와 가까워졌다고 보기는 어렵다. 형상학 연구자 바러우와 멍화孟華가 지적한 것처럼, 이국 형상은 실재하는 이국 사회의 표현이 아닌, 본국 사회와 그 창작자가 속한 이데올로기와 문화 공간을 투영한 가상 형상에 불과하기 때문이다.[60] 그런데도 이 시기 영화 속 조선의 형상과 비중이 1950년대와 비교해 크게 변화된 것은 분명하다. 그런 점에서, 비록 조선이 창작자(작가 혹은 그가 속한 집단)의 필요에 따라 재구성된 형상이라 할지라도 '상대적인 등장'이라 표현한 것이다.

조선의 등장으로 인하, 항미원조 전쟁은 '보가위국'의 애국주의 정신보다 AALA 국가 중 하나인 조선의 반제·반식민 투쟁을 도운 프롤레타리아트 국제주의 정신으로 재해석된다. 평화건설 시기에 태어난 청년들에게 AALA 국가의 저항 투쟁이 중국혁명 모델의 생생한 재현으로 비쳤다면, 항미원조 전쟁은 일찍이 중국 혁명가들이 참여한 제3세계 투쟁으로, 향후 중국이 이끌어나갈 세계혁명의 시뮬레이

---

[60] 當代形象學研究者巴柔指出"異國形象應被作爲一個廣泛且複雜的總體——想象物的一部分來研究", 他還指出以社會集體想象物的"形象"是"對一種文化現實的再現, 通過這種再現, 創作了它(或贊同, 宣傳它)的個人或群體揭示出和說明了他們生活於其中的那個意識形態和文化的空間". 巴柔, 「從文化形象到集體想象物」, 孟華主編, 『比較文學形象學』, 北京大學出版社, 2001年版, 121; 孟華, "一個作家筆下的形象, 主要不是對異國社會(缺席的客體)的表現, 而是對本國社會(在場的主體生活於其中)的表現.", 孟華主編, 『比較文學形象學』, 北京大學出版社, 2001年版, 9頁.

션이었다고 말할 수 있지 않을까. 항미원조 전쟁은 건국 초 중국이 그 열악한 상황에서도 AALA 국가의 저항운동에 일정한 몫을 했다는 역사적 증표로 작용하며, 세계혁명의 영도라는 이상에 자신감을 불어넣었다. 이러한 맥락에서 조선은 AALA 국가의 구체적인 표상으로, 이전 시대 항미원조 문예에서보다 비중이 크게 는 것이다. 또한, 조선은 1950년대 인민의 전쟁 동원을 위한 연민의 대상으로 여성화된 서사틀을 벗어나, 반제국주의에 저항하는 피억압 민족으로 형상화되어 더 능동적이고 다양한 인물의 모습을 담게 된다.

당시 실제 중·조 관계도 항미원조 영화 속에 조선이 등장하게 된 배경을 이해하는 데 중요한 단서를 제공한다. 히라이와 슌지平岩俊司는 중국과 북한의 관계가 단순히 사회주의 우호국 간의 관계로는 설명할 수 없는 특수성을 지닌다고 분석했다. 북·중 관계의 특수성은 다음 몇 가지로 요약될 수 있다. 중국과 북한은 모두 사회주의 진영에 속하고 지정학적으로도 인접하여, 이데올로기뿐만 아니라 안전보장 측면에서도 밀접하게 연결되어 있다. 하지만 '순치의 관계', '전통 우애'로 표현되는 북·중 간의 유구한 역사 속 전통적 관계와 경제적인 관계 역시, 양국을 연결하는 중요한

요인이었다.[61]

　사실 중국과 북한은 사회주의 정권 탄생 이후, 단 한 번도 완벽한 동맹을 이룬 적이 없었다. 두 나라는 항미원조 전쟁 기간에도 '전쟁의 주도권을 누가 가져갈 것인가'의 문제로 갈등했으며, 중·소 논쟁 시기에도 소련에 반대하는 이유가 서로 달랐다. 결정적으로, 북한은 중·소 갈등 당시 중국 쪽으로 기울면서도 소련과의 관계를 배려하면서 '중국 일변도'는 회피하고 '주체'를 강조하는 독자노선을 유지했다. 하지만 어쨌든, 항미원조 전쟁 이후 북·중 관계가 매우 긴밀한 시기로 평가되었던 해가 1963년이었다. 특히, 당시 미·소 양 진영으로부터 고립된 중국에 제3세계는 유일하게 교류할 수 있는 '세계'였고,[62] 그중에서도 북한은 지리적 위치로나 전략적으로 소련을 견제하면서도 AALA 국가들의 민족해방을 중국 인민이 몸소 느낄 수 있게 하는 우방이었다. 북한 역시 중·소 대립을 이용해 자국의 국익을 극

61　히라이와 슌지, 『북한·중국관계 60년: '순치관계'의 구조와 변용』, 이종국 옮김, 선인, 2013, 20-22쪽 참고.
62　첸리췬 역시 다음과 같이 회고한다: "미국을 중심으로 한 서방 세계와 소련을 중심으로 한 공산주의 운동 양측 모두로부터 봉쇄와 고립을 당하는 상황에서, 중국의 유일한 지지자이자 친구는 훗날 '제3세계'라 불리게 된 국가들뿐이었다. 따라서 1963년부터 시작된 중소 논쟁에서 아시아·아프리카·라틴아메리카亞非拉 지역의 민족 해방 운동을 어떻게 바라볼 것인가는 중요한 쟁점 가운데 하나가 되었다." 錢理群, 「我們這一代人的世界想像」, 『書城』, 2006年06期, 19頁.

대화할 수 있었다.

　1950년대 후반, 본격적인 항미원조 영화의 신호탄을 알린 두 영화 〈전우〉(북한, 1958)와 〈우정〉(중국, 1959)은 중·조 간의 우애와 국제주의 정신이라는 같은 주제를 다루고 있어 흥미롭다. 이 두 영화는 상대방의 국제주의적 우정에 화답하듯 제작·상영되었다. 그러나 그 내용을 들여다 보면, 국제주의를 해석하는 방법에 차이가 있다. 특히, 조선 형상화에서 이를 명확히 확인할 수 있다. 먼저, 영화 〈전우〉는 조선인민군이 비중 있게 등장하여 지원군과 함께 싸우는 내용을 담고 있으며, 전사들의 우정을 중심 주제로 다룬다. 반면, 중국이 제작한 〈우정〉은 조선을 남성 지원군의 도움이 필요한 여성으로 묘사하며, '국제주의적 온정을 베푸는 자가 누구인가'에 초점을 맞추고 있다. 이러한 중·조 양국의 국제주의 해석 차이는 양국의 '혈맹' 뒤에 숨겨진 갈등을 은유하고 있다는 점에서 주목할 가치가 있다.[63] 이어서, 항미원조 영화를 통해 조선이 구체적으로 어떻게 형상화되고 있는지, 그리고 그 배후에 어떤 정치문화적 목적이 담겨 있는지를 살펴본다.

63　관련한 상세 연구는 한담, 「1958년 중국 '항미원조' 전쟁 기억의 정치성과 문화적 재현의 다층성」, 『중국문화연구』, 2019 참고.

2) '두 개'의 조선: 항미원조의 의미 변화

앞서 살펴본 바와 같이, 1950년대 항미원조 문예 속 조선은 힘없는 여성과 아동만 남겨진 공간으로 그려졌다. 이로 인해, 중국 대중의 항미원조 집단기억은 미 제국주의가 저지른 잔인무도한 침략으로 철저히 망가져 버린 '피보호자-조선'과, 그들의 유일한 '보호자-중국 인민지원군'이라는 서사로 채워졌다. 이러한 서사 방식은 대중에게 항미원조 전쟁의 필요성을 설득하고, 정신적·신체적으로 동원을 끌어내는 데 효과적이었다. 또한, 문예를 통한 감정적인 정치선전은 대중이 공산주의 국제질서의 새로운 정치이념인 '국제주의'를 수용하는 데도 크게 이바지했다. 그러나 이러한 조선 형상화는 한국전쟁이 한반도에서 일어난 전쟁이었음에도, 한반도가 주도적인 위치를 점하지 못하고 결과적으로 '중미 전쟁'으로 해석되는 결과를 낳게 되었다.

이처럼 항미원조 서사의 형성기인 1950년대가 신중국 이전 시기의 조선에 대한 기존 기억을 일차적으로 변용했다면, 전쟁 회고시기로 볼 수 있는 1960년대에는 조선 형상이 한층 다양화되며 새로운 국면을 맞이한다. 특히 기존 북조선 형상의 변화와 더불어 남한군까지 등장하면서 항미원조 서사는 2차 변화를 겪게 된다.

이어서 항미원조 영화 속 조선 형상화를 통해, 이러한 서사 변화로 항미원조 전쟁의 의미가 어떻게 재구성되고 확대되었는지 살펴보자. 이러한 전략을 통해 중국이 구상한 세계혁명에 대한 상상이 어떤 것이었는지도 함께 분석해 보고자 한다.

조선민족해방투쟁으로 그려진 항미원조 전쟁

1950년대 항미원조 문예 속에서 '북·중中朝 우정'을 형상화하는 방식은 주로 전쟁통에 가족을 잃은 조선의 어머니, 부인, 딸과 그들을 마치 자기 가족처럼 돌보는 지원군 전사들 간의 친근한 관계를 그리는 것이었다. 하지만 1960년대 항미원조 영화에서는 조선의 형상이 한층 다양해진다. 조선 부녀자는 '피보호자' 이미지에서 벗어나 계급의식으로 각성한 강인한 여성으로 그려지고, 조선 아버지와 인민군도 지원군에게 실질적인 도움을 주는 동등한 동맹자로 묘사되어, 중국 지원군과 함께 싸워 승리를 끌어냄으로써 '피로 맺은 북·중 우애'를 연출했다. 이러한 변화는 1950년대 항미원조 문예에서 북·중 양국 간 상하 지위가 뚜렷이 구분되고, 지원군의 원조가 마치 '혁명 대가정' 속에서 가장이 짊어져야 할 책임처럼 그려졌던 국제주의 이념 해석의 한계를 극복하는 데 기여했다. 동시에, (북)조선은 반제국주의·반식민주의에 맞선 조국 해방과 혁명 실현의 능동적인 주체로 등장함으로써, 항미원조 전쟁의 의미는 '조선민족해방전쟁' 으로 확대된다.

먼저, 다양화된 조선 부녀자 형상을 통해, 중국 지원군과의 친밀한 관계를 그리는 서사 방식이 어떻게 변화했는지 살펴보자. 영화 〈우정〉(1959)은 조선 부녀자 김순옥을 통해 북·중 관계를 '피로 맺은 우정'으로 형상화하고 있다. 영화는 적군이 무고한 조선인들을 밧줄로 묶고 채찍질하며 어디론가 끌고 가는 장면을 지원군들이 목격하는 것으로 시작한다. 끌려가던 김순옥은 분노를 참지 못하고 채쯔을 빼앗아 적군을 내리치고 저항하다 총에 맞아 쓰러진다. 이를 숨어서 지켜보던 지원군들은 김순옥이 아직 살아있음을 확인하고 부대로 데리고 간다. 김순옥은 임신한 상태에서 과다 출혈로 생명이 위태로웠지만, 지원군과 의료진의 헌혈과 보살핌 속에 무사히 아이도 낳고 건강을 회복한다. 김순옥은 감사의 마음을 담아 아이의 이름을 '우정友誼'이라고 짓는다. 지원군들과 평화로운 시간을 보내던 어느 날, 김순옥은 작전 수행 중 위험에 처한 지원군 소대장을 구하기 위해 지원군들의 만류를 뿌리치고 몰래 마을로 돌아간다. 총살당할 위기에 처한 소대장을 발견한 김순옥은 지원군이 숨어있는 장소를 안다며 적군을 유인한다. 그렇게 소대장을 위기에서

구해낸 김순옥은 적들을 한곳에 모은 뒤 폭탄을 터트려 적들과 함께 죽음을 맞는다. 김순옥의 이러한 희생은 단순히 연민의 대상이 아니라, 적군의 부조리한 행위에 저항하고 지원군을 위해 기꺼이 목숨을 바치는 강인하고 능동적인 조선 부녀자의 형상을 보여준다. 이러한 묘사는 북·중 간의 '피로 맺은 우애'를 극대화하며, 양국이 단순히 보호자와 피보호자의 관계를 넘어 동등한 혁명적 동지로 연결되어 있음을 보여준다.

1960년에 상영된 영화 〈기습〉에 등장하는 조선의 어머니는 1950년대 항미원조 문예에서 흔히 묘사되던 상실의 아픔에 눈물짓거나 적군을 피해 묵묵히 살아가는 어머니상과는 확연히 다르다. 어머니는 지원군 중대장 팡용方勇을 만나 그를 돕기 위해, 남으로 내려가라는 남한군의 명령에도 굴복하지 않고 마을에서 기다린다. 남한군은 어머니의 태도를 수상히 여겨 이유를 추궁하고 괴롭히며 떠날 것을 강요한다. 이 과정에서 남한군과 어머니 사이에 오가는 대화는 그의 강인한 저항과 신념을 드러낸다.

> 남한군: "아니, 이 늙은이, 여기로 옮겼네."
> 조선 어머니: "이 나이 먹고 대체 어디로 가라는 거냐!"
> 남한군: "어리석게 굴지 말고 빨리 남으로 가, 이건 미

군의 명령이야."

조선 어머니: "너희 부모는 모두 조선인인데, 왜 미국인의 말을 듣느냐!"

결국, 어머니는 남한군에게 끌려가지만, 끌려가는 도중에도 "이 강도, 도적떼들!"이라고 말하며 의연한 태도를 굽히지 않는다. 가까스로 지원군 팡용에 의해 목숨을 구한 어머니는 이후 조선 유격대 대장에게 연락을 취하는 임무를 수행한다. 이렇듯 영화 속 어머니는 강인하고 계급의식으로 무장되어 있으며, 지원군 임무에 실제적인 도움을 주는 등 적극적인 성격으로 그려진다. 이 영화에는 또한 조선의 여성 유격대원이 처음으로 등장하는데, 역할과 비중이 작지 않다. 극의 긴장감은 적의 군사 물품 공급을 막기 위해 조선 유격대와 지원군이 다리에 폭탄을 설치하는 합동작전에서 최고조에 이른다. 미군이 이를 눈치채고 탐조등을 켜면서 다리 아래 지원군들이 공격받는다. 여성 유격대원 박금옥은 지원군과 함께 적군의 탐조등 전선을 끊기 위해 투입된다. 그러나 미군이 그들을 발견하고 총을 쏘자, 지원군이 총상을 입고 쓰러진다. 박금옥은 총격전 속에서 수류탄을 던지면서 지원군을 엄호하고, 부상한 지원군을 대신해 탐조등의 전원을 끊음으로써 작전을 성공으로 이끈다. 근엄한 표정에 긴 머리를 질끈 묶고, 전투복 차림에 완전무장을 한 '전사' 박금옥은 전쟁의 주체로 부상한 새로운 조선 부녀자 형상을 보여준다.

영화 〈삼팔선 위에서〉(1960)에는 일제강점기부터 조선의 해방과 혁명에 헌신해 온 혁명가 집안의 조선 어머니가 등장하여, 정전 협상 후에도 호시탐탐 삼팔선을 넘어 북측 군사작전을 빼돌리려는 음모를 꾸미는 미군 장교에게 그들의 죄악을 따져 묻기도 한다.

"이것은 우리 조선인의 조선이지 미국인의 조선이 아니다." "지난 세월 얼마나 많은 우리 동포가 왜놈의 총검에 쓰러지고, 얼마나 많은 도시와 마을이 미국 놈의 포탄에 파괴되었는가. 집안이 파탄 나고 사람이 죽었으며 가족은 뿔뿔이 흩어졌다. 그런데도 너희는 여전히 부족한가, 당신 같은 미국 강도들이 또 일본 전범들을 키워 계속 사람을 죽이고 있으니. 사람을 헤쳐도 눈 하나 깜짝하지 않는 미국 도적놈들아, 조선에서 당장 꺼져라."

이처럼 1960년대 영화 속 어머니는 더는 전쟁 속에 아들을 잃고 눈물을 적시는 연약한 피해자의 형상이 아니다. 또한, 중국 지원군을 아들처럼 여기며 밥을 지어주고 빨래를 해주는 자애로운 어머니상에 머물지도 않는다. 미군에게 당당하게 시시비비를 따지고, '우리 땅 조선에서 나가라'고 말할 수 있는 계급의식으로 무장한 강인한 어머니다. 이 시기 조선의 부녀 형상은 과거의 역할, 즉 지원군에게 구사회의 고통을 되새기며 머지않아 자신도 과거로 돌아갈 수 있다는 위기감을 자극하는 '거울' 역할에서 벗어나, 조선의 민족해방과 혁명 실현의 주체로서 더욱 강인하고 역동적으로 형상화되었다.

　이 시기 항미원조 영화에서는 다양한 부녀자 형상 외에도, 청·장년층의 조선인 남성이 등장하면서 기존의 '조선인 어머니와 지원군 아들'이라는 관계가 '조선인 아버지와 지원군 딸'의 관계로 확대된다. 특히 문화대혁명 전야의 두 영화 〈영웅의 아들딸〉과 〈침략자를 타격하라〉에서는 조선인 남성이 중요한 인물로 등장하는데, 그 형상에 담긴 의미가 조금 다르다. 먼저, 바진의 소설을 각색한 〈영웅의 아들딸〉에 등장하는 '김정태'는 소설에는 없던 인물로, 영화에서 새로 창조된 캐릭터다. 원작 소설 『단원』은 한 노혁명가가 조선 전장에서 잃어버린 딸과 재회하는 이야기를 다루고 있지만, 조선은 단순한 배경일 뿐, 서사적으로 큰 비중을 차지하지 않는다. 반면, 영화에서는 조선 서사의 비중이 크게 높아지는데, 특히 김정태의 등장과 역할이 주목된다.

영화 〈영웅의 아들딸〉(1964)에서 조선인 김정태가 등장하는 장면. 김정태가 인민지원군 부대를 돕는 설정이 중·조 양국 인민 간의 우정과 연대로 해석되었다.

영화 초반, 김정태는 지원군 부대가 포탄 구덩이에 지프차 바퀴가 빠져 곤란한 상황을 주변 조선인들을 불러 모아 신속히 해결한다. 정치위원 왕원칭은 그를 친근하게 '아버지'라고 부르며 그의 도움에 고마워한다. 극본에서는 이 장면을 "예순 가까운 나이에 귀밑머리가 희끗희끗하고, 몸이 튼실한 조선인 할아버지 김정태가 나무 지게에 큰 돌을 이고, 막대기로 지탱하며 포탄 구덩이를 향해 걸어온다"[64]라고 묘사하고 있다. 건장한 체격의 장년층 조선 남성의 등장은 기존의 문예 속 조선 형상과 비교해 볼 때, 그 변화가 매

64　毛烽, 武兆堤改編, 『英雄兒女』, 北京: 『中國電影出版社』, 1965, 5頁.

우 두드러지는 부분이다. 영화 속 딱 두 번 등장하는 김정태가 주요 인물이라고 할 순 없지만, 그의 출연은 관객들에게도 깊은 인상을 남긴다.

영화 상영 당시, 군부대 관객의 감상평을 모아둔 「〈영웅의 아들딸〉을 말하다談＜英雄兒女＞」를 통해, 김정태에 대한 흥미로운 평가를 살펴보자. 한 군인은 영화 속에서 김정태의 두 번 '들어 올린' 행위를 다음과 같이 해석한다.

> "한번은 왕원칭이 전선으로 가는 길에 포탄 구덩이가 길을 막자, 김 씨 할아버지와 조선 인민들이 지프를 들어 올려 구덩이를 건넜습니다. 또 한 번은 왕팡이 취사병을 구하다 부상을 입어 후방에 있는 병원으로 이송되는 길, 다리가 폭파되어 지나갈 수 없게 되자, 김 씨 할아버지와 조선 인민들은 들것에 왕팡을 싣고 꽁꽁 얼어붙은 강물을 건넜습니다. 이 장면들은 너무나 감동적이고 중·조 인민의 피로 맺은 전투 우정을 충실히 반영하고 있습니다. 강철 같은 이러한 단결은 가는 곳마다 당할 자가 없습니다. 오늘날 미 제국주의가 감히 또 다른 전쟁을 일으킨다면, 중·조 양국의 인민은 더욱 굳게 단결하여 함께 싸우고 적의 어떠한 방해도 물리쳐낼 것

입니다."⁶⁵

그가 김정태를 중·조 인민 단결의 상징으로 평가했다면, 또 다른 군인은 "김 씨 할아버지라는 인물을 통해, 영화는 조선 인민의 위대한 영웅 이미지와 지원군에 대한 비교할 수 없는 사랑을 그려내, 피로 맺은 중·조 양국 간 민족의 우정을 담아냈다"라고 평가하기도 한다.⁶⁶

조선인 '아버지'의 등장이 1950년대 항미원조 문예에서 국제주의 정신을 형상화하는 방식과 차이를 보인다는 점에서도 주목할 필요가 있다. 1950년대 문예 속 국제주의 정신은 조선의 '어머니(여성)'와 중국의 지원군 '아들(남성)'이라는 젠더 권력 구조 안에서 표상되었다. 이러한 구도는 대중에게 중·조의 우의를 상호 호혜적인 관계로 그리기보다는, 중국이 일방적으로 조선을 보호하는 것으로 묘사했다. 이를 통해, 지원군의 국제주의 정신은 가장이 내 어머니, 여동생, 부인, 딸과 같은 가족 구성원을 지켜야 하는 도덕적 의무처럼 그려졌다.

---

65 趙蘭田等,「談〈英雄兒女〉: 英雄形象在鼓舞著我們」,『電影藝術』, 1965年01期, 17頁.
66 同上, 21頁.

그런데 김정태의 등장은 기존의 젠더화된 구조를 뒤흔든다. 지원군만 담당했던 남성적 코드를 조선인이, 그것도 '아버지'라는 가정 내 가장의 상징적 지위로 출현한 것이다. 특히, 김정태의 두 번째 출연 장면에서 이러한 변화가 두드러진다. 부상한 왕팡을 후방으로 옮겨야 하는데, 적의 공습으로 다리가 파괴되어 차량으로는 강을 건널 수 없는 상황이 발생한다. 김정태는 마치 친딸이 다친 것처럼 애타게 왕팡의 이름을 부른다. 겨우 정신을 차린 왕팡이 "아버지"라고 부르며 다시 정신을 잃자, 김정태는 조금의 주저함도 없이 왕팡을 강 건너 후방으로 데려갈 준비를 한다. 강물은 얼음이 둥둥 떠다닐 만큼 차갑고, 하늘에서는 적의 공습이 계속되는 위험한 상황이지만, 그는 주저 없이 강을 건너기 시작한다. 적의 공습에 부상했음에도 불구하고, 그는 왕팡을 살리기 위한 걸음을 멈추지 않는다. 이렇듯 목숨을 걸고 왕팡을 구해내는 김정태의 형상은 기존의 피해자로만 그려졌던 조선 형상화에서 벗어나, 더욱 능동적이고 희생적인 면모를 강조하는 큰 변화라 할 수 있다. 또한, 김정태는 "수많은 영웅적 조선 인민의 화신"으로 평가되기도 한다. 기존의 항미원조 문예에서 '영웅적인 조선 인민'이라는 수식이 종종 쓰이긴 했지만, 전쟁 중에 아들, 남편, 아버지를 잃고도 낙담하지 않고 조국의 건설과 생산에 헌신하는 조선 부녀자들에게 쓰였다. 그러나 이제 '영웅'이란 호칭이 중·조 간 피로 맺어진 우정을 표현할 수 있는 조선의 인민군 혹은 조선 남성들에게까지 확대된 것을 알 수 있다.

1965년에 상영된 〈침략자를 타격하라〉에도 조선인 아버지의 형상인 '김 씨' 아저씨가 출현하는데, 김정태와는 조금 다른 의미로 형상화된다. 영화 속 김 씨는 후방에서 지원군의 도움을 받아 밭을 일구는 농민이자, 남쪽에서 활동하는 조선 유격대 대장 '김철규'의 아버지다. 이러한 조선인 어르신의 형상은 중국 인민지원군 딩다용丁大勇의 출생에 얽힌 비밀이 밝혀지면서, 더욱 특별한 의미로 해석된다. 위문단으로 조선 전지를 찾은 딩다용의 어머니를 통해 밝혀진 그의 비밀은 다음과 같다.

"다용의 목숨은 딩 씨 아저씨가 자기 손자와 바꾼 것입니다! 그해 다용 아버지가 희생된 후, 국민당군이 우리 두 모자를 잡으러 들이닥쳤고, 우리는 더 이상 마을에 머물 수 없었습니다. 결국, 다용을 딩가촌의 빈농인 딩 씨에게 맡기고, 나는 홍군을 찾아 떠났어요. 그때 다용이 겨우 두 살이었는데, 우연히도 딩 씨의 손자와 같은 나이였지요. 국민당군은 메이궈량(딩다용의 부친)의 아이가 이 마을에 있다는 소문을 듣고, 딩 씨 손자와 다용을 함께 잡아갔지만, 둘 중 누가 다용인지 알아낼 수가 없었어요. 결국. 그놈들은 끔찍한 계획을 세웠어요. 딩 씨에게 한 아기간 데려올 수 있게 한 겁니다. 딩 씨는 모진 마음을 먹고 다용을 데려왔어요……. 사람 잡아먹을 그놈들은! 딩 씨 손자를 불 속에 던져 산채로 태워 죽였습니다!"[67]

혁명가의 아들 다용을 구하기 위해 자기 친손자까지 희생한 빈농 딩 씨丁大伯의 이야기를 들은 지원군들은 한껏 고무되어 "우리는 자신을 희생하여 남을 위한 딩 씨 아저씨의 고귀한 혁명 자질을 본받아, 단호하게 싸워 미 제국주의의 침략 음모를 철저히 무너뜨려야 합니다"[68]라고 외치며 투지를 불태운다.

다시 김 씨 아저씨 형상을 주목해 보자. 그는 폭격으로 아내와 며느리를 잃었지만, 후방에서 묵묵히 밭을 일구는 농민이고, 아들은 남쪽에서 조선 민족의 해방을 위해 싸우는 인민군 전사다. 여기서 김 씨의 형상은 단순한 농민을 넘어선다. 그는 조선의 농긴이자 혁명 전사의 아버지다. 이

---

67 曹欣, 鄭洪改編,『打擊侵略者』, 北京：中國電影出版社, 1965, 37-38頁.
68 同上.

러한 모습은 중국의 빈농인 딩 씨 아저씨와도 자연스럽게 겹쳐진다. 딩 씨는 자신의 손자를 잃는 희생을 감수하면서까지 혁명 전사 딩다용을 키워냈으며, 혁명을 위해 기꺼이 헌신한 프롤레타리아 계급의 상징적 인물이다. 결과적으로, 이 영화에서 조선의 아버지 '김 씨'는 중국 지원군을 애호하는 '조선 아버지'의 역할을 넘어, 혁명적인 프롤레타리아 계급의 조선을 대표하는 인물이며, 조선인민공화국의 혁명 계보를 이어가는 존재이다. 이는 조선이 그저 지원을 받는 대상에서 벗어나, 국제주의 혁명의 주체로 자리 잡아가는 과정을 상징적으로 보여준다.

이러한 변화는 조선인민군과 유격대가 등장하여, 지원군과 함께 전투를 수행하는 모습에서도 확인된다. 사실 전쟁 중 남성, 더 정확히 말해 남성의 몸은 그 어느 때보다 국가의 주체로 승인된다. 국가 존망이 걸린 비상시기에 남성의 몸 자체가 전쟁의 승패를 좌우할 전투력을 의미하기 때문이다. 그렇다면 적과 나의 목숨을 건 전투를 재구성한 전쟁영화에서 '누가 남성의 역할을 담당하는가'라는 문제는 자연스럽게 주요 서사적 관심사가 될 수밖에 없다. 앞서 살펴본 것처럼, 1950년대 중국의 항미원조 문예에서는 중국 지원군이 이 '남성'의 기호를 독점했고, 자연히 중복의 위험이 있는 조선의 남성 특히 전투원인 인민군은 의도적으로 삭제되었다. 따라서, 1960년대 영화 속 '남성'의 기호를 조선과 나누고 있다는 점은 기존의 조선 서사와 비교해 개우 두드러지는 변화다. 물론, 항미원조 영화가 중국 인민지원군의 영웅적 면모를 선양하는 데 중점을 두고 있었기 때문에, 대부분의 영화 속 조선인민군과 유격대는 중국 지원군의 지휘 아래 보조적 도움을 주는 역할에 그친다. 그런데도 1960년에 상영된 두 편의 영화 〈삼팔선 위에서〉, 〈불길의 열차〉 속 조선인민군과 철도 노동자의 출현은 주목해 볼 필요가 있다.

먼저, 〈삼팔선 위에서〉에서는 전쟁영화의 절정이라고 할 수 있는 적을 응징하고 그들의 잘못을 따지는 장면에 지원군이 아닌 조선인민군 사단장이 전면에 등장하는 점이 눈길을 끈다. 영화에서 미군 장교 해리슨은 정전협정을 맺었음에도 몰래 간첩을 보내 삼팔선을 넘어 북한의 군사작전을 캐내려다 실패한다. 이 군제로 남북은 공동 조사를 열고, 미군의 정전협정 위반 여부를 공식적으로 다투게 된다. 그런데 삼팔선을 경계로 이뤄진 공동 조사에서, 미군 장교 해리슨이 남쪽을 대표해 나온 것과 달리, 북쪽에서는 지원군이 아닌 인민군 사단장이 대표로 등장한다. 1960년대 항미원조 영화에서 인민군의 비중이 높아졌다고는 해도, 적을 심판하고 통쾌하게 무찌르는 결정적인 장면은 늘 지원군의 몫이었다. 그러나 이 영화에는 인민군복을 단정하게 차려입은 준엄한 표정의 인민군 지휘관이 미군 해리슨 장교를 꾸짖으며 북측을 대표하는 인물로 등장한 것이다.

"휴전 이후 미 제국주의 전쟁 미치광이들은 긴장 국면을 주도하여 한반도 문제의 평화적 해결을 방해할 뿐만 아니라, 하늘부터 땅까지 간첩을 파견하여 군사분계선을 몰래 넘어 북으로 가서 우리 측 군사정보를 염탐하고 있습니다." "당신네는 간첩을 파견하여 경계선을 넘어 문제를 일으켰습니다. 더 악독한 것은 노골적으로 국제법을 위반하여 일본 전범들이 조선에서 장기간 간첩 활동을 하게 했습니다. 이것은 조선 인민과 평화를 사랑하는 전 세계 인민이 용납할 수 없는 일입니다."[69]

이때 지원군 지휘관과 전사들은 미군을 질책하는 인민군 지휘관을 바라보며 조용히 고개를 끄덕일 뿐, 별다른 개입 없이 동조하는 모습을 보인다. 조선인민군이 전면에 등장하여 미 제국주의를 직접 응징하는 장면의 연출은 조국 해방

---

69 영화 〈삼팔선 위에서〉 대사: 他指責哈裏森上校: "停戰以來, 美帝國主義好戰分子不僅主導緊張局勢阻撓朝鮮問題的和平解決, 而且不但從天空, 地面派遣特務偸越軍事分界線, 到北方刺探我方的軍事情報.", "你方不僅派遣特務越界搗亂, 更惡毒的是經公然違反國際法使用日本戰犯在朝鮮進行長期地特務活動, 這是朝鮮人民和全世界愛好和平的人民不能容忍的!"

영화 〈삼팔선 위에서〉(1950)의 한 장면. 북한 지휘관이 미군을 꾸짖고 있다. 보조적 역할에 그치던 1950년대와 달리 조선인민군을 한 주체로 등장시켜, 항미원조 전쟁의 의미를 제3세계 민족해방전쟁의 재현으로 확대했다.

과 혁명을 위해 그군분투하는 조선을 항미원조 전쟁의 주체에 가깝게 형상화한다. 결과적으로, 항미원조 전쟁은 제3세계 민족해방전쟁의 재현으로 그 의미가 확대된다.

철도수송대의 활약을 그린 영화 〈불길의 열차〉 역시 중·조 양국 철도 노동자들의 전우애를 강조하는 데 큰 비중을 둔다. 영화에서 현지의 선로 지도를 담당하는 조선인 김 대장은 지원군 수송대와 함께 적군의 포화를 뚫고 맹렬히 전진한다. 처음부터 서로를 '동지'라 부르며 친근한 관계를 맺은 그들은 전쟁 중 미군에 의해 아내가 죽고, 어머니와 아들의 생사조차 모르고 있다는 김 대장의 아픔에 공감하며, 꼭 함께 미 제국주의를 물리치자고 의기투합한다. 임무 수행 과정에서도 그들의 끈끈한 전우애가 부각된다. 적군이 투척한 시한폭탄으로 수송이 지체되자, 서로 죽음을 무릅쓰고 폭탄 제거에 나서고, 폭격으로 불이 붙은 기차 칸을 떼어내는 데도 너나 할 것 없이 달려든다. 이렇게 영화는 중·조 양국의 끈끈한 전우애를 보여주고, 지원군 못지않은 조선인 김 대장의 영웅적 면모를 연출한다. 임무를 성공적으로 완수한 후, 김 대장은 지원군 수송대원 중 한 명인 리우펑劉峰의 집을 방문한다. 그리고 그곳에서, 생사조차 확인할 길이 없었던 김 대장의 어머니와 아들이 리우펑 어머니의 보살핌 속에 목숨을 구하게 되었다는 사실이 밝혀진다. 이 극적인 재회 장면은 영화의 절정을 이르며, 조선과 중국의 두 가족이 함께 기쁨을 나눈다. 너무나 기뻐하는 중국과 조선의 두 가족, 그리고 서로를 어머니와 아들이라 부르며 영화는 대단원으로 끝난다. 이로써 '피로 맺은 중조우애'는 국경을 초월한 하나의 계급으로 맺어진 '혁명 대가정'으로 형상화된다.

남조선의 출현: 냉전 질서 속에서 분단된 '두 조선'의 대립

1960년대 항미원조 영화에서 주목할 만한 변화는, 기존에 대중 서사에서 삭제되거나 가려져 있던 남조선 군인, 즉 남한군이 등장한다는 점이다. 마오쩌둥 시기 항미원조 서사에서 '조선'이란 '조선민주주의인민공화국', 즉 북한을 의미한다. 당시 사회주의 중국의 이데올로기에서는 같은 사회주의 이념을 가진 '북조선'만을 정식 국가로 인정하고, '남조선', 즉 남한은 '이승만 괴뢰군'에 억압받고 있는 민족해방이 필요한 곳으로 인식되었기 때문이다.

그러나 한국전쟁에서 남한은 주요 교전국이었고, 중국 지원군과도 여러 차례 전투를 치렀기 때문에 그들에게는 미군과 같은 주적이었다. 하지만 1950년대 항미원조 문예 속에서 남한 서사는 찾아보기 어렵다.[70] 남한군의 부재는 몇 가지 이유로 설명될 수 있다. 첫째, 종군작가들이 삼팔선 이남으로 가는 것이 허락되지 않았고, 글쓰기는 철저히 국가의 주류 담론이 허락하는 범위 안에서 이뤄져야 했기 때문이다. 둘째, 1950년대 항미원조 서사는 미군을 지원군의 주적으로 설정해 '중미대결'로 그림으로써, 신중국의 굴기를 강조하고 인민대중의 혼란을 막고자 했다.

1950년대 항미원조 서사에 찾아보기 어려웠던 남한의 기호는 비록 군인으로 제한되긴 하나, 1960년대 달라진 중국

---

70 루링의 장편소설 『전쟁, 평화를 위하여』는 거의 유일하게 삼팔선 이남에 사는 남한 인민들의 모습과 남한군도 묘사하고 있다. 이와 관련된 내용은 1장 2절 참고.

의 정치·문화적 필요에 따라 등장하게 된다. 항미원조 문예 속 두 조선 군인의 출현은 중국 인민대중이 '이념으로 분단된 두 조선'을 대면해야 하는 새로운 단계에 봉착했음을 의미한다. 그렇다면 성공적인 분리를 위해, 어떤 시각으로 조선을 인식했을까? 또한, 남한군의 등장이 어떤 효과를 가져왔을까? 이의 답을 찾기 위해 영화 텍스트를 구체적으로 살펴보고자 한다.

영화 〈삼팔선 위에서〉(1960), 〈침략자를 타격하라〉(1965)에서는 남한군과 북한군의 전면 대치 상황을 연출하며, 중국 인민이 냉전 질서 속에서 분단된 '두 조선'을 마주하게 한다. 먼저, 〈삼팔선 위에서〉는 1953년 7월, 한국전쟁 휴전 직후를 배경으로 한다. 정전 소식을 들은 중·조 군인들과 조선 인민들은 크게 기뻐하지만, 미군은 휴전을 빌미로 반격의 기회를 호시탐탐 노리고 있다. 미군 장교 해리슨은 북한 정황을 파악하려는 시도가 번번이 실패하자, 남한군 교선생을 불러들여 일본군이 보낸 '6호' 춘생과 함께 북한으로 잠입시킨다. 그들의 임무는 군사분계선을 넘어, 미리 잠입해 있는 일본인 전범 야마모토 타로山本太郎에게 북의 군사 정보를 얻어 오는 것이다. 이 영화의 관전 포인트는 출생의 비밀을 가진 춘생이라는 인물이다. 5살 때 부모님을 공산당에 의해 잃은 후, 야마모토 타로의 손에 자라며 오직 부모님의 원수를 갚겠다는 일념으로 살아왔다. 춘생과 교 선생은 북의 군사정보를 얻는 데 성공하지만, 돌아오는 길에 신분이 노출되어 지원군에게 쫓기다 상처를 입는다. 도망치던 춘생은 잠시 민가에 몸을 숨기는데, 그곳에서 자신을 따뜻하게 대해주는 조선인 아주머니가 자신의 친모임을 알게 된다. 춘생은 어머니를 통해 사건의 전모를 듣고, 자신이 지금껏 야마모토 타로에게 속으며 살아왔다는 것을 알게 된다.

"1938년 가을, 우리는 중국 동베이의 어느 마을에 살았는데 네 아버지는 유격대 사무장이었다. 어느 날, 네 아버지가 유격대의 식량을 구하려고 산에서 내려왔는데, 일본군이 그를 붙잡아 유격대가 주둔한 곳을 달하라고 했어. 하지만 네 아버지가 죽어도 입을 열지 않자, 아버지를 산 채로 묻어버렸지! 네 아버지는 죽기 전가지 '일본 제국주의 타도, 공산당 만세!'라고 외쳤어. 그때 너의 형 용생은 13살이었는데 유격대의 나팔수였고, 너는 겨우 다섯 살이었어. 일본군은 네 아버지를 생매장한 것으로도 모자라, 나를 나무에 매달고 마을 사람 중에 누가 공산당원인지 말하라고 했어. 나는 모른다고 했지. 그들은 불을 질러 나를 태워 죽이려고 했는데, 때마침

항일연합군이 와서 놈들을 쫓아내고 나를 구해주었어. 그때 이후 나는 다시는 너를 보지 못했지."[71]

어머니를 통해 밝혀진 춘생의 가족사를 살펴보면, 그의 아버지는 일제강점기 공산당원으로 항일 유격대였고, 나팔수였던 형은 조선인민군이 되었는데, 서울 해방 때 희생되어 인민의 영웅으로 칭송받는 존재가 되었다. 그리고 어머니는 중국 지원군들에게 '어머니'라 불리며, 중국 지원군과 조선인 간의 끈끈한 유대감을 상징하는 인물이다. 이러한 '항일'에서 '항미'로 이어지는 춘생의 가족사는 사회주의 조선의 혁명 계보라고 볼 수 있다. 그러나 춘생은 이러한 혁명 전통과 반대되는 길을 걸어왔고, 어머니는 그런 춘생을 "조국 인민을 배반한 반역자"[72]라 원망하며 괴로워한다. 영화 속에서 춘생을 원망하는 어머니의 대사는 '조선'의 정통

---

71 영화 〈三八線上〉의 대사: "那是1938年秋天, 咱們住在中國東北的一個村子裏, 你父親是遊擊隊的事務長.有一天, 你父親下山來給遊擊隊籌糧.日本人把你父親抓了去, 要他供出遊擊隊駐紮的地方, 你父親非要不說, 他們就把你父親活活地給埋了! 逼i死前你父親他喊著'打倒日本帝國主義, 共產黨萬歲!'.那時候, 你哥哥永生十三歲, 在遊擊隊當號兵.你才剛剛五歲.日本人活埋了你的父親還不甘心, 還把我吊在大樹上, 要我說出村裏誰是共產黨員來, 我說不知道.他們就架起火來, 要把我燒死, 就在這個時候, 抗日聯軍來了, 打跑了鬼子救了我.也就是從這以後, 我再也沒見到過你."

72 "你哥哥永生爲了保衛祖國在解放漢城的戰爭中英勇犧牲了, 祖國人民追認他爲共和國英雄, 可你, 你是個特務, 是祖國人民的叛徒, 我不要你這樣的兒子"

성이 어디에서 비롯되었는지를 명확히 보여준다. 즉, 춘생의 아버지와 형이 일제강점기부터 미 제국주의에 맞서 지켜온 '사회주의 조선인민공화국'이 진정한 조선'다. 반면, 춘생이 걸어온 길은 일제 전범에 의해 속은 '잘못된 길'이자 '인민의 적'이 되는 길로, 반공과 일제, 미 제국주의 그리고 그 하수인인 남한군으로 연결된다.

이 영화가 춘생의 가족사를 통해 간접적으로 두 조선에 대한 인식을 보여주었다면, 영화 〈침략자를 타격하라〉는 더 직접적이고 시각적인 방식으로 냉전적 시야 속 남한군과 북한군을 대비하고 있다. 이 영화에서 특히 눈여겨 볼만한 것은, 남한군 연대장의 외모와 지휘부 내부의 모습이다. 극본에는 다음과 같이 묘사되어 있다.

> 도로 옆 움푹 팬 곳에는 철조망에 둘러쳐진 임시로 지은 군용 목조가옥이 있는데, 이곳이 바로 이승단 괴뢰군 백호 연대 본부이다. 방 안에는 아이젠하워와 이승만의 사진이 걸려있다. 사진 아래에는 백호 연대 연대장 백창박이 앉아있다. 그는 40~50세 정도에 험상궂은 얼굴, 빡빡 깎은 머리, 미국식 군복 차림을 하고 있다. 그러나 행동거지는 꼭 일본군과 같다. 앉아있는 자세를 보면, 곧게 뻗은 허리에 양다리를 벌리고 무릎 위에 살

짝 구부린 양팔이 그가 엄격한 '무사도' 정신을 훈련받은 '사무라이'임을 보여준다.[73]

남한군 백창박의 모습은 미군복을 입은 일본 사무라이를 연상하게 한다. 이어 임무를 수행하다가 붙잡혀온 조선 유격대 대장 김철규가 등장한다. 백창박과 김철규의 대화를 통해 다음 사실을 알 수 있다. 김철규는 일제강점기부터 현재까지 조선의 독립을 위해 싸워온 혁명 전사다. 반면, 백창박은 일제강점기에는 헌병으로 부역했고, 지금은 미 제국주의의 하수인으로 남한군으로 복무하며 과거부터 현재까지 무고한 조선 인민을 탄압하는 매국노다. 이러한 남한군의 서사 특징을 통해, 1960년대 항미원조 서사에서 분단된 두 조선을 어떻게 인식하는지 엿볼 수 있다.

첫째, 일본 제국주의 시기까지 유지되어 온 '하나의 조선'에 대한 기존 중국 인민의 기억을 완벽히 폐기하고, 억압 계급과 피억압 계급으로 나뉘는 새로운 계급적 인식을 기반으로 남조선과 북조선을 분리한다. 이때 주의할 점은, 남조선은 정식 국가로 인정되지 않으며, 억압 계급인 이승만 괴뢰군의 '반혁명 세력'과 피억압 계급인 '선량한 인민'으로 이

---

73 曹欣, 鄭洪改編, 『打擊侵略者』, 北京 : 中國電影出版社, 1965, 9頁.

중 분리된다는 점이다. 또한, 영화와 같은 대중 문예에서는 남한군만 일부 등장할 뿐, 남한에 거주하는 인민의 모습은 남한군 또는 북한군의 입을 통해 간접적이고 이데올로기적으로 상상된다.[74] 둘째, 조선에 대한 계급적 인식은 하나의 안전장치를 더한다. 미 제국주의의 앞잡이로 묘사되는 남한군에게 과거 일제 침략자의 하수인 이미지를 덧씌움으로써, '고려봉자'로 대표되는 중국 인민의 조선에 대한 부정적 인식을 남한군으로 연결하고, 남한을 '사회주의 조선'에서 완벽하게 분리한다.

---

74 영화 〈삼팔선 위에서〉(1960)에서는 남한의 수도사단에 타자원typist으로 잠입해 임무를 수행하는 조선인 민군 여전사 윤옥선尹玉善을 통해 남조선 인민의 삶이 그려진다. 윤옥선은 조선 유격대원 김철구가 지니고 있던 적의 진공 계획을 손에 넣은 후, 임무를 완수하고 인민군 연락부로 돌아가기 위해 삼팔선을 넘는다. 그 과정에서 인근을 정탐 중이던 지원군들을 만나 자신이 '자기 사람自己人'이라며 연락부까지 데려다 달라고 요청한다. 지원군 딩다용은 상부의 명령에 따라 그를 인민군 연락부로 데려가지만, 그의 신원이 아직 완전히 확인되지 않았기에 눈을 가린 채 지프차에 태운다. 이동 중 딩다용은 그에게 무뚝뚝하고 경계심 어린 태도를 보인다. 눈을 가린 채 차에 오른 윤옥선은 이동 내내 자신이 남조선에서 얼마나 고통스러웠는지, 내 조국에 돌아오니 얼마나 기쁜지를 쉴 새 없이 이야기한다: "동지, 정말 참을 수가 없었어요! 당신은 모르겠지만…" "제가 적의 소굴에서 일했거든요. 거긴 정말 지옥이에요! 거기선 울 수도, 웃을 수도 없고, 말 한마디도 함부로 할 수 없었어요. 간신히 내 조국, 내 집으로 돌아왔어요. 모든 게 새롭고, 풀 한 포기 나무 한 그루조차 정겹게 느껴져요. 기쁨이 말로 다 표현이 안 돼요. 전부터 생각했어요. 내가 자기 사람들 사이로 돌아가기만 하면, 하고 싶은 말을 다 쏟아놓겠다고요. 남조선 동포들이 겪는 고통을, 제가 집으로 돌아왔을 때의 그 감격을 동지들에게, 사랑하는 사람들에게 다 이야기하겠다고요." 그의 대사는 북한과 남한을 뚜렷하게 개비되는 공간으로 제시한다. 북한은 '인민의 천국', 남한은 '지옥'으로 묘사되며, 남조선 인민들은 같은 피억압 계급인 '동포'로서, 이승만 위군의 억압 아래 고통받는 존재들로 그려진다. 그들은 '자기 사람'으로서, 조국 해방을 간절히 염원하는 인민으로 형상화된다.

사실 이러한 조선에 대한 인식은 항미원조 전쟁 시기부터 공식 서사에서 대대적으로 선전해 온 내용이었다. 그러나 앞서 살펴보았듯이, 1950년대 대중 서사에서는 공식 서사의 선전 전략과는 달리, '고려봉자'가 이승만 괴뢰군으로 '분리'되는 방식이 아닌, 남한에 대한 기호 자체가 생략 혹은 은폐된 채, '사회주의 조선'에 대한 기억을 새롭게 만들어내는 전략이 사용되었다.[75] 그런데 1960년대 들어, 영화를 통해 항미원조 기억을 회고하며 1950년대 공식 서사에서 자주 쓰인 '계급적 시야 속 조선 인식'이 대중들에게 보편적으로 자리 잡게 된 것이다.

한편, 〈침략자를 타격하라〉에서 살해될 위기에 처한 조선 유격대 대장 김철규는 죽음 앞에서도 의연한 태도로 남한군 백창박을 꾸짖으며 인민 승리를 확신한다. 그는 "나는 창해의 물 한 방울에 불과하지만, 수천수만의 노동 인민은 너희들의 공격을 막을 힘이 있고, 결국 너희를 철저히 소멸시킬 것이다!"라 외친다.[76] 이렇듯 남한군과 조선인민군과의 선명한 대치는 대중들에게 분리된 두 개의 조선을 인식

---

75 자세한 내용은 본문 2장 3절 참고.
76 "我不過是滄海的一滴水, 可是千百萬勞動人民, 有力量阻止你們進攻, 也能徹底地消滅你們!", 曹欣, 鄭洪改編, 『打擊侵略者』, 北京: 『中國電影出版社』, 1965, 46-47頁.

시키는 데 그치지 않는다. 이 전쟁을 과거처럼 '중미전쟁'으로 묘사하기보다는, 조선의 역할을 강조하면서 미 제국주의와 그 하수인들에게 대항하는 '조선민족해방투쟁'으로 해석하는 데 힘을 실어준다. 또한, 계급 이데올로기를 중심으로 구축된 적아敵我 구분 속에서 두 조선의 냉전적 대립은 남북한의 대결을 넘어선다. 이 대치는 중국과 미국, 그리고 일본군과도 연결되면서 냉전 구도 속에서 더욱 명확한 양대 진영을 형성한다.

〈침략자를 타격하라〉에서 펼쳐지는 지원군과 인민군의 공동작전은 영화 초반에 무전이나 형식적인 절차로 연출되는 데 그치지 않는다. 중·조 양국의 두 지휘관이 만나 작전계획을 세우고 마지막까지 함께 싸우는데, 격전이 벌어진 고지에서 양국 전사들이 나란히 올라 적의 퇴로를 막고 일망타진하는 극의 절정은 매우 인상적이다. '17년 시기' 혁명전쟁 영화에서 영웅 인물을 돋보이게 하는 전형적인 연출 기법은, 전투가 절정에 이를 때 웅장한 음악을 배경으로 인물을 높은 곳에 바로 서게 하고, 손에는 무기를 쥐게 한 채, 카메라 렌즈를 아래에서 위로 향하게 비추는 방식이다. 또한, 인물의 뒤를 받쳐주는 하늘에서는 서광이 빛나는 듯한 설정을 통해 그 위대함과 숭고함을 강조하는 기법이 자주 사용되었다. 그런데 이 영화는 영웅 연출 대상이 지원군에

영화 〈침략자를 타격하라〉(1965)의 한 장면. 지원군 딩다용의 양옆에 조선인민군 김철규와 윤옥선을 세워 '중·조의 피로 맺은 우애'를 형상화했다.

게만 집중되지 않는다. 지원군 딩다용이 고지 위에 서서 아군이 적을 일망타진하는 광경을 자랑스럽게 내려다볼 때, 그의 양옆에 조선인민군 김철규와 윤옥선이 함께 서서 이 영웅의 지위를 공유하고 있다. 또한, 영화 삽입곡을 통해서도 이 영화가 지원군의 영웅 형상화나 조국애보다는, 미 제국주의에 저항하는 '중·조의 피로 맺은 우애'를 형상화하는 데 중점을 두고 있음을 확인할 수 있다. 삽입곡 〈전투로 평화를 지켜야 한다要用戰鬥保衛和平〉의 가사는 다음과 같다.

> 아… 압록강은 용솟음치고, 백두산은 우뚝 솟아 꿈적하지 않네. 강에는 핏자국이 떠다니고 산에는 포탄 구덩이로 가득하고, 금수강산이 중·조로 이어져 있는데 어떻게 강도가 마음대로 침범하게 내버려 둘 수 있는가? 아… 백두산아, 분노의 눈을 떠라. 아… 압록강아 네 전투의 포효를 내어라. 보라! 중·조 인민은 형제처럼 가까워 바람과 눈을 * 더 새벽을 맞이하며 미국 도적놈을 모질게 때려잡고 전투로 평화를 수호해야 한다네. 싸우고 싸워 평화를 수호하네. 평화를 지키기 위해 싸우네.[77]

---

[77] "啊……鴨綠江約波壽洶湧, 白頭山約巍然不動, 江面上漂浮著血跡 山頭上布滿了彈坑錦繡江山口朝相連, 怎能讓強盜任意侵犯.啊……白頭山約 睜大慎怒的眼睛, 啊……鴨綠江約發出你的戰鬥吼聲, 看! 中朝人民親如弟兄 頂著風雪迎著黎明, 狠狠打擊美國強盜, 要用戰鬥保衛和平.中朝人民親如弟兄, 頂著風雪迎著黎明, 狠狠打擊美國強盜, 要用戰鬥保衛和平.中朝人民親如弟兄, 頂著風雪迎著黎明, 狠狠打擊美國強盜, 要用戰鬥保衛和平.要用戰鬥要用戰鬥, 保衛和平.要用戰鬥保衛和平, 要用戰鬥保衛和平, 要用戰鬥保衛和平."

영화 속 이러한 설정은 항미원조 서사의 선전 방향이 '보가위국(조국을 지키기 위한 전쟁)'에서 '평화를 수호하기 위한 전쟁'으로 전환되었음을 보여준다. 특히, 보호의 대상이 조국을 넘어 조선까지 확대되었다는 점이 주목된다.

한편, 지원군과 인민군이 같은 진영을 이루는 것처럼, 남한군도 일본, 미국과 하나의 진영을 이루며 함께 등장한다. 영화 속 남한군은 과거부터 현재까지 제국주의의 하수인이자 매국노로 그려지는데, 〈침략자를 타격하라〉에 등장하는 남한군 백창박은 이러한 이미지를 극대화하는 방식으로 형상화된다. 그는 미군복을 입고 미 제국주의에 부역하지만, 외모나 행동은 일본 사무라이를 연상시킨다. 남한군에게 과거 일제 침략자의 이미지를 덧씌운 것이다. 더 나아가, 일본은 여전히 제국주의의 부활을 호시탐탐 노리고 있고, 미군은 그런 일본을 도우면서도 일본군과 남한군을 지휘하는 최상위 영도자로 그려진다. 결과적으로, 1960년대 항미원조 영화는 이념으로 나뉜 두 개의 진영을 형상화함으로써, 냉전 구도 속 이분된 두 세계의 대립을 담아내며 냉전 문화 선전을 위한 강력한 정치문화 기능을 톡톡히 수행해 냈다.

또한, '미국-일본-남한군'이라는 적군 진영의 형상화는 기존의 항미원조 문예에서 성공적이지 못했던 미군 형상화에도 강한 생동감을 부여했다. 항미원조 문예를 통해 인민대중에게 전달하고자 한 핵심 메시지 중 하나는, '현대화 무기를 갖춘 세계에서 가장 강한 미군도 중국 지원군의 용맹함과 전략 전술 앞에서는 종이호랑이에 불과하다'라는 것이다. 그렇다면 문학 속에 현대화 무기를 갖춘 정예부대 미군의 모습이 어느 정도 묘사가 되어야 할 텐데, 1950년대 항미원조 문학 속 미군은 죽음을 두려워하는 겁쟁이로 그려지거나, 풍요롭게 자라 정신력이 박약한 병사의 모습으로 그려졌다. 심지어 화보에서는 벌레나 뱀처럼 희화화되어 인간의 모습이 아니었기 때문에, 이러한 핵심 메시지를 설득력 있게 전달할 수 없었다. 하지만 1960년대 항미원조 영화에서 등장한 적군 진영은 일제강점기 침략의 역사를 동력으로 삼아, 미군을 일본과 남한을 이용해 아시아 침략의 발판을 마련하고 한국전쟁을 총지휘하는 자본주의 진영의 우두머리로 형상화함으로써, 미군 형상에 강한 설득력과 생동감을 부여했다. 이러한 변화는 영화 속에서는 구체적으로 어떤 효과를 가져왔을까?

첫째, 미 제국주의가 과거 일본 제국주의의 아시아 침략 전철을 그대로 밟고 있으려, 이번에도 한탄도를 발판으로 삼아 중국을 침략하고 결국 아시아 전체를 장악하려 한다는 1950년대 공식 서사의 한국전쟁 인식이 성공적으로 전달되었다. 예를 들어, 〈삼팔선 위에서〉에서 미군 해리슨 장교는 휴전 이후에도 다시 전쟁을 일으킬 계획을 꾸미고, 남한군을 시켜 북한에 잠입해 있는 일본 전범으로부터 군사정보를 캐고자 한다. 남한군과 일본군의 연결고리, 그리고 이를 총지휘하는 적의 우두머리 미군의 모습을 부각하며, 자본주의 진영의 3자 관계가 형성되는 것이다. 이처럼 진영화된 적군의 형상화는 중국 대중에게 과거 일제강점기의 고통스러운 집단기억을 떠올리게 하고, 동시에 일본을 재무장시키는 미군의 행위를 '일본이 과거 침략한 길을 답습하여 아시아를 침략할 것'이라는 관방의 공식 메시지와 연결한다. 이로써, 과거의 민족 갈등과 현재의 계급 갈등이 하나로 융합되도록 유도한다.

둘째, 미군-일본-남한군이라는 위계적 서열이 뚜렷하게 형성된다. 1960년대 항미원조 영화에서 미군은 남한군에게 명령을 내리는 사령부 위치로 그려지고, 그 명령을 받은 남한군이 지원군, 조선인민군과 대립하는 구조로 설정된다. 흥미로운 점은, 과거 문학작품에서 미군 형상화의 특징이라 꼽을 수 있는 겁 많고 추악한 이미지가 대부분 남한군 형상화로 전이된다는 것이다. 예를 들어, 〈기습〉(1960)에서 남한군 수송대장은 얼굴에 커다란 점을 붙이고 우스꽝스러운 모습으로 등장한다. 그는 공산군이 출몰하는 지역이니 빨리 피하자는 부하의 제안을 무시하고 욕설을 퍼부으며 쫓아내고, 부하 전사가 공산군으로 오인하여 숲에 총을 쏘자 그에게 주먹을 마구 휘두르기도 한다. 한편, 이를 숨어서 지켜보던 지원군은 미군으로 변장하고 나타나 수송대장의 복무 태도를 꾸짖는다. 수송대장은 남한군으로 보이는 중대장의 말에는 신경도 쓰지 않으면서, 미군에게는 선뜻 다가가 비굴하게 웃으며 자신을 소개하고 담뱃불을 붙여주려고 한다. 이때, 통역병으로 위장한 지원군 중대장이 엄한 목소리로 "여기 주변에 공산군 활동이 있다고 보고된 것을 모르느냐!"라고 윽박지르자, 수송대장은 화가 난 미군의 눈치를 보면서 황급히 차를 몰고 그 자리를 떠난다. 남한군의 무능한 모습은 야간 보초를 서는 장면에서도 반복된다. 남한군들은 갱도에서 술을 마시거나 잠을 자다가 갑작스러운 지원군들의 습격을 받고, 겁에 질려 어쩔 줄 모른다. 이렇듯 과거부터 현재까지 줄곧 제국주의의 앞잡이로 혹은 매국노로 그려지는 남한군은 미군, 일본보다 더 추악하고 졸렬한 형상으로 나타난다. 이러한 연출은 냉전 이데올로기 속에서 진영 내 위계질서를 반영하는 구조적 설정이기도 하지만, 조선의 이승만과 그 괴뢰군이 중국 반혁명 세력인 장제스와 연결되기 때문이기도 하다.[78]

---

78 이는 앞에서 언급한 1950년 인민일보에 실린 조선의 '고려방자' 인식에 관한 글에

한편, 남한군의 등장으로 변화된 미군 형상화는 자본주의 문화의 부정적인 면을 보여주는 것으로 초점이 옮겨간다. 1950년대 이래 중국에서 미국으로 대표되는 자본주의 문화는 퇴폐적이고 부도덕한 이미지로 선전되었는데, 항미원조 문예에서도 미군은 술과 여자를 좋아하는 부정적 형상으로 그려져 왔다. 1960년대 항미원조 영화 속에서 미군 형상화는 자본주의 진영의 우두머리로, 물질만능주의와 퇴폐적인 문화를 시각적으로 보여주는 데 중점을 두고 있다. 먼저, 영화 속에 등장하는 미군 본부는 거의 예외 없이 술과 담배가 등장하고, 미군 상사 옆에는 종종 여군이 비서처럼 함께 등장한다. 여군은 치마를 입고 교태로운 목소리로 이야기하거나, 담배를 물고 다리를 꼬고 있는 모습으로 묘사되는데, 이는 '전사' 혹은 '계급적 각성이 된 여성'으로 성적 기호가 거의 배제된 인민군이나 지원군의 여성 형상과 극명하게 대비된다. 또한, 돈이면 다 얻을 수 있다는 자본주의식 물질만능주의를 풍자하는 모습도 보인다. 예를 들어, 〈삼팔선 위에서〉에서는 지원군이 물질과 돈으로 회유하여 군사정보

서 확인할 수 있다. 독자 왕쿤이 "일제 시기 '얼구이즈'로 중국을 괴롭혔던 조선의 '고려봉자'들을 우리가 왜 도와야 하는가?"라고 질문하자 이에 대한 편집자 대답의 첫마디는 다음과 같다: "당신이 말한 일제 침략기의 '고려봉자'는 계급 성분으로 볼 때, 지금의 이승만을 비롯한 조선 반동파입니다. 이들은 중국에 장제스蔣介石 도적단이 있는 것과 같습니다."

를 캐내려는 미군에 맞서 자본주의 체제의 배금주의를 조목조목 질책하는 장면이 연출된다.[79] 반대로, 미군 해리슨 상사가 남한군 교 선생에게 임무를 부여하는 장면을 보자. 교 선생은 해리슨의 제안을 듣고 처음에는 몸이 좋지 않다며 거절하지만, 돈을 제시하자 곧바로 "우리 공통의 이익을 위해서!"라며 흔쾌히 수락한다. 자본주의 진영의 이와 같은 부정적 형상화는 지원군이 갖는 '인민의 군대', '청신한 정신', '가족 같은 상하관계' 등의 이미지와 대조되면서, 돈에 의해 움직이는 군대와 오직 인민과 세계평화를 위하는 인민의 군대, 즉 공산주의 평화진영의 차별성을 더욱 선명하게 부각한다.

이상으로 1960년대 항미원조 영화 텍스트를 분석해, 달라진 조선 형상화와 그에 따라 새롭게 부여된 항미원조 전쟁의 의미를 살펴보았다. 그런데 이 시기 영화에서 나타나는 미군, 일본, 남한군의 형상과 적군 진영에 대한 서사 전략은 1960년대에 새롭게 형성된 것이 아니라, 1950년대 관방의 공식 시사선전에서 이미 제시된 바 있어 주목된다. 급진적이고 추상적인 하나의 관방 서사가 대중에게 전달되고, 그것이 대중의 일상생활 속으로 녹아들어 그 시대의 감정

---

79 이에 대한 구체적인 내용은 2장의 2절 참고.

구조로 자리 잡기까지는 상당한 시간이 필요하다. 또한 관방의 공식 서사가 대중 서사로 자리 잡는 과정에서, 대중이 기존에 가진 집단기억과 습관, 생활방식, 감정적 습관 등과의 충돌과 대치, 혹은 정합을 이루며 수많은 착종이 발생할 수밖에 없다. 그렇다면, 1950년대 항미원조 전쟁 발발 당시, 관방의 공식 서사 속 항미원조 전쟁 인식과 냉전적 세계관이 대중들에게 성공적으로 전달되고 자리 잡는 데 10년이라는 시간이 필요했던 것일까?

이런 점에서 볼 때, 1960년대 항미원조 영화 속 '조선의 등장'은 세계질서의 변화에 따른 중국 주류 담론의 필요에서 비롯된 것이었다 할지라도, 그것이 가져온 타자 형상화 변화의 파급력은 상당했다고 볼 수 있다. 이를 통해 우리는 타자 형상이 곧 자아 인지와 세계 상상과 밀접한 관련이 있음을 다시금 확인할 수 있다. 1960년대 항미원조 서사에서는 분단된 '두 조선의 등장'으로 말미암아, 중국의 반제·반식민의 혁명 계보가 과거 국내 혁명의 승리(항일전쟁과 해방전쟁)에서 국외 혁명의 승리(미 제국주의와 이승만 괴뢰군과의 전투에서 승리)로 확장되었다. 이제 중국의 혁명은 '조선'이라는 AALA 국가의 민족해방투쟁을 발판으로 삼아 세계혁명의 무대로 나아가게 된 것이다. 동시에, 남조선과 미 제국주의를 적으로 하여 함께 싸운 조선과 중국 지원군은 혁명 이데올로기를 공유하고 사회주의 이상을 함께 실현하는 국제주의 전사로 형상화된다. 이렇게 달라진 타자 형상이 자아인 지원군에 끼치는 새로운 사명감과 세계혁명의 상상은 머지않아 불어닥칠 문화대혁명을 암시하고 있었다.

3장

문화대혁명 시기:
세계혁명의 꿈과 항미원조

1. 문화대혁명의 시작과 '양판희'의 부상

일반적으로 문화대혁명(이하 문혁으로 약칭)의 발발은 1965년 11월, 사인방四人幇[1] 중 한 명인 야오원위안이 『문예보』에 발표한 글 「새로 펴낸 역사극 『해서파관』을 평함評新編歷史劇 『海瑞罷官』」을 도화선으로 본다. 『해서파관』은 역사가이자 당시 베이징 부시장이었던 우한吳晗이 1961년에 완성한 경극 희곡으로, 명나라 가정제嘉靖帝에게 상소를 올려 억울하게 관직에서 파면된 충신 '해서海瑞'의 실화를 바탕으로 하고 있

---

1   마오쩌둥의 부인 장칭江青을 비롯해 정치국 위원 야오원위안姚文元, 중국공산당 중앙위원회 부주석 왕훙원王洪文, 정치극 상임위원 겸 국무원 부총리 장춘차오張春橋를 가리킨다. 이들 사인방을 중심으로 문화대혁명을 추진하는 중앙문화혁명소조가 성립되었고 문화대혁명 기간 절대 권력을 가졌다.

다. 마오쩌둥은 백성을 위해 황제에게 쓴 소리를 올린 충직한 관리 해서의 이야기에 크게 감명했고, 1959년에는 해서를 칭송하며 그를 학습하라는 발언을 하기도 했다. 그러나 루산회의廬山會議에서 펑더화이가 대약진정책의 실패에 대해 마오쩌둥에게 직언했다가 국방부장에서 파면되자, 해서는 펑더화이로, 가정제는 마오쩌둥으로 비유되며 정치적 해석이 확산하기 시작했다. 야오원위안의 글이 발표된 이후, 우한의 『해서파관』 비판이 전개되었고 문예계 인사에 대한 대대적인 숙청이 본격화됐다. 급기야 1966년 5월 17일, 『인민일보』에 「중국공산당중앙위원회의 통지」, 즉 '5·16 통지'가 공식 발표되면서 문화대혁명이 시작되었고, 공산당과 군의 문예 조직 및 기관지를 제외한 모든 문예 단체가 폐쇄되고 문예지도 정간되었다.

장칭을 중심으로 하는 급진파는 문화 권력을 장악하고 1966년 2월 '부대문예공작자회담'을 통해, 문예 혁명과 그 전략이라 할 수 있는 「린뱌오 동지가 장칭 동지에게 의뢰하여 개최한 부대문예공작자 좌담회 기요林彪同志委托江青同志召開的部隊文藝工作座談會紀要」(이하 '기요'로 약칭)를 발표한다. 「기요」에서는 건국 이래의 문학과 예술이 반동으로 가득 차 있다고 비판하며, '17년 시기' 문예계가 이룩한 모든 성과를 부정하는 '문예흑선독재론文藝黑線專政論'과 '흑팔론黑八論'을 제기했다. 이에 따라 "문화 전선에서 사회주의 대혁명을 단행하여 이러한 반동적인 흐름(흑선)을 철저히 없애"고 "모든 방법을 동원하여 노농병 영웅 인물을 형상화하는 것이 사회주의 문예의 근본 임무"임을 명확히 했다.[2] 또한, 혁명 문예의 새로운 이정표로 모든 극단에서는 본보기극, 즉 '양판희'만을 상연하도록 규정했으며, 이를 위한 구체적인 창작기법으로 '삼돌출三突出 원칙'[3]을 제시했다. 이처럼 「기요」는 기존의 문예 성과를 부정하는 데 그치지 않고, 새로운 창작 방법과 제재 등을 규정하는 것은 물론, '프롤레타리아트 신문예'라는 새로운 장르를 제시했다. 문혁 이전의 문예 창작 규범이라고 할 수 있는 마오쩌둥의 「연안문예강화延安文藝講話」와 비교해 볼 때, 문혁 문예 규범은 하나의 강령으로 훨씬 구체화되어 그간 종종 발생했던 정치와 문예 창작 사이의 유연한 해석 가능성을 완전히 차단해 버렸다.

'프롤레타리아트 신문예'의 새로운 모델로 제시된 '혁명현대 경극革命現代京劇'[4], 즉 '양판희'는 초기 8개 작품에서 이

---

2 陳曉明, 『中國當代文學主潮(第二版)』, 北京 : 北京大學出版社, 2013, 222-223頁.

3 영웅 인물을 묘사하는 데 반드시 따라야 하는 3원칙. 첫째, 모든 인물 중 긍정적인 인물을 돌출시킨다. 둘째, 긍정적인 으물 중 영웅 인물을 돌출시킨다. 셋째, 영웅 인물 중 주요 영웅 인물을 돌출시킨다.

4 "近三年來, 社會主義的文化大革命已經出現了新的形勢, 革命現代京劇的興起

후 16~17개 작품까지 증가했다. 1967년『인민일보』의 사설「혁명문예의 우수 양판」에 꼽힌 '8대 양판희'에는 경극 〈지취위호산智取威虎山〉, 〈해항〉, 〈홍등기紅燈記〉, 〈사자빈沙家濱〉, 〈기습백호단〉 그리고 발레 무대극 〈홍색낭자군紅色娘子軍〉, 〈백모녀白毛女〉, 교향 음악 〈사자빈〉이 있다. 1974년에는 피아노 반주곡 〈홍등기〉, 피아노협주곡 〈황하黃河〉 등 그 수가 배로 증가했다.[5] 그러나 새로운 '양판'의 품질은 대부분 초기 수준을 유지하지 못했으며, '양판' 제작 과정에서의 표준화와 형식화의 문제도 더욱 심각하게 드러났다.[6] 그러므로 문혁 초기 제시된 '8대 양판희'를 중심으로 압축하여 분석할 필요가 있다. 이들 작품의 배경은 1927년부터 1937년까지의 토지혁명 시기, 1937년부터 1945년까지의 항일전쟁 시기, 1945년부터 1949년까지의 해방전쟁 시기, 그리고 1949년 이후의 중화인민공화국 건국 이후까지, 중국 공산

就是最突出的代表",『紀要』. 轉自於同上, 521頁.

[5] 1967年5月31日『人民日報』社論『革命文藝的優秀樣板』中指出"八個革命樣板戲"有京劇『智取威虎山』,『海港』,『紅燈記』,『沙家濱』,『奇襲白虎團』, 芭蕾舞劇『紅色娘子軍』,『白毛女』, 交響音樂『沙家濱』,1974年在『紅旗』(第四期)上發表的「京劇革命十年」中指出, "近幾年來, 繼八個樣板戲之後, 鋼琴伴唱『紅燈記』, 鋼琴協奏曲『黃河』, 革命現代京劇『龍江頌』,『紅色娘子軍』,『平原作戰』,『杜鵑山』, 革命現代舞劇『沂蒙頌』,『草原兒女』和革命交響音樂『智取威虎山』等新的革命樣板作品的先後誕生, 鞏固和擴大了這場偉大革命的戰果, 進一步推動了全國社會主義文藝創作運動的蓬勃發展"

[6] 洪子誠,『中國當代文學史』(修訂版), 北京 : 北京大學出版社, 1999, 170頁.

당의 혁명 역사를 아우르고 있다.[7] 그 내용 또한, 당의 노선을 지도 사상으로 삼고, 반세기 동안 중국의 프롤레타리아 계급과 인민대중이 중국 공산당의 영도 하에 수행해 온 혁명 투쟁을 담고 있어, 중국혁명의 역사 경관을 파노라마처럼 보여주고 있다고 평가할 수 있다.[8] 이처럼 양판희는 인민대중에게 현실과 이상을 이어주는 사회주의 혁명 문예로써, 중국 사회주의 혁명의 역사적 서사를 구축하고, 대중의 자아인지와 세계 상상을 형성하는 데 중요한 역할을 담당했다.

8대 양판희 중 토지혁명 시기부터 해방전쟁 시기를 배경으로 한 작품들은 중국혁명의 '내부'로 수렴되는 반면, 건국 이후의 당대 혁명 중국을 시공간으로 하는 〈기습백호단〉과 〈해항〉은 중국이 영도하는 세계혁명 이상을 담아 외부로 뻗어 나가는 '양판'을 보여준다고 할 수 있다. 특히, 〈기습백호단〉과 〈해항〉은 공통적으로 '당대 중국이 세계혁명과의 관계를 어

---

7 "八個樣板戲"中反映土地革命時期的有『紅色娘子軍』, 抗日戰爭背景有『紅燈記』, 『沙家濱』, 『白毛女』, 反映解放戰爭的有『智取威虎山』, 建國以後反映抗美援朝戰爭的有『奇襲白虎團』, 『海港』的時代背景是1963年夏天.

8 "革命樣板戲以黨的基本路線爲指導思想, 深刻地反映了半個世紀以來, 中國的無產階級和廣大人民群眾在中國共產黨領導下進行的艱苦卓越的武裝奪取政權的鬥爭生活, 和無產階級專政下繼續革命的鬥爭生活, 爲我們展現了一幅雄偉壯麗的中國革命的歷史畫卷.", 初瀾, 「中國革命的歷史畫卷──談革命樣板戲的成就和意義」, 『紅旗』, 1974年第1期.

떻게 이해하고 있는가'라는 문혁 담론을 내포하고 있으나, 각각 조선이라는 이국異國과 국내를 무대로 삼아, 무력투쟁과 비무력 투쟁의 국제주의 정신의 실현을 그려내고 있다는 점에서 차이를 보인다. 이러한 공통점과 차이점에 주목하여, 문혁시기 중국이 세계혁명의 전위로서 어떻게 자리매김했으며, 국제주의적 연대를 어떻게 형상화했는지 〈기습백호단〉과 〈해항〉을 통해 살펴보고자 한다.

2. 항미원조, 조선인민전쟁으로 다시 읽다: 〈기습백호단〉

1953년 휴전으로 멈춘 이 전쟁은 비록 지나간 '역사'가 되었으나, 항미원조 전쟁 서사는 문화대혁명에 이르기까지 주류 담론에 맞추어 부단히 재서사되었고, 인민대중의 항미원조 집단기억도 그에 맞춰 지속적으로 재구성되었다. 그렇다면 마오쩌둥 시대 항미원조 서사 변천의 최종 단계라고 할 수 있는 문혁 시기, 항미원조 서사는 어떻게 변모했으며, 그 배후에 담긴 메시지는 무엇이었을까? 〈기습백호단〉을 통해 기존의 항미원조 서사 전략에서 어떤 변화가 보이는지 살펴보고, 이를 통해 문혁 시기 인민대중의 감정 구조와 혁명유토피아 상상을 들여다보고자 한다.

〈기습백호단〉은 1953년 조선 전지에서 탄생한 작품이다. 인민지원군 경극단의 팡룽샹方榮翔과 극단의 리스우李師斌, 리구이화李貴華는 『전지 단신戰地簡報』에서 전투 영웅 양위차이楊育才가 돌격대를 이끌고 적의 배후로 깊숙이 침투해 괴뢰군 백호 연대를 무찌른 이야기를 접한 후, 밤낮으로 연구하여 경극 〈기습백호단〉을 창작했다. 1958년, 중국 인민지원군 경극단이 귀국한 후, 경극단 1분대 대원이 '산동성 경극단'을 결성하고, 이들이 〈기습백호단〉을 각색했다. 1964년에는 경극 현대극京劇現代戲의 리허설에 참가하기 위해 연습에 돌입했고, 같은 해 6월 베이징에서 공식 상연됐다. 문화대혁명이 시작된 후 〈기습백호단〉은 '혁명 양판희'로 선정되었고, 1972년에는 장춘영화제작소에서 예술영화로 제작되어 관객들에게 큰 사랑을 받았다.[9] 문혁 시기, 중국이 주도하는 세계혁명 이상을 고취하고, 사회주의 프롤레타리아트 신인을 형상화하는 데에 항미원조 역사가 여전히 중요한 창작 주제였다는 점을 〈기습백호단〉의 사례로 확인할 수 있다.

〈기습백호단〉의 줄거리는 다음과 같다. 1953년 정전 협상이 진행되고 있었지만, 미군과 이승만 괴뢰군은 휴전 협

---

9 參考: 袁成亮, 「現代樣板戲〈奇襲白虎團〉誕生記」, 『百年潮』, 2007年03期.

양판희 〈기습백호단〉의 1971년 공연 스틸. 중국 문화대혁명 기간에 공산당 공식 사진작가로 활동한 장야신張雅心이 촬영했다.

상을 이용해 시간을 끌고 수만 명의 잔여 병력을 모아 금성 이남에 집결시킨다. 그리고 '에이스'로 꼽히는 수도사단 백호 연대를 주력군으로 내세워, 중국군을 맹렬히 공격하는 '북진 계획'을 추진하려고 한다. 인민지원군은 이러한 적군의 음모를 저지하기 위해, 정찰대 소대장 옌웨이차이嚴偉才의 지휘 아래 조선인민군과 조선 인민들이 힘을 합쳐 적을 습격하고 크게 승리한다.

전체적으로 봤을 때, 중국 인민지원군이 조선 인민의 도움을 받아 미 제국주의로부터 조국과 조선을 지켜낸다는 〈기습백호단〉의 내용은 1960년대 항미원조 영화들과 크게 다를 바 없다. 하지만 이 극이 '17년 시기' 항미원조 경전이라 할 작품들의 주요 특징을 한데 모았다는 점은 흥미롭다. 마치 항미원조 서사의 결정판처럼 기존 항미원조 문예가 다룬 주요 서사 전략과 이데올로기적 메시지를 체계적으로 집대성하고 있다. 사실 제재의 출처나 예술적 경험을 볼 때, 〈해항〉을 제외한 대부분의 양판희는 기존 문예 작품을 수정하거나 이식하여 재구성한 것이다.[10] 즉, '프롤레타리아트 신문예' 양판희 작품 내용은 무에서 유를 창조한 것이라기보다는, 이미 상당한 수준에 도달한 문예의 성과를 빌려 '이식'한 것이며, 형식 또한 전통 예술인 '경극'에서 빌려왔다. 그렇다면 왜 어렵고 도식화된 경극이 이 시기 '프롤레타리아트 신문예'의 예술 형식으로 주목받게 되었을까?

---

10 「紅燈記」和「沙家濱」移植自滬劇,「智取威虎山」改編自小說「林海雪原」; 在這之前, 這部當時的'暢銷書'小說已改編爲電影和其他的藝術樣式.「紅色娘子軍」的電影1960年間世就獲得很高的聲響. 40年代初創作的「白毛女」, 在很長時間裏被認爲是中國新歌劇的典範之作. 另外,「杜鵑山」改編自60年代初上演的同名話劇(王樹元編劇), 而作爲「平原作戰」創作藍本的電影「平原遊擊隊」, 完成於1955年. 洪子誠,『中國當代文學史』(修訂版), 北京: 北京大學出版社, 1999, 172頁.

리양李楊 교수는 이러한 현상의 이유를 '새로운 상징 담론의 필요'에서 찾는다. 그에 따르면, 경극이 갖는 상징적 특징은 문학의 방식일 뿐만 아니라, 하나의 담론이자 동시에 이데올로기이다. 건국 이후 '서사의 시대'에서 문혁 시기 '상징의 시대'로 변화하면서, 새로운 상징 담론의 필요에 따라 경극이라는 옛 예술이 신문예의 형식으로 주목받게 된 것이다.[11] 전쟁 발발 이후, 항미원조 서사는 쾌반快板,[12] 연극, 문학, 영화 등 다양한 장르를 통해 끊임없이 재서사되어 왔기 때문에, 인민대중에게는 이미 너무나 익숙한 이야기가 되었을 것이다. 따라서 문혁 시기에는 더 이상의 서사가 불필요한 항미원조 역사를 바탕으로, 자산계급과 무산계급으로 나뉜 이분법적 세계관과 선과 악의 대립 구도를 양판희라는 새로운 형식에 담았다. 그리고 배우의 얼굴 분장, 의상, 음악, 조명 등의 처리를 거쳐 다시 한 번 하나의 이미지로 대중에게 각인했다. 이를 종합할 때, 동일한 텍스트의

---

11 "因爲這個時期(建國初期)的主導話語類型是敘事, 敘事的目標在於描述一個現代民族國家的成長過程, 因此, 這一時期戱劇的主要品種是從近代以來從西方輸入的'寫實'的話劇. ……隨著敘事的完成, 話劇的退隱幾乎必然的趨勢. ……京劇爲'新文藝'提供了一種理想的形式──京劇特有的程式化, 臉譜化, 符號化等等都爲本質化的意識形態提供了形式.", 李楊, 『抗爭宿命之路 : "社會主義現實主義"(1942-1976)硏究』, 北京 : 時代文藝出版社, 1993, 參考『第四章 : 京劇與象征』.

12 중국의 전통 설창 예술의 하나. 비교적 빠른 박자로 '박판拍板'(3개의 나무쪽으로 된 리듬 악기)과 '죽판竹板'(2개의 대쪽으로 된 리듬악기)을 치며 기본적으로 7자구의 압운된 구어 가사에 간혹 대사를 섞어 노래하는 중국 민간 예능을 말한다.

형식과 내용을 재구성함으로써 당시 인민대중의 유토피아 충동과 감정 구조를 시대적 징후로 담아냈다는 점에서, 양판희를 전 시대와 구별하여 살펴볼 필요가 있다.

양판희 〈기습백호단〉에는 어떠한 '이식'이 이뤄졌을까? 첫째, 작품의 서사 구성 측면에서 기존 항미원조 문예 서사의 핵심 요소들을 집대성하여 재구성한 특징을 보인다. 극에서 지원군 옌웨이차이와 그의 대원들은 상감령 전투에서 적은 병력으로 적의 두 개 대대에 맞서 진지를 사수한 전과戰果를 올린 것으로 소개된다. 실제로 상감령 전투는 항미원조 전쟁 당시 중국에서 전설적인 전투로 기록되었으며, 1953년에는 루주궈陸柱國의 소설『상감령』으로, 1956년에는 동명의 영화로 만들어져 '17년 시기' 내내 인민대중들에게 큰 사랑을 받았다. 또한, 지원군들이 미군이나 남한군으로 변장하여 적을 기습하는 전개 방식은 1960년에 저작된 영화 〈기습〉과 유사하고, '기습백호단'의 소재 역시 1965년에 제작된 영화 〈침략자를 타격하라〉에서 다룬 바 있다. 그뿐만 아니라, 조선 아낙네 최 씨가 미군에게 조선 침략을 비난하며 조선에서 나가라고 준엄하게 꾸짖는 장면은 1960년 영화 〈삼팔선 위에서〉의 조선 어머니와 겹쳐진다.

둘째, 인물 형상 측면에서는 적아敵我의 구분이 더욱 명확해졌다. 작품 속에서 아군은 완전무결한 영웅으로, 적군은 악의 완전체로 묘사되는데, 이러한 '절대 선'과 '절대 악'의 구도는 문혁시기 극단으로 치달은 억압 계급과 피억압 계급 간의 이분법적 세계관을 압축적으로 보여준다. 지원군 옌웨이차이가 현대식 무기로 무장한 미군과 남한군을 일망타진하는 모습은 계급의식으로 단련된 프롤레타리아트 혁명 전사의 영웅적 면모를 드러낸다. 조선노동당 당원이자 조선의 어머니상으로 그려진 최 씨 아낙은 목숨을 위협하는 적군에 굴하지 않고, 오히려 준엄하게 그들의 잘못을 꾸짖고, 죽음을 앞두고도 조선 인민의 투쟁 의지를 고무한다. 이러한 조선 어머니는 AALA 국가의 반제·반식민주의의 민족해방투쟁을 상징적으로 재현하는 형상으로, 1960년대 조선 서사 기획의 바탕 위에, 계급적 각성과 신분이 더욱 강화된 결과물이다. 반면, 적군인 미군과 이승만 괴뢰군의 경우, 기존의 무능력하고 부정적인 형상화 위에 조선 인민들에 대한 폭압적 이미지가 추가된다. 미군과 남한군은 북진을 위한 도로 정비에 조선 인민들의 노동을 착취하고, 이에 순응하지 않자 마을에 불을 지르고 학대하는 잔혹한 침략자로 그려진다.

위와 같이 현대 혁명경극 〈기습백호단〉은 1960년대 항미원조 서사의 연장선에 위치하면서도 시대적 징후로서 이전 시대와는 또 다른, 더욱 극단으로 치달은 중국의 세계혁명

인식을 담고 있다. 즉, 세계혁명의 고조기가 이미 도달했으며 세계혁명을 일으켜 제국주의와 수정주의를 무너뜨려야 한다는 것이다. 이러한 중국이 주도하는 새로운 세계혁명 설계도는 특히 문혁 전야인 1965년, 마오쩌둥의 후계자로 떠오른 린뱌오가 중국인민항일전쟁승리 20주년을 기념하기 위해 발표한 「인민전쟁 승리만세」에서 확인할 수 있다.

"현재, 아시아・아프리카・라틴아메리카AALA의 수많은 국가와 인민이 미국이 주도하는 제국주의와 그 부역자들에 의한 심각한 침략과 노예화를 겪고 있습니다. 많은 AALA 국가의 정치, 경제의 기본적인 정치, 경제 상황은 구중국의 상황과 많은 공통점을 갖고 있습니다. 그 나라의 농민 문제는 중국과 마찬가지로 매우 중요합니다. 농민은 제국주의와 그 부역자들에 대항하는 민족민주혁명의 주요 세력입니다. (중략) 농촌, 오직 농촌만이 혁명가가 맹렬히 활약하는 광활한 들판입니다. 농촌, 오직 농촌만이 혁명가가 최후 승리를 향해 진군하는 혁명기지입니다. (증략) 전 세계적으로 북미, 서유럽이 '세계의 도시'라면, 아시아, 아프리카, 라틴아메리카는 '세계의 농촌'입니다. 제2차 세계대전 이후 북미, 서유럽 자본주의 국가의 프롤레타리아 혁명운동은 여러 가지 이유로 잠시 지연된 반면, 아시아, 아프리카, 라틴 아메리카의 인민혁명운동은 왕성하게 발전해 왔습니다. 오늘날의 세계혁명은 어떤 의미에서 볼 때, 농촌이 도시를 포위하는 형세라고 말할 수 있습니다. 전 세계혁명 사업은 필경 세계 인구의 절대다수를 차지하는 아시아, 아프리카, 라틴아메리카의 인민혁명투쟁으로 옮겨져야 합니다. (중략) 중국혁명은 식민지·반식민지 국가에서 민족민주혁명을 사회주의 혁명과 어떻게 연결시킬 수 있느냐 하는 문제를 해결했습니다."[13]

린뱌오는 AALA 국가의 반제국주의 혁명 투쟁을 새로운 세계혁명의 흐름으로 판단했다. 그는 이 새로운 혁명적 흐름에 '농촌혁명 근거지를 만들고 농촌으로 도시를 포위하자'라는 마오의 혁명 이론을 적용함으로써, 중국을 세계혁명의 중심이자 근거지로 삼고자 했다. 이러한 맥락에서 AALA 국가는 중국의 새로운 혁명동력의 공간으로 자리 잡았으며, 1950년대 후반부터 문화대혁명에 이르기까지 중국의 정치·문화 영역에서 점차 중요한 역할을 담당하게 되었

---

13 林彪, 『人民革命戰爭萬歲──紀念中國人民抗日戰爭勝利二十周年』, 北京 : 人民出版社, 1965, 32頁.

다. 이 시기 항미원조 영화 속 '조선'은 AALA 혁명 열정의 생생한 재현 대상으로, 중국의 혁명적 유토피아 충동을 다시 한 번 충족시켰다. 이후 문화대혁명 시기에 이르러 양판희 〈기습백호단〉은 기존의 1960년대 항미원조 서사에서 한층 더 나아가, '인민전쟁' 담론과 '국제주의 정신'이 더욱 강화된 몇 가지 변화를 보여준다.

첫째, 문화대혁명이 철저한 반서구 운동이라면, 문혁의 궁극적인 목표는 진정한 계급의식으로 서구 현대성을 뛰어넘는 것이다.[14] 〈기습백호단〉은 미 제국주의와 그 하수인인 이승만 괴뢰군에 맞서는 조선 해방투쟁을 다뤘다. 이는 문혁시기, 문예 전선에서 인민대중에게 반제국주의·반혁명의 계급의식을 고취하는 것은 물론, 인민전쟁 사상과 국제주의 정신을 선전하는 중요한 도구로 활용되었다. 1967년 출판된 『혁명경극양판희』에 실린 극본에는 서막부터 마지막 장까지, 모든 장의 시작 부분에 마오쩌둥의 어록이 삽입되어 있다. 예를 들어, 서막에는 작품의 핵심 주제를 압축한 마오의 국제주의 사상을 인용하여, "이미 혁명에서 승리한 인민은 마땅히 해방을 위해 싸우고 있는 인민의 투쟁을 도와야 한다. 이것이 우리의 국제주의 의무이다"라는 구

---

14   李楊, 同前, 304頁.

절이 발췌되어 있다. 또한, 적군과 전투를 결정하고 작전을 수행하는 제3장부터는 마오의 군사 전략과 사상이 담긴 어록이 삽입되어, 마치 제3세계 인민 전투에서의 모택동 사상의 무궁한 위력을 보여주는 '전술 전략서' 같은 느낌을 준다.[15] 이처럼 문혁 초기인 1967년, 이전 시기보다 더욱 중국이 주도하는 세계 인민의 투쟁 속에서 마오의 영도적 지위가 강화된 징후들이 포착된다. 이러한 서사적 구성으로 볼 때, 항미원조 전쟁 수행과 승리는 모두 마오의 인민 전쟁 전략에 따른 필연적 결과이며, 마오의 배양과 교육을 통해 성장한 지원군 전사들은 프롤레타리아 영웅의 모범이 된다.

둘째, 작품 속 '프롤레타리아트 국제주의' 정신이 극대화되었다. 특히 국제주의 정신을 강조하는 주요 장치로, 극의 시작과 끝을 장식하는 '인터내셔널가國際歌'를 들 수 있다. 이와 관련해 1972년 당시 『인민일보』에 실린 비평을 참고해 보자.

> "중조 인민이 단결해 싸운 장엄한 서사시〈기습백호단〉은 양국 영웅 전사들이 '인터내셔널가'의 선율에 맞춰 전

---

15 合肥師範學院大聯文藝革命組編,『革命京劇樣板戱』, 合肥師範學院大聯文藝革命組出版, 1967, 31-91頁.

쟁의 포화를 뚫고 전진하는 장엄한 장면으로 시작됩니다. 중조 인민이 '인터내셔널가'에 맞춰 산과 바다를 헤치며 승세를 타 진군하여 적을 궁지에 몰아넣는 것으로 끝이 납니다. (중략) 특히 웅장하고 우렁찬 '인터내셔널가'는 50년대 조선의 항미전쟁을 백여 년간 프롤레타리아 계급의 장엄한 투쟁과 하나로 연결하여 프롤레타리아 국제주의 주제를 역사 속에서 두드러지게 표현하고 있습니다."[16]

국제주의와 사회주의를 상징하는 '인터내셔널가'를 활용하여 항미원조 전쟁을 100여 년 동안 이어져 온 프롤레타리아 투쟁의 계보 의에 올려놓았다면, 기존의 항미원조 서사에서 주류를 이룬 일국에 한정되는 조국애와 일본 침략에 의한 민족적 상흔은 축소되었다. 이러한 변화는 문혁 시기, 항미원조 전쟁의 참전 필요성을 설득하고 대중을 동원할 필요가 없어진 반면, 이 전쟁을 제3세계 피억압 민족의 계급투쟁이자, 중국의 국제주의 정신에 입각해 수행한 역사적 의무로 해석해야 했기 때문이다. 다시 말해, 항미원조 전

---

16 沈陽部隊紅峰, 『無產階級國際主義的禮贊──贊革命現代京劇〈奇襲白虎團〉』(原載1972年11月12日『人民日報』), 轉自於人民文學出版社編輯部編 : 『革命現代京劇〈奇襲白虎團〉評論集』, 北京 : 人民大學出版社, 1975, 7頁.

쟁은 더 이상 중국 내에서만 기억되어야 할 역사가 아니라, 전 세계 특히 AALA 국가로 확산될 마오쩌둥 혁명 이데올로기의 담체로 기능해야 했던 것이다. 서사 속 국제주의 정신의 강화는 자연스럽게 조선 형상의 다양화와 전쟁 수행에 있어 조선의 주체성이 두드러지는 변화를 가져왔다.

1960년대 항미원조 영화에서 이러한 변화들을 확인했다. 계급의식으로 각성한 강인한 모습의 조선 부녀, 지원군과 어깨를 나란히 하고 함께 싸우는 용맹한 인민군 전사들이 그 대표적인 사례다. 〈기습백호단〉에는 이러한 변화된 조선 형상들이 종합적으로 나타나는데, 주목할 점은 조선 노동당원으로 등장하는 최 씨 아낙과 적군의 폭압에 저항하는 조선 인민들의 '집단적 형상'이다. 이는 기존의 항미원조 문예에서 조선 어머니 혹은 아버지 등 특정 개인의 영웅 형상 小我과 구별되며, 중국혁명 문예에서 당의 지도 아래 계급적으로 각성하고 민족해방의 주역으로 성장하는 노농병 신분의 집단 형상 大我과 닮아 있다.

극의 2장에서, 조선 노동당원인 최 씨 아낙은 당과 촌 위원회의 지시에 따라, 위험을 무릅쓰고 적의 동정을 살피다 그만 발각되고 만다. 추궁하는 적군을 향해 "짐승들! 너희들을 인민전쟁의 바다에 파묻어 버리겠어!"라고 비난하자, 미군은 최 씨를 총으로 쏴 죽인다. 남은 아낙들은 최 씨를 끌어안고 다음과 같이 분노한다. "우리 국토는 삼천리에 이르고 영웅 인민의 기개는 강건하다. 일어나 칼에 맞아 죽을지언정 결코 무릎 꿇지 않겠다."¹⁷ 주변을 둘러싼 조선 인민들은 이에 호응하며 "결코 무릎을 꿇지 않겠다, 순한 양이 되지 않겠다!"라며 함께 노래한다. 남한군은 도로 수리나 하라며 그들을 총으로 위협하지만, 그들은 두려워하지 않고 계속해서 대항한다. 극은 조선 인민들이 참을 수 없는 분노 속에서 한데 모여 최 씨 아낙의 주검을 들어 올리며 남한군을 제압하는 장면으로 마무리된다.¹⁸ 비록 짧은 장면이지만, 기존의 항미원조 서사에서 대부분 인민지원군의 도움을 받거나 보조적 역할로 그려졌던 조선 인민들의 형상과 비교할 때, 주체적으로 적군의 억압에 집단 저항하는 모습이 강조된다는 점에서 중요한 의미를 갖는다. 이는 제국주의에 대한 제3세계 인민대중의 원한과 해방투쟁의 열망을 압축적으로 보여주는 상징적인 장면이다. '문화혁명'이 정치·제도적 측면의 혁명이 아니라 이데올로기 차원의 혁명, 혹은 프롤레타리아 인간으로의 탄생을 의미한다고 본다면, 문

---

17 山東省京劇團『奇襲白虎團』劇組集體創作 : 現代革命京劇『奇襲白虎團』, 北京 : 人民大學出版社, 1972年9月演出本, 24頁.
18 同上, 25頁.

혁 시기 문예 창작 지침이 조선 형상화에도 적용되고 있는 것이다.

특히, 항미원조 전쟁의 명칭 변화는 이러한 변화를 단적으로 보여준다. 이 시기에는 기존의 항미원조 전쟁 대신 '조선항미전쟁' 혹은 '조선인민전쟁'이라는 명칭이 사용되었다. 전쟁의 명명이 원인과 명분, 전쟁을 어떻게 기억할 것인가 등의 정치적 문제와 관련되어 있다는 점에서, 이는 매우 중요한 변화다. '조선'이 강조되는 이러한 새로운 명칭들은 미제국주의와 그 하수인인 반혁명 세력에 맞서 싸우는 독립적인 전쟁의 주체로 조선을 더욱 부각하는 효과를 낳았다. 이로써 조선은 보호 대상이 아니라, 계급정체성을 공유한 중국 지원군과 함께 보위되어야 할 '사회주의 동방의 전초기지'로 승격된다.

둘째, 적군의 구성이 과거의 미군-일제 전범-이승만 군대에서, 미군과 이승만 군대로 압축되어, 반미 제국주의와 반혁명의 계급의식과 세계관을 고취하는 데 집중되었다. 작품 속에서 지원군 옌웨이차이는 조선의 어머니 최 씨 아낙의 희생 소식을 접하고, 과거 미군과 장제스 군에 의해 희생된 자기 어머니의 죽음을 떠올린다.[19] 이는 기존의 항미

---

19 "안평산을 멀리 바라보니 먹구름이 자욱하고, 어머니의 용감한 순국 장면이 눈앞

원조 서사에서 종종 등장했던, 구중국 시기 일본군과 장제스군에 의한 지원군 가족의 희생이라는 방식과 차이를 보인다. 미군과 장제스군 그리고 미군과 이승만군에 의해 희생된 두 어머니의 죽음은 중·조 양국이 공유하는 계급적 원한과 민족의 한으로 형상화된다. 또한, 일본 제국주의 침략 기억이 축소된 대신, 미군의 착취 행위가 더욱 부각되었다. 예를 들어, 미군 고문이 도로 수리에 조선 인민의 노동력을 착취하려 하자, 이에 맞서 최 씨 아낙이 그들의 침략행위를 다음과 같이 준엄하게 꾸짖는다.

> 미군: 여러분, 적색 선전에 속지 말아요. 우리 미국인은 당신들의 국토 통일을 돕고 당신들에게 평화와 민주, 자유와 행복을 가져다주었습니다.
> 최 씨 아낙: 퉤! 평화? 행복? 민주? 자유? 마을 사람들, 보세요! 이것이 그들이 우리에게 가져다준 평화와 행복입니다. 이것이 그들이 우리에게 가져다준 민주와 자유

에 생생하다. 그날의 상황이 다시 떠오른다. 나의 어머니는 미제와 장제스에 의해 노산에서 잔혹하게 살해당했다. 양산은 넓은 바다를 사이에 두고 멀리 떨어져 있지만, 두 집안의 고난은 굳게 연결되어 있다. 중·조는 고난을 함께 겪는 형제이며, 계급적 원한과 민족적 적개심은 결코 함께 하늘을 이고 살 수 없는 불공대천의 원수다. 당의 지도 아래 우리는 정신을 개조하고 세상을 뒤바꾸는 혁명을 실천한다. 인류의 해방을 위해 몸이 부서지고 뼈가 으스러지더라도 마땅히 기꺼이 감당하겠다!" 山東省京劇團『奇襲白虎團』劇組集體創作, 위의 책, 31-32쪽.

입니다. 도적놈들, 누가 너희들의 헛소리를 믿겠는가?! 우리는 너희들이 조선에서 당장 나가기를 바라!²⁰

이 장면을 1960년 영화 〈삼팔선 위에서〉 속 장면과 비교해 보자.

"지난 세월 얼마나 많은 우리 동포가 왜놈의 총검에 쓰러지고, 얼마나 많은 도시와 마을이 미국 놈의 포탄에 파괴되었는가. 집안이 파탄 나고 사람이 죽었으며 가족이 뿔뿔이 흩어졌다. 그럼에도 너희는 여전히 부족한가, 당신 같은 미국 강도들이 또 일본 전범들을 키워 계속 사람을 죽이고 있으니. 사람을 해쳐도 눈 하나 깜짝하지 않는 미국 도적놈들아, 조선에서 당장 꺼져라."[21]

〈삼팔선 위에서〉의 조선 어머니가 미국의 침략행위를 과거 일제의 조선 침략과의 연장선상에서 인식하고 있는 반면, 〈기습백호단〉의 조선 어머니는 미국을 중심으로 하는 '자유 민주 세계'를 부정하고 피억압 민족으로서의 울분을

---

20 위의 책, 21-22쪽.
21 電影, 『三八線上』, 1960, 八一電影制片廠拍攝.

토하고 있다. 따라서 문화대혁명 시기에는 일국에 한정되는 애국주의보다는 반미 정서의 계급적 인식과 세계관이 강조되었음을 확인할 수 있다. 비록 이 작품이 1960년대 항미원조 서사의 연장선 위에 있지만, 〈기습백호단〉은 이처럼 '전 세계를 향한 혁명 수출'의 이상과 국제주의 상상이 충만했던 문혁시기의 시대적 징후를 담고 있다.

3. "전 세계 인민이여 단결하라!": 〈해항〉과 제3세계의 연대

문화대혁명 시기, 일상에서도 숨어있는 적을 경계하고 끊임없는 계급투쟁이 필요하다는 인식이 강조되었다. 또한, 문예창작에서는 중국이 세계혁명의 전위前衛로서 AALA 국가 인민의 해방투쟁과 긴밀히 연결되어야 한다는 국제주의 상상이 필수적으로 요구되었다.

8대 양판희 중 〈기습백호단〉은 미 제국주의에 맞서 민족해방전쟁을 벌이는 한반도를 무대로, 중국 인민지원군의 직접적인 혁명 원조를 그릴 수 있었다는 점에서 문예를 통한 국제주의 상상을 형상화하는데 용이했다. 한편, 부두의 하역 노동자의 생활을 다룬 〈해항〉은 상하이 항구라는 특수한 공간을 무대로, 정치·제도적 혁명이 완성된 사회주의 건설 시기, 인민대중이 일상 속에서 어떻게 혁명 자아를 서술하고 세계와의 관계를 상상하는지 탐구할 수 있는 작품이다. 특히, '상하이'라는 상징적 시공간은 부두 노동자의 혁명적 자아 정체성을 강화하는 동시에 AALA 국가와의 연대를 형상화하는 데 중요한 역할을 한다. 이를 통해 궁극적으로 문예를 매개로 중국과 AALA 국가 간의 상상의 공동체를 구축하고자 했던 문화대혁명 시기의 문화정치를 탐색할 수 있다.

상하이 항구의 식민 역사와 '수정주의 반대'

〈해항〉의 줄거리는 다음과 같다. 1963년 여름, 상하의 황푸강 부두에서 노동자들은 사회주의 조국의 주인이라는 자부심을 안고 아프리카를 돕기 위한 볍씨를 싣는 데 분주하다. 그런데 고등학교를 막 졸업하고 부두로 배치된 한샤오창韓小强은 이 일에 만족하지 못한다. 한편, 숨겨진 계급의 적 첸수이웨이錢守維는 사상적 혼란을 겪는 한샤오창을 이용해 곡물 포대에 유리 섬유를 섞어 중국의 국제적 이미지를 떨어뜨리려고 한다. 하역대대 당 지부 서기 팡하이쩐方海珍을 비롯한 노동자들은 문제의 포대와 사건의 배후에 있는 적을 찾는 한편, 상하이 부두의 식민 통치 역사를 교육해 한샤오창의 정치의식과 계급적 자각을 높인다. 결국 첸

양판호 〈해항〉의 대본집

수이웨이는 처벌을 받고, 노동자들은 아프리카를 도울 볍씨를 제때 선적하여 국제주의 임무를 순조롭게 완수한다. 극중 하역 노동자들의 국제주의 실현은 국내 계급투쟁의 결과로 나타난다. 즉, 숨겨진 계급의 적의 음모를 밝혀 응징하고, 혁명후계자의 사상오염을 방지하는 것이다. 이러한 서사에 힘을 실어주는 요소는 신중국의 변화를 상징적으로 내포하고 있는 '상하이항'이라는 공간적 배경이다.

중국 근현대사에서 상하이는 특별한 의미를 지닌 도시다. 1843년 난징조약 체결 이후 약 100년 동안 서구 열강들의 조계지였던 상하이는 제국주의에 의한 중국의 피식민 역사를 상징하는 치욕적인 공간이었다. 그러나 상하이를 수탈의 도시, 부패하고 나약했던 구중국의 상징으로만 보는 것은 단편적인 시각이다. 상하이는 혁명의 도시이기도 했다. 중국 공산당이 창립된 곳도, 현대적 의미에서 중국의 대중운동이 태동한 곳도 상하이였다. 혁명이 본격적인 전투 단계로 돌입했음을 알리는 첫 신호탄은 1925년 5·30운동이었다. 1925년 초, 상하이는 노동자들의 파업 물결에 휩싸였다. 그러던 중 한 파업 현장에서 중국인 노동자가 일본인 감독의 총에 맞아 숨지는 사고가 벌어졌다. 이에 분노한 노동자와 학생들이 5월 30일 항의 시위를 벌였으나, 영국 경찰이 반일 시위대를 향해 발포하면서 13명이 목숨을 잃었다. 이 사건을 계기로 중국 전역의 주요 대도시에 파업과 시위가 확산했으며, 외국 상품 불매운동이 일어나 반제국주의 민중운동의 거대한 물결이 전국을 휩쓸기 시작한다.[22] 5·30운동이 도화선이 되어 일어난 대중운동은 초기에 국공합작에 정치적 추동력을 부여했지만, 결국 합작의 정치적 기반을 와해시키고 4·12 쿠데타를 초래하여 첫 번째 사회주의 혁명의 잠재력은 좌절되고 말았다. 그러나 그로부터

---

22 모리스 마이스너, 앞의 책, 52쪽.

20여 년 후, 중국 공산당은 거대한 중국을 통일하고 사회주의 혁명을 실현했다. 〈해항〉의 배경인 상하이항과 하역 노동자의 설정은 이러한 중국 현대혁명사 속에서 상하이와 노동자가 지닌 상징적 의미를 바탕으로 하고 있다.

해방 후, 1963년의 상하이는 어떻게 변했을까? 제1장, 막이 오르고 등장한 상하이항의 모습이다.

> 황포강에는 수천 척의 배가 길게 기적을 길게 울린다. 상하이항의 한 하역 작업구역에는 '총노선 만세!'라는 구호가 걸린 철탑이 구름 위에 우뚝 솟아있다. 프롤레타리아 국제주의 혁명 자부심으로 가득 차 있는 수많은 쿠두 노동자들이 아프리카 원조를 위한 볍씨의 조기 선적을 위해 분주히 일하고 있다. 하역 5대장 가오즈양高志揚은 흥분한 표정으로 현장을 지켜보며 말한다. "하역이 끝도 없는 상하이항이야! 우리 하역 노동자들은 왼손에 곡물 만 톤을, 오른손에는 강철 천 톤을 들어 올리네. 혁명을 위해, 비록 산이 높고 바다가 넓어 방해될지라도, 온갖 어려움과 위험이 있다고 하더라도, 우리는 이 두터운 우정을 세계의 사방팔방으로 보내야 하네!"[23]

---

23 上海工人業餘寫作組：革命樣板戲故事『海港』, 上海人民出版社, 1972, 1頁.

가오즈양의 대사에서 알 수 있듯이, 사회주의 중국의 상하이 부두는 국제적인 항구로, AALA 국가 인민의 세계혁명을 지원하는 혁명 중국의 이상적인 공간이다. 또한, 하역 노동자들은 사회주의 중국의 주인으로, 자신들의 노동이 국제주의 임무와 맞닿아 있다는 것을 깊이 이해하고 있는 프롤레타리아트의 모범적 존재다. 이러한 그들의 자아 정체성은 상하이항의 과거 역사와 현재의 영광이 극명하게 대비되면서 강화된다. 식민시대 상하이 역사를 직접 경험한 혁명가로서 퇴직한 노동자 마홍량馬洪亮과 당 지부 서기 팡하이쩐은 청년 노동자인 한샤오창에게 상하이항의 아픈 역사를 들려준다. 한샤오창은 이러한 사상교육을 통해 혁명후계자로 각성하게 된다. 한편, 자본주의 사상을 퍼뜨려 혁명후계자인 한샤오창의 사상을 오염시키려 한 첸수이웨이는 과거 미·일 제국주의 및 국민당 반동파를 도와 노동자를 착취한 하수인으로 묘사된다. 그는 신사회에 원한을 품고 기회만 되면 훼방을 놓는 계급의 원흉으로 형상화된다. 과거부터 현재까지 이어지는 그의 악행은 다음 팡하이쩐 대사에 드러나듯이, 프롤레타리아트 독재하의 지속적인 계급투쟁이 필요함을 보여준다.

"동지들! 첸수이웨이는 잡혔지만, 새로운 첸수이웨이가

있을 것입니다. 태평양은 태평하지 않고, 상하이항도 안전하지 않습니다. 우리는 '계급투쟁은 매년, 매월, 날마다 해야 한다'라는 마오 주석의 가르침을 영원히 기억해야 합니다."[24]

포스트 식민시대, 제3세계 간의 연대 상상

〈해항〉에서 노동자들이 시간을 다퉈 선적하려던 것은 아프리카를 돕기 위한 '볍씨'였다. 작품에서는 아프리카로 향하는 볍씨와 북유럽으로 향하는 유리 섬유가 대비되는데, 이러한 설정을 통해 볍씨는 인민의 생명과 자립을 상징하는 반면, 유리 섬유는 자본과 연결되어 생명을 해치는 이미지로 표상된다. 팡하이쩐은 마홍량에게 이렇게 말한다.

"마 사부, 그건 아프리카를 도울 볍씨입니다. 제국주의는 그곳에서는 벼를 심을 수 없어 식량문제는 오직 수입을 통해서만 해결할 수밖에 없다고 이미 오래전에 단정 지었습니다. 하지만 우리 동지들이 그곳에 간 지 불과 2년 만에 현지 인민들과 함께 벼를 심는 데 성공했어

24 　上海工人業餘寫作組 : 革命樣板戲故事『海港』, 上海人民出版社, 1972, 33頁.

요. 이제 대대적인 보급을 위해, 대량의 볍씨가 필요합니다!"²⁵

팡의 대사는 아프리카가 비록 제국주의 식민 통치에서는 독립했으나, 여전히 어려운 상황에 처해 있음을 암시한다. 서구 제국주의의 아프리카 침탈은 19세기 후반부터 본격적으로 시작되었다. 제국주의 열강들은 세계 각지에서 식민지 쟁탈에 나섰고, 아프리카 대륙 역시 쟁탈전의 각축장이 되었다. 이 과정에서 아프리카 대륙은 각 민족의 특성과 언어, 생활환경 등이 무시된 채 제국주의자들의 편의대로 갈가리 분할되었다. 그러나 제2차 세계대전 종전 후, 전 세계적인 민족해방운동의 흐름 속에서 아프리카 대륙에서도 반제국주의 민족주의 운동이 싹트기 시작한다. 1957년, 가나가 아프리카 최초로 독립했으며, 이듬해인 1958년 전 아프리카 대표들이 함께 모여 해방과 통일을 추진하기 위한 '전 아프리카 국민회의'를 설립했다. 이러한 노력의 결과, 1960년대에는 나이지리아를 시작으로 17개 국가가 한꺼번에 독립을 이루며 '아프리카의 해'로 불리기도 했다. 이후 1963년까지 아프리카 대부분 지역이 독립을 이루었다. 그러나 제

---

25 同上, 8頁.

국주의로부터 정치적 독립을 이뤄냈다고 해서 아프리카 신생국들의 시련이 끝난 것은 아니었다. 비록 제국주의의 직접적인 식민 통치는 종식되었으나, 경제적·문화적·지적 지배 형태의 포스트 식민주의를 통해 여전히 적지 않은 영향을 미쳤기 때문이다. 이러한 맥락에서 중국이 포스트 식민 위기에 처한 아프리카 국가에 전문가를 보내 농사법을 알려주고, 자력갱생을 통해 제국주의의 손아귀에서 벗어나도록 돕는다는 〈해항〉의 설정은 동일한 피식민을 경험한 제3세계 연대의 특수성을 함축한다고 볼 수 있다. 또한, 농촌재건과 자력갱생을 통한 중국의 아프리카 원조는 중국 혁명의 성공으로 증명된 마오 사상에 대한 자신감을 반영하며, 나아가 혁명모델을 아프리카로 수출하려는 중국의 혁명유토피아 충동을 엿볼 수 있다.

이상으로, 중국 혁명유토피아적 충동이 최고조에 달했던 문화대혁명 시기, 무력투쟁과 비무력투쟁이라는 두 가지 측면에서 중국 특유의 국제주의 세계관을 탐구할 수 있는 두 작품을 살펴보았다. 〈기습백호단〉은 마오쩌둥 사상을 구현한 제3세계 인민 전쟁을 묘사하며, 프롤레타리아 전사들이 조선 해방투쟁을 직접 지원하는 모습을 그렸다. 한편, 1960년대 부두 노동자들의 삶을 조명한 〈해항〉은 옛 상하이와 오늘날의 대비를 통해, 프롤레타리아 독재하에서의 지속적인 계급투쟁과 포스트 식민 위기에 직면한 제3세계 국가와의 연대를 그렸다. 문혁 시기, 인민대중에게 유일하게 허락된 대중 문예가 양판희였음을 고려할 때, 이 두 작품은 혁명 승리를 이룬 중국이 제국주의에 핍박받는 전 인류의 해방을 마땅히 도와야 한다는 중국의 혁명적 자아 정체성을 추동하는 데 기여했다고 볼 수 있다.

류사오치는 1948년 11월, 중화인민공화국 수립을 앞두고 「국제주의와 민족주의를 논함論國際主義與民族主義」을 발표했다. 이 글에서 그는 제국주의 국가들이 피억압 민족을 상대로 벌인 식민지 쟁탈 행위를 비판하며, 피억압 민족 내부의 공산당원들이 주도하는 반제국주의운동이야말로 프롤레타리아트 국제주의의 구체적 이행임을 강조했다. 또한, 민족해방운동의 승리는 프롤레타리아 국제주의 사업을 향한 중대한 도약이며, 나아가 세계 프롤레타리아 계급의 사회주의 혁명에 막대한 지원과 추진력을 제공하는 것이라고 역설했다.[26] 이는 마오쩌둥이 항일전쟁 시기에 주장한 '애국주의는 민족해방 전쟁 과정에서 국제주의를 실현하는 것'이라는 뜻을 다시 한번 강조한 것이다. 이처럼 피억압 민족이었던 중

---

26 劉少奇, 『論國際主義與民族主義』, 北京 : 人民出版社, 1953(第六次印刷), 9頁.

국의 독특한 혁명 사상과 그 경험은, 건국 이후 점차 소련의 사회주의 모델에서 벗어나 제3세계와의 감정적 연대를 바탕으로 새로운 세계혁명 조류의 전위로 나아가는 데 추동력이 되어주었다. 이는 분명 미·소 양국을 중심으로 이분된 냉전적 세계 질서를 흔드는 하나의 대안이었고, 오랜 시간 제국주의와 (반)식민에 의해 주권은 물론 경제, 문화적으로 억눌려있던 제3세계 신흥국에 제 목소리를 분출할 수 있는 계기였다.

그러나 중국의 세계혁명은 상상에 그치고 말았다. 그렇다면, 제2세계의 상실과 제3세계의 부진, 더 정확히는 제3세계 연대가 실패한 오늘날, 역사적 성찰을 통해 살려내고 발전시킬 사상적 유산은 없는 걸까? 민족 국가 간의 약육강식 논리를 초월하여 약자의 편에 서서 연대하려 했던 모든 노력은 도대체 왜 실패로 돌아갔는가?

1960년대 중국이 이끌던 제3세계 중심의 세계혁명 실패 요인은 먼저, 프롤레타리아트 국제주의와 민족주의 사이의 태생적으로 피할 수 없는 모순에서 찾을 수 있다. 또한, 중·소 분쟁이 국제공산주의 운동과 사회주의 진영 내 지도자의 합법성과 주도권을 둘러싼 갈등에서 비롯되었듯이, 주도권을 쥔 지도자와 그를 따르는 사회주의 진영의 내부 구조의 반복 역시 중요한 원인이다. 이는 기존의 사회주의 진영의 지도국이던 소련이 '형님'으로서 각종 지원을 제공하는 대가로 이데올로기적 복종을 요구하고, 중국은 '아우'로서 그것을 받아들이고 이익을 취했던 방식과 다르지 않았다. 어떤 의미에서 이것은 과거 중화 제국의 '천하질서'를 혁명 버전으로 재구성한 것에 불과하다고도 볼 수 있다. 이러한 혁명의 실패가 더 아프게 다가오는 이유는 중국이 소련과 달리 제3세계 국가들과 비슷한 민족적 비극을 공유하고 있기 때문이다. 그러나 역사의 실패가 반드시 영원한 실패를 의미하는 것은 아니다. 더욱이, '제1세계의 독식'으로 귀결된 현 세계질서 속에서 이에 대응하는 새로운 공동체를 구상한다면, 제3세계의 반둥정신이 메시지를 제공할 수 있지 않을까? 문화·자원·인구·정권 체제 등 너무나 이질적인 구성원을 하나로 묶어준 감정적 연대를 여전히 공유하고 있는 한, 이들이 한목소리로 단합하여 신자유주의에 맞서고 폭력투쟁은 지양하는, 그러한 새로운 운명공동체 형성의 열쇠가 어쩌면 그 안에 남아 있을지도 모른다.

2부

포스트 마오쩌둥 시대:
변화하는 기억과 항미원조 서사의 재구성

4장
1980년대: 영화 〈마음 깊은 곳〉과 포스트 사회주의 문화 재구성

1. 탈냉전기 전쟁 기억의 귀환: 항미원조의 새로운 의의

1978년 덩샤오핑이 실권을 잡으며 맞이한 '신시기'는 마오쩌둥 시대, 즉 사회주의 혁명 시기의 '연속'이었다. 합법성과 정통성이 부여된 마오의 사상을 보존해야 하는 상황에서, 국제적으로는 냉전 체제가 지속되고 국내에선 탈냉전적 흐름이 혼재하는 특수한 시기였다.[1] 그러나 1980년대 중국을 바라보는 지배적 담론은 이 시기를 사회주의 혁명 시기의 부정과 망각이라는 '단절'의 기획으로 해석하는 경향

---

1 세계적 탈냉전이 동구 공산권 와해와 소련의 해체가 이뤄진 1990년을 전후로 이뤄졌다면 아시아에서 탈냉전 특히 중국은 1972년 닉슨의 중국 방문으로, 그보다 더 근본적으로는 1950년대 중후반부터 시작된 중소분쟁으로 최소 20년 먼저 탈냉전이 시작되었다. 성공회대 동아시아연구소 기획, 김미란·오영숙·임우경 엮음, 『이동하는 아시아』, 그린비, 2013 13쪽 참고.

이 강하다는 점에서 비판적 성찰이 필요하다. 이 시기 전환기의 과제가 문화대혁명의 상처를 치유하는 동시에 새로운 시대와 새로운 중국으로의 도약을 꾀하는 것이었다면, 기존의 혁명 국가 서사를 '다시 씀'으로써 마오와 그 이후 시기를 '연속' 선상에 두고 정권의 합법성을 공고히 해야 했다는 점도 간과할 수 없다. 특히 오랜 시간 형성된 대중의 인식과 감정 구조를 하루아침에 바꾸는 것은 현실적으로 불가능했기 때문이다.[2] 이때, 문화라는 친숙한 소재와 방식은 대중이 새로운 시대를 받아들일 수 있게 하는 공감과 지지의 수단이 되었다.

이를 고려할 때, 1980년대 초 제작된 항미원조 영화는 당시 중국이 혁명 역사를 어떻게 재서사하고 새로운 정체성으로 전환을 시도했는지 보여주는 하나의 문화적 텍스트로 읽을 수 있다. 항미원조 서사가 마오 시기의 중국과 그 이후를 잇는 문화적 매개 역할을 수행했기 때문이다. 앞서 살펴보았듯이 마오 시기의 항미원조 문예는 '항미원조 보가위

---

2 첸리췬은 마오를 찬양하든 비판하든, 그의 사상은 당대 중국인의 사유와 정감 방식, 더 나아가 민족정신, 성격, 기질에 아주 깊은 각인을 남겼다고 했다. 심지어 그는 중국이 유도묵법儒道墨法의 전통 외에 '마오쩌둥 문화'를 하나 더 가지고 있다고 설명하며, 오랫동안 조직적이고 계획적이며 지도적 주입을 통해 중국에서 그 문화는 이미 민족 집단의 무의식, 곧 새로운 국민성을 형성했다고 말한다. 첸리췬, 『모택동 시대와 포스트 모택동 시대 1949~2009(상)』, 연광석 옮김, 한울 아카데미, 2012, 26쪽.

국'의 참전 기치를 주제로 인민지원군의 혁명 영웅주의, 애국주의, 국제주의 정신을 표현한 사회주의 문예였다. 항미원조 문예는 신중국이 지향하는 새로운 사회주의 세계관을 선전하는 데 중요한 문화정치 수단이 되었고, 전쟁 시기는 물론 문화대혁명에 이르는 마오 시기 내내, 연극, 노래, 문학, 영화, 양관희 등의 다양한 문예 형식으로 부단히 재서사화하면서 신중국의 혁명 자아 상상을 강화하는 국가 서사로 자리매김했다. 다소 모순적으로 보일 수 있는 '혁명'과 '애국'이라는 항미원조의 메시지는 바로 그 모호성 덕분에, '혁명' 자아 서사가 '민족국가' 서사로 전환하는 1980년대의 신시기 초반에도 일정한 역할을 수행했다. 마오쩌둥 시기 항미원조 문예가 냉전적 국제질서와 그 변화를 대중들에게 인식시키는 역할을 했다면, 신시기 초반의 항미원조 문예는 진영 논리를 벗어난 새로운 다국적 관계 속에서 중국이 어떻게 자아를 재정립할 것인가의 전망을 보여준 것이다. 그런 점에서 항미원조 문예는 신중국이 형성한 냉전적 세계관과 탈냉전적 전환 과정을 반영하는 중요한 문화 텍스트다.

 문혁 시기에도 꾸준히 제작되던 항미원조 영화는 문혁 종결 이후 한동안 자취를 감추었다가, 1981년부터 1983년까지 〈심금心弦〉(1981), 〈마음 깊은 곳心靈深處〉(1982), 〈전지의 별戰地之星〉(1983) 등 세 편이 연달아 제작·상영되었다.³ 주목할 점은, 이전 시기 항미원조 영화가 냉전적 프레임 속에서 '적아'의 대립을 명확히 드러내고 전투와 승리를 강조한 반면, 1980년대 초반 제작된 세 편의 영화에서는 전투가 부수적 요소로 밀려나고, 곳곳에서 혁명의 아이러니와 인도주의적 측면이 두드러진다는 것이다. 특히, 대중들에게 가장 큰 사랑을 받은 〈마음 깊은 곳〉에서는 이러한 신시기적 변화의 징후가 더욱 뚜렷하게 감지된다.

1982년 장춘영화제작소에서 제작된 〈마음 깊은 곳〉은 1981년 발표된 멍웨이자이孟偉哉의 중편 소설「조각상의 탄생一座雕像的誕生」을 각색한 것이다.⁴ 발표와 동시에 큰 반향을 일으킨 이 작품은 곧바로 〈대지의 깊은 정大地的深情〉(1981)이라는 드라마로 제작되어 큰 사랑을 받았고, 그 후 1년 만에 영화 제작으로 이어졌다. 소설에서 드라마로, 다시 영화로 제작되는 과정에서 장르적 특성에 따라 일부 변화가 있었으나, '항미원조 전쟁에서 살아 돌아온 지원군 여전사가 고아

---

3 문혁 시기 항미원조 영화로는 양판희를 영화화한 〈기습백호단〉(1972), 전투 승리를 다룬 〈격전무명천激戰無名川〉(1975), 〈벽해홍파碧海紅波〉(1975), 〈창공의 독수리長空雄鷹〉(1976) 등이 있다. 문혁 이후 1978년에 제작된 〈문등천을 지키자堅守文登川〉, 〈비호飛虎〉는 군사 교육용 영화다.
4 孟偉哉,「一座雕像的誕生」,『孟偉哉文集·第一卷』, 北京: 人民文學出版社, 2014.

영화 〈마음 깊은 곳〉(1982)의 홍보 전단. 주인공 양란은 전쟁을 마친 뒤 상하이로 돌아와, 희생된 동료의 자녀를 입양한다.

가 된 열사 자녀들의 엄마가 된다'라는 핵심 테가는 변치 않고 대중들에게 깊은 감동을 선사했다. 이 장에서는 영화 〈마음 깊은 곳〉 속 '생존자'의 이야기, '혁명' 대가정에서 '혈연' 소가정을 추구하는 경향, 그리고 '여성' 지원군의 등장을 포스트 사회주의 문화징후로 추출한다. 이를 마오 시기 항미원조 서사 특징과 비교 고찰함으로써, 전후前後 서사 변화와 그 배후에 있는 문화적 기제를 탐구하고자 한다. 이러한 작업을 통해, 사회주의 혁명 시기와의 '단절'이 아닌 '연속'의 관점에서, 새로운 시대로 안정적 전환을 꾀하는 신시기 항미원조 서사의 문화 기획과 그 한계에 대해 살펴보고자 한다.

2. 전쟁의 그늘 속 '생존자'의 이야기

영화는 1953년 항미원조 전쟁 휴전을 몇 시간 앞둔 상황에서 시작된다. 약속된 시간이 되어 거짓말처럼 총성이 잦아들자, 지원군들은 모두 참호 밖으로 쏟아져 나오며 승리와 평화의 기쁨을 만끽한다. 그러나 카메라는 환호하는 동료들과 달리, 여러 생각에 잠긴 듯 어두운 표정을 짓고 있는 군의관 오우양란歐陽蘭을 비춘다. 양란은 마음이 무겁다. 전쟁이 끝나고 마침내 사랑하는 가족과 약혼자 곁으로 돌아가 평범한 삶을 누릴 수 있게 되었지만, 희생된 수많은 동지와 달리 자신은 '살아남았다'라는 마음의 짐 때문이다. 이 영화가 특별한 것은 기존의 전쟁 서사 공식을 벗어나, 전쟁에서 살아남은 자와 그 이후의 삶을 조명하기 때문이다.

과거 혁명 시기 전쟁 서사는 '승리'의 메시지를 전달하는 데 집중되어 있었다. 자연스럽게 전쟁터에서 스러져간 병사의 죽음은 슬퍼할 일이 아니라 '영광'이었고, 남은 전우들이 '학습'해야 할 '모범'이 되었다. 지금도 중국인들에게 항미원조 영화의 명대사를 꼽으라면 홍색 경전인 〈영웅의 아들딸〉(1964)의 대사, "승리를 위해, 나에게 포를 쏘라!爲了勝利, 向我開炮!"라고 답할 것이다. 대중의 항미원조 기억을 구성하는 문구가 된 이 대사는 홀로 고지를 사수하던 지원군 전사 '왕청'이 밀려드는 적군을 소탕하기 위해 자신은 상관 말고 이쪽으로 포를 쏘라고 사령부에 무전을 치는 장면에서 탄생했다. 오랜 시간 중국인들의 마음속에 '왕청'으로 대표되는 인민지원군은 잔악한 미 제국주의를 물리치고 힘없는 북한을 보호하는 '국제주의 혁명 전사'로서, 늘 용맹하고 도덕적으로도 순결한 '사회주의 신인'의 전형이었다.

그러나 실제 전쟁터는 매 순간 삶과 죽음이 갈리는 생지옥과 같았고, 지원군들은 추위와 배고픔, 향수병에 시달리며 다가오는 죽음의 공포에 신음했다. 하지만 인간이라면 느끼는 당연한 감정들은 문예 창작에서 허용되지 않았다. 오히려 그것은 사상 개조의 대상이거나, 소수의 부정적 인물을 비판하는 도구로, 혹은 적군인 미군이나 남한군의 나약함을 조롱하는 데 쓰였을 뿐이었다. 이러한 문예 풍토 속에서 전쟁의 그늘, 예컨대 전사들의 희생과 부상, 그 이후의 삶, 그리고 남겨진 가족들의 이야기는 늘 가려져 있었다. 항미원조 서사 속에서 지원군 전사는 희로애락을 느끼는 '인간'이라기보다, 열악한 상황 속에서도 강한 미국과 싸워 승리하는 신중국의 달라진 위상을 대내외로 선전하는 '도구'에 불과했기 때문이다.

그런데 이 영화의 초반부, "전쟁은 승리했지만, 나는 생존자예요戰爭勝利了, 而我是幸存者"라는 대사는 이 영화의 서사가 기존과 다름을 보여준다. 양란은 승리에 기뻐하는 전우들의 함성을 뒤로한 채, 홀로 어두운 참호로 돌아와 휴전을 목전에 두고 희생된 전우와 남겨진 아이들을 떠올리며 눈물을 흘린다. 생존자로서의 부채감 그리고 전쟁으로 생겨난 고아들의 이야기가 서사 전면에 등장한 것이다.

전쟁이 남긴 상처를 담은 이 영화가 제작될 수 있었던 것은, 문혁 종결 이후 전 사회적으로 인도주의적 흐름이 형성되면서 역사가 남긴 상처를 직시하고 인간의 존엄과 가치를 긍정할 수 있게 된 시대적 변화 덕분이다. 그러나 이 영화가 더욱 특별한 이유는, 실제 항미원조 전쟁 생존자로서 작가 멍웨이자이의 체험이 반영되었기 때문이다. 그는 1951년 3월, 17세의 나이로 한국전쟁에 참전했다가 1953년 3월 미군의 공습으로 부상을 입고 귀국했다. 혁명 이상 실현을 위해 일찍이 군에 입대하여 창작을 시작한 작가들의 세계관이 그러하듯이 그가 그린 전쟁과 생존자의 고통은 인류사의 비극으로, 전쟁 자체를 부정하거나 반대하는 오늘날의 '반전反戰' 사상과 같다고 볼 수는 없다. 그러나 참혹한 전쟁터에서 구사일생으로 살아남아, 한평생 전쟁으로 인한 신체적, 정신적 상처를 보듬고 살아온 그의 작품에는 체험에서 우러나온 깊은 성찰이 담겨있다.[5]

휴전 후 고국으로 돌아온 양란은 가장 먼저 희생된 동지의 아이들이 지내고 있는 보육원을 찾는다. 아이들에게 부모의 유품을 전하기 위해서였다. 하지만 부모님의 얼굴을 기억하지 못하는 어린 두 남매는 양란을 보자가자 엄마로 오인하게 된다. 양란은 당황스러웠지만, 아이들이 상처받을까 차마 진실을 말하지 못했고, 깊은 고민 끝에 결국 두 남매의 엄마가 되기로 마음먹는다. 양란이 이런 결단을 내린 것은 '생존자'로서의 숭고한 사명감 때문이었다.

그러나 짧은 전쟁 장면은 희생된 전우의 몫을 짊어진 생

---

5   하계 반격전이 한창이던 1953년 5월 30일, 그는 사단으로 문서를 전달하러 가다가 갑작스러운 적의 공습을 받고 정신을 잃었다. 깨어나 보니 옆에 있던 두 명의 전우는 숨져있었다. 다행히 그는 치료를 받았고 생명에도 지장은 없었지만, 이때 다친 귀에 후유증이 남았다. 1953년 말, 20세가 된 그는 3등 2급 장애 판정을 받고 고향 산서山西에 명예 군인으로 돌아왔다. https://baike.baidu.com/item/%E5%AD%9F%E4%BC%9F%E5%93%89/636226?fr=aladdin 참고. (검색일 2020.06.22.)

존자로서의 무게를 설득력 있게 전달하지 못했고, 대사 위주의 전개가 양란의 내면세계를 소설만큼 섬세하게 담아내지 못했다. 소설의 다음 내용을 참고하여, 전쟁터에서 살아 돌아오기까지 양란의 심적 변화를 따라가 보자.

"3년 전, 내가 상하이를 떠나 전쟁터로 향했을 때, 평화롭고 번화한 대도시의 삶이 갑자기 포화가 끊이지 않고 고되고 낯선 전장의 삶으로 변화했을 때, 나는 여러 번 생각하고 준비도 했어요. 나는 곧 그곳에서 죽게 될 것이라고. (…) 맞아요, 나는 살아남길 열렬히 바라고 또 바랐어요. 나는 젊고, 내가 좋아하는 의학에서도 아직 성과를 내지 못했어요. 게다가 결혼도 안 했고, 사랑의 기쁨과 행복도 느끼지 못했는데, 내가 왜 죽고 싶겠어요? (…) 나는 영웅도 아니고, 놀랄만한 업적을 세운 것도 없어요. 나는 두렵고 연약했으며, 엄혹하고 변화무쌍한 전쟁에 대한 무지로 인해 당황스러웠고, 어찌해야 할지 몰랐어요. 처음에는 부상자의 고통과 피, 그리고 동지의 죽음을 보고 울기도 했어요. 하지만 나중에는 눈물을 쉬이 흘리지 않게 단련도 되었지요. 그렇지만 나는 여전히 언제든 죽음을 준비해야 했고, 내가 사랑하는 모든 것을 내려놓을 준비를 해야 했어요. 나의 사랑마저도. 하지만 그 또한 내가 그것들을 무척이나 소중하게 여겼기 때문이에요. (…) 그러던 어느 순간, 갑자기 전쟁이 멈췄어요. 나는 아직 숨을 쉬고 있고, 생각할 수 있고, 나의 모든 감각을 유지하고 있어요. 나는 아직 살아 있어요. 나는 생존자라고요! (…) 생존자! 언니, 이것이 의미하는 것은 내 생명이 더는 내 것만이 아니라는 거예요. 내 생명은 무수한 생명을 합한 거예요. 전쟁이 멈춘 그 순간부터 나는 깨달았어요. 생존자가 된 것은 행운이지만, 버겁고 어려운 일이라고. 오로지 고상함만이 그 버거움을 덜어낼 수 있어요. 사심이 없고 양심이 있어야 해요."[6]

전도유망한 의대생이었던 양란은 당의 부름을 받고 하루아침에 전쟁터로 가야 했다. 죽음이 난무하는 전쟁터에서 수없이 체념하고 마음을 다잡아보지만, 마음 깊은 곳에서는 생의 강한 충동을 느끼며 고뇌한다. 그러던 어느 순간, 수많은 목숨을 앗아간 전쟁이 갑작스럽게 멈췄다. 그리고 거짓말처럼 자신은 살아남았다는 사실을 오로지 몸의 감각으로만 실감할 수 있었다. 그러나 이제, 남은 생은 더 이상 전

---

6 孟偉哉, 同前, 27-28頁.

쟁 이전으로 돌아갈 수 없게 된 것이다.

3. '혁명' 가정에서 '혈연' 가정으로

전쟁의 한복판에서 폭력의 절대치를 경험하고 돌아온 양란의 삶이 전쟁 이전으로 돌아갈 수 없다는 것은 곧, 전쟁 이후의 평화로운 삶에 자연스럽게 녹아들 수 없음을 의미한다. 고향으로 돌아온 양란은 3년을 기다린 약혼자 황이성黃益升과 재회하고 행복한 결혼을 꿈꾼다. 하지만 '열사 자녀의 부모가 되어줄 것인가'의 문제로 두 사람은 크게 갈등한다. 두 남녀의 날 선 대립을 보고 있으면, 마치 이들이 서로 다른 시대에서 온 듯하다. 여자는 혁명 시대에서, 남자는 혁명이 끝난 신시기에서 살아온 사람처럼. 그뿐만 아니라, 마오쩌둥의 사진과 혁명 구호가 사라진 상하이의 풍경, 영화 속 어두컴컴한 전쟁터와 대비되는 웅장하고 화려한 서양식 건물은 마치 양란이 한국전쟁이 휴전된 1953년의 북한에서 곧바로 1980년대 중국으로 시간 이동한 것 같은 묘한 착각을 불러일으킨다. 이 절에서는 두 사람의 대화를 바탕으로, 가정, 사랑, 열사 자녀를 양육하는 혁명 사업에서 뚜렷하게 대비되는 혁명적 가치관과 개인주의적 가치관을 들여다본다.

양란은 희생된 동지의 대의와 숭고함을 강조하면서, 남겨진 아이들의 엄마가 되는 것이 도의이자 양심이라고 이성을 설득한다. 그러나 이성은 다음과 같이 대답한다.

> "내가 힘겹게 너를 3년이나 기다린 것은 남의 애 계부가 되기 위해서가 아니야!"[7]
> (…) "그리고 결혼하면 어쨌든 우리 애가 있어야지. 우리 아이, 이해하겠어?"[8]

이처럼 이성은 '개인'의 행복과 사랑 그리고 그 결실로 자신의 피붙이, 즉 '혈연' 가정을 원한다. 그의 마음을 읽은 양란은 크게 실망하고 분노한다.

> 양란(독백): 마침내 나는 이해했다. 그러니까 그는 나와 결혼하면 내가 그에게 두 아이를 낳아줄 것으로 여긴 것이다. 그가 사랑하는 것은 그와 혈연관계를 갖는 후대

---

7 黃:(……) 我苦苦地等了你三年, 也不是爲了作別人的繼父! 「心靈深處」 대본집, 長春電影制片廠, 1982, 41–42頁.
8 黃:(……)還有, 我們結了婚, 總得有我們自己的孩子. 我們自己的, 你懂嗎? 同上, 47頁.

이다. 그래서 열사의 두 자녀는 쓸모없게 된 것이다.⁹

하지만 양란이 이해되지 않는 것은 이성도 마찬가지다. 두 사람의 가치관 차이는 열사 자녀를 양육하는 문제에서도 극명하게 드러난다.

> 이성: "나는 아무래도 네가 일시적 충동으로 이러는 것 같아. 내가 알기로, 열사 자녀들을 보살피는 문제는 국가 규정이 있는데, 왜 굳이 사서 고생하려고 해?"
> 양란: "하지만 나는 이게 일반 행정적 사무가 아니라 감정, 아주 깊은 감정의 문제라고 생각해."¹⁰

양란은 열사 자녀를 양육하는 혁명 사업이 응당 마음에서 우러나는 사회주의적 의무이자 숭고한 책임감이라고 생각하지만, 이성에게는 그저 국가가 처리할 행정 사무 중 하나일 뿐이다.

---

9 畫外歐: 我終於明白了, 說來說去, 原來他把我跟他結婚看成爲我必須給他生兩個孩子, 他愛的是同他有血緣關系的後代. 於是, 那兩個烈士的子女, 就成了多餘的人. 同上, 47頁.

10 黃: 阿蘭, 我總覺得那是你一時的感情沖動, 據我了解, 關於烈士子女的照顧問題, 國家是有規定的, 你何必自討苦吃?
歐: 可是, 對我來說, 這不是一件普通的行政事務, 而是感情問題, 很深的感情問題. 同上, 46頁.

이성: "네 감정은 아마 숭고함이겠지, 하지만 그건 사랑이 아니야."[11]

이렇듯 극 중 두 사람의 애정관은 확연히 대비된다. 이성이 생각하는 '사랑'은 우리가 오늘날 일반적으로 이해하는 바와 같이, 개인적인 감정으로 만난 두 남녀가 가정을 꾸리고 그 결실로 자녀를 출산하는 것을 의미한다. 이에 반해, 양란의 '사랑'은 여전히 혁명적 이상을 이어갈 '혁명 대가정'을 이루는 집단 지향적이고 숭고한 감정을 의미한다. 양란의 설득에도 불구하고, 이성은 양란이 연인인 자신보다 남의 아이를 더 중요하게 여기고, 국가에 규정이 있음에도 굳이 사서 고생하려는 것이 그저 '전쟁이 초래한 심리적 장애'[12]로 느껴질 뿐이다. 결국, 개인과 혁명이라는 대립된 가치관을 가진 두 사람은 끝내 파혼한다.

불과 몇 년 전이라면, 이성은 '반동'으로 낙인찍혔을 것이다. 개인의 행복과 혈연을 중시하는 이성의 가치관은 과거

---

11 黃：你的感情也許是高尚的，但它不是愛情. 同上, 48頁.
12 黃：想不到你會變成這樣. 我真不理解，爲什麽兩個陌生孩子會比我重要，這完全是戰爭造成的心裏變態. 同上, 48頁.

사회주의 혁명기에 소자산계급의 이기적이고 낙후된 사상으로 치부되어 타도와 개조의 대상이었기 때문이다. 그와 반대되는 양란의 혁명적 가치관은 집단과 계급 이데올로기를 추구하는 이타적이고 선진적인 사상이라 찬양받았다. 이러한 '혁명 가정'의 세계관에서 남녀 간의 사랑은 금기시되었으며, 오직 계급적 감정에서 우러나는 동지애만이 허락되었다. 그러나 1980년대는 다르다. 두 사람이 이별하는 장면에서, 이성은 양란에게 묻는다.

> 이성: "나를 너무 나쁘게 생각하는 건 아니겠지?"
> 양란: "인간 세상의 일은 선이나 악으로 간단히 단정 짓기 어려워. 그건 너에게도, 나에게도, 모든 사람에게도 마찬가지야."[13]

시비를 판단하지 않는 양란의 대답은 개인주의적 가치관이 도덕적 비난의 대상은 될 수 있지만, 과거처럼 혁명의 대상도, 비판 투쟁의 대상도 될 수 없음을 보여준다. 자신의 가치관을 고수하며 숭고한 희생을 선택한 양란은, 전쟁

---

13 黃:你不至於把我想得太壞吧!
    歐:人世間的事, 是很難簡單的用好或壞來概括的, 這對你, 對我, 對所有的人都一樣. 同上, 49頁.

영웅이 된 장썬張森을 만나 행복한 가정을 이루는 것으로 보상받는다. 이처럼 영화는 변함없이 양란의 숭고함과 희생정신에 손을 들어주지만, 시비를 판단하지 않는 자세는 철의 규율이었던 혁명 가치관이 도덕적 가치로 전환되는 신시기 초기의 문화징후를 드러낸다.

혁명 가치관으로 온전히 봉합되지 않는 이러한 균열은 당시 관객 반응에서도 발견된다. 대부분의 영화 소개나 영화평은 양란의 숭고한 희생정신과 고상한 아름다움에 찬사를 보냈지만, 드물게 이성의 선택에 동조하는 관객의 목소리도 있었다. 1983년 『영화비평電影評介』에 실린 「"이러한 처리는 이치에 닿지 않는다這樣處理不合情理"」에서 두 관객은 양란의 선택에 깊이 감동하면서도, 이성이 선뜻 열사 자녀의 부모가 될 수 없는 심정을 헤아리고 그의 선택에 공감하는 의견을 내놓았다.

"갑자기 두 아이의 아빠가 되는 것을 받아들일 수 없는 이성이 이해된다. 그리고 그것이 보통 사람의 사상 감정에도 더 들어맞는다. 게다가 그 문제는 당에 명확한 정책 규정이 있고, 정부에도 전문적인 양육 기구가 있어 그들의 미래와 운명을 걱정할 필요가 없다. 그러나 양란은 이런 것을 하나도 모르는 것 같고 이성과도 침착하게 사상 교류를 하지 않은 채, 너무 쉽게 그에게 이기적이고 편협하며 속물적이라는 딱지를 붙여버렸다. 결국, 둘은 수년간 이어온 애정 관계를 끊어버리는데, 이것은 너무 이치에 맞지 않는다. 제작자들이 이렇게 처리한 것은 양란의 고상한 사상과 인품을 더욱 돋보이게 하기 위해서겠지만, 그 결과는 어떠한가? 오히려 정반대다. 그것은 양란의 마음 깊은 곳의 '이理'를 돌출시키고 더 중요한 '정情'은 약화시켜 양란의 형상을 빈약하게 만들었다. 심지어 나중에는 양란과 장썬이란 인물을 결합하는데, 이건 더 받아들이기 어렵다. 우리는 장썬의 마음이 고상하다는 것을 부정하지 않는다. 그러나 고상한 마음은 사랑이 아니다. 그의 양란에 대한 동정 또한 사랑이 아니다. 그러나 제작자들은 이 두 가지를 사랑으로 대체했고 그래서 더 부자연스럽게 느껴진다."[14]

관객의 이러한 반응은 앞서 언급한 것처럼 영화가 소설만큼 양란의 내면세계를 섬세하게 조명하지 못한 탓도 있다. 하지만 그것을 차치하더라도, 전형적인 긍정 인물인 양란의 형상에 '정'의 빈약함을 지적하고, '고상함은 사랑이 아니다'

14　張世爐, 楊令勳, 「"這樣處理不合情理"」, 『電影評介』, 1983.06, 17頁.

라며 이성의 감정에 동조하는 태도는 주목할 만하다. 이는 문혁 종결 후 불과 5년여 만에 사회주의 가치관이 상당히 퇴조했음을 보여주는 중요한 징후다.

4. 전쟁과 젠더: 여성 인민지원군의 등장과 한계

전쟁의 생존자 이야기와 혁명 가치관의 균열이 포스트 사회주의 징후를 드러낸다면, 과거 보조적 역할에 머물렀던 '여성' 지원군이 항미원조 문예의 주인공으로 등장하는 현상은 더욱 통시적이고 비판적인 고찰이 필요하다. 전쟁은 사회구성원을 젠더화된 민족 주체로 구성한다. 이는 전쟁과 군사주의 문화가 남성성을 끊임없이 재구성하면서 가부장제와 성차별을 지속해서 생산하고 존속시키기 때문이다.[15]

이처럼 국민국가에서 전쟁이 '남성성'을 주체로 한 국민화를 촉진한다는 점을 고려할 때,[16] 신중국의 공산당 정권이

---

15 구은숙, 「전쟁과 여성: 젠더화된 폭력과 군사주의 문화」, 『미국학논집』 41권 3호, 한국아메리카학회, 2009.

16 전쟁과 젠더의 상관관계를 고찰한 와카쿠와 미도리는 다음과 같이 지적한다. "전쟁에서 여성의 역할이 명확해진 것은 국민국가가 성립한 이후이다. 국민국가의 확실한 징표는 국민 총동원이며 이때 남녀 국가 공헌에 차이가 있다는 것이 명확해진다. 국가를 위해 생명을 바칠 수 없다는 의미에서 여성은 제대로 된 국민이 아니다. 어린아이와 노인도 마찬가지지만, 어린아이는 앞으로 국민이 될 것이고 노인은 과

옛 중화 제국을 신속하게 냉전화·국민화할 수 있었던 배경에 한국전쟁 참전과 총동원체제, 그리고 이로 인해 형성된 군사주의 문화가 있었음을 주목해야 한다. 이 장에서는 '국경 밖'의 전쟁이었던 항미원조 서사에서, 전쟁 서사의 젠더적 특성이 어떻게 변용되었는지 살펴본 후, 신시기 '여성' 지원군의 등장이 갖는 사회문화적 의미를 고찰한다.

1) 마오쩌둥 시기, 항미원조 서사 속 여성화된 북한

대부분의 전쟁 서사에서 남성은 전투원으로서 주요한 임무를 수행하는 반면, 여성은 아동, 노인과 같은 사회적 약자로서 전쟁의 수난자 역할을 담당하며, 전투원이 된 남성을 고무하고 격려하는 역할을 수행해 왔다.[17] 마찬가지로 항미원조 서사 또한 이러한 젠더적 구도를 벗어나지 않았

거에 국민이었을 것이다. 그러나 여성은 영원히 그렇게 될 수 없다." 와카쿠와 미도리, 『사람은 왜 전쟁을 하는가』, 김원식 옮김, 알마, 2007, 150–151쪽. 이 외에 전쟁과 여성에 관한 연구는 구은숙, 위의 논문 ; 우에노 지즈코, 『위안부를 둘러싼 기억의 정치학』(이선이 옮김, 현실문화, 2014) 등을 참고. 중국의 전쟁과 젠더 관련해서는 김미란, 『현대 중국 여성의 삶을 찾아서』(소명, 2009, 2부 2장) ; 이선이, 『딩링: 중국 여성주의의 여정』(한울, 2015, 3장)을 참고.

17 여성과 전쟁의 관계를 정치학적으로 규명한 진 엘시타인은 전쟁에서 여성은 군인의 어머니일 뿐 아니라 전쟁의 치어걸이었다고 지적한다. Elshtain, Jean Bethke. *Women and War.* New York: Basic Books, 1987. (와카쿠와 미도리, 위의 책 101쪽에서 재인용.)

다. 항미원조 서사에서 인민지원군의 주인공 형상은 대부분 〈영웅의 아들딸〉의 '왕청'처럼 용맹하고 사회주의 이상으로 무장된 '남성' 전투원으로 그려졌으며, 그들은 사회주의 신인의 모범이자 달라진 중국을 상징하는 존재로서, 새롭게 부여된 역사적 임무를 수행하는 '주체'로 기능했다.

그러나 항미원조 전쟁은 외세로부터 조국을 수호하는 민족주의 전쟁과 달리, '프롤레타리아 극제주의' 정신을 발휘하여 미 제국주의로부터 '계급의 형제'인 북한을 돕는 '국경 밖'의 전쟁이었다. 이러한 항미원조의 특수성으로 인해, 전쟁의 비극을 극대화하고 전투원 인민지원군의 전의를 고무하고 격려하는 '타자'의 역할, 즉 전쟁의 수난자는 '중국/여성'이 아닌 '북한/여성'이 담당했다. 이에 따라 항미원조 문예 속 북한은 대부분 유일한 '보호자/남성'인 중국 지원군과 그들의 보호 아래 살아가는 북한 여성과 아동으로 묘사되었고, 인민군을 포함한 북한 남성은 서사에서 아예 삭제되거나 축소되었다. 이런 특징은 전 인민의 참전 지지와 동원이 절실했던 전쟁 시기 문예에서 더욱 두드러진다.

당시 독자들의 큰 사랑을 받은 루링의 소설 『첫눈初雪』(1953)에서는 수송병 리우창이 후방으로 북한 인민을 수송하는 임무를 수행하는데, 작품 속에 등장하는 북한 인민들은 모두 여성(여아, 여성, 여성 노인)이다.[18] 또한, 인민 작가로 추앙받는 라오셔의 소설 『무명고지에 이름이 생겼다無名高地有了名』에서는 적군의 폭격에 살아남은 세 부녀자가 가족처럼 공동체를 이뤄 살아가고, 북한의 '어머니'는 부상당한 지원군을 마치 자기 아들처럼 여기며 상처를 돌보고 먹을 것을 챙겨준다.[19] 이렇듯 항미원조 서사에서도 '남성과 여성'이 '중국과 북한'으로 확장되었을 뿐, 전쟁과 젠더의 상관관계는 여전히 고수되고 있음을 확인할 수 있다.

물론 '여성화/아동화'된 북한은 실제 북한을 그린 것이 아니라, 자아 '인민지원군'이 표상하는 사회주의 신중국을 위한 '타자화' 기획이었다. 문예 속 여성과 아동만 남은 북한은 보호가 필요한 전쟁피해자로 그려졌는데, 이는 미 제국주의가 저지른 전쟁의 비극을 극대화하는 동시에, 극 중 지원군 병사에게는 구중국에서 지주와 국민당, 그리고 일제 침략으로 받은 고통을 상기시키는 '거울'로 작용했다. 이를 통해 '북한을 돕고援朝' '해방된 조국을 지켜야 한다衛國'는 메시지가 더욱 효과적으로 전달될 수 있었다. 즉, 북한의 여성화가 항미원조 정신의 핵심인 국제주의와 애국주의를 표

18　路翎, 『初雪』, 寧夏:寧夏人民出版社, 1981.
19　老舍, 『老舍全集·第六卷』, 北京:北京人民出版社, 1999.

상하는 데 중요한 역할을 한 것이다.

결과적으로, 대중들의 마음속에 항미원조는 미국과 중국의 대결로 인식되었으며, 새로운 혁명 질서 속에서 갖춰야 할 국제주의 정신은 오랜 중국 전통에 배어있는 가정 내 위계질서 혹은 유가적 질서와 자연스럽게 결합했다. 즉, 중국 지원군이 북한의 부녀자와 아이들을 아들, 남편, 그리고 아버지로서 보호해야 한다는 가장家長의 책임 의식과 결합하면서, 국제주의 이념을 이질감 없이 내면화할 수 있었다.[20] 동시에, 이러한 북한의 상상적 재현은 과거 중화제국 시기 중국이 아시아의 대국으로서 가졌던 절대적 위상과 민족 자존감을 새로운 냉전 질서에 맞게 적절히 변용한 결과로, 신중국이 '사회주의 동창'의 수호자로서 자국을 새롭게 위치시키고자 한 욕망과 호응하며 그 정당성을 구축하는 데 기여했다.[21]

이와 같이 성별 역할이 선명하게 구분되는 전쟁 서사의

---

20 재미 중국학자 마자오는 이를 '공산주의 맥락에서의 가장주의'로 풀이했다. 馬釗, 「革命戰爭, 性別書寫, 國際主義想象 : 抗美援朝文學作品中的朝鮮敘事」, 『海客談瀛洲 : 近代以來中國人的世界想像, 1839-1978』, 중국 푸단대학 중화 문명 국제연구센터 주관 방문학자 공작방 논문집, 2015, 206쪽.

21 이와 관련하여, 사회주의 신중국의 정체성 확립에 있어 특수한 타자 '조선'의 의미를 고찰한 초보적 연구로 한담, 「'고려봉자'에서 '계급의 형제'로 : 신중국의 냉전적 주체 형성은 특수한 타자 '조선'의 재고찰」, 『중국 인문학회 학술대회 발표 논문집』 (2018.12.) 참고.

특징을 고려할 때, 과거 항미원조 서사에서 '여성' 지원군이 부재하거나 보조적 역할에 그친 것은 자연스러운 현상으로 보인다. 이는 '여성' 지원군의 등장이 '남성성'을 대표하는 중국 지원군 전사와 '여성성'을 부여받은 북한 부녀자들의 안정적인 서사적 문법을 교란할 수 있기 때문이다. 그렇다면 신시기에 이르러 '여성' 인민지원군은 어떻게 서사의 전면에 등장할 수 있었을까? 그리고 그들은 마오 시기와 마찬가지로 새로운 민족 정체성을 구성하는 '주체'로 기능할 수 있었을까?

2) 신시기, 항미원조 서사 변화와 여성 지원군의 등장

문혁 종결 이후, 중국이 본격적인 개혁개방을 추진하면서 기존의 대외관계에도 필연적인 변화가 발생한다. 우선, 오랜 시간 '이념의 적'이었던 미국과 상호 의존적 경제구조가 형성되었고, 이에 따라 미국은 점차 '전략적 파트너'가 되었다. 한편, 비록 부침은 있었으나, 중국의 한국전쟁 참전 이래 상호 필요를 충족시켜 주며 '사회주의 형제국'으로서 우호 관계를 유지했던 북한과의 관계에도 변화가 있었다. 탈냉전 이후 국제 질서의 재편과 중국의 시장경제 도입은 전통적인 북·중 관계에도 영향을 미쳤고, 특히 이념적 동질

감이 약화되기 시작했다.²²

정책 변화가 문예 서사에 즉각 반영되는 것은 아니나, 오랫동안 '반미 이데올르기 선전을 담당해 온 항미원조 서사는 그 민감성으로 인해 즉각적인 변화가 감지된다. 1980년대 제작된 영화에서 눈에 띄는 첫 번째 변화는 '반미'와 '원조'의 기조가 달라졌다는 점이다. 먼저, 기존에 악마화·희화화되었던 미군의 형상이 사라지거나, 설득 가능한 존재로 등장하면서 부정적 묘사의 강도가 완화되었다. 예를 들어, 영화 〈전지의 별〉(1983)에는 미군과의 심리전을 위해 전장에서 영어 방송을 진행하는 바이루白露라는 여성이 등장한다. 그는 심신이 지친 미군 병사들에게 가족의 편지와 팝송을 들려주며, 이 무의미한 전쟁을 멈추고 가족의 품으로 돌아가라고 설득한다. 카메라는 방송을 듣고 동요하는 병사들의 모습과 그들 내부에서 인종 갈등으로 인해 분열이 일어나는 장면을 비춘다. 특히, 인종 차별에 고통받으면서도 가족과 고향을 그리워하는 미군 병사들의 모습은 중국 문명의 우월함을 은연중에 강조하면서도, 동시에 그들을 연민의 대

---

22 이 시기 북·중 관계와 변화를 고찰한 연구로는 김진무 외, 『북한과 중국』(한국국방연구원, 2011) 제3장; 송종구, 「북한과 중국의 관계 변화에 관한 연구」(부경대학교 박사학위 청구논문, 2013) 제5장; 히라이와 슌지, 『북한·중국 관계 60년: '순치관계'의 구조와 변용』(이종국 옮김, 선인, 2013) 제5장 참고.

상으로 형상화하는 변화를 보여준다.

북한의 경우, '혁명 대가족' 형상화를 통해 북·중 간 혈맹 관계를 강조하던 것에서, 전쟁으로 인한 가족 해체의 슬픔을 부각하는 방향으로 변화하는 징후가 포착된다. 영화 〈심금〉(1981)에는 적의 폭격으로 시력을 잃고 부대에서 이탈된 지원군 병사와 그를 아들처럼 보살피는 북한 어머니가 등장한다. '북한 어머니와 지원군 아들'이라는 설정은 북·중의 국제주의를 형상화하는 전형적인 서사 기획이다. 그러나 과거에 북한 어머니가 겪는 불행이 중국 지원군에게 계급적 원한(恨)을 불러일으키는 요소로 작용했다면, 이 영화는 지원군과 북한 어머니 모두 예술가 집안 출신의 부유한 인물로 설정함으로써 계급 이데올로기를 희석한다. 또한, 북한 어머니 비중을 늘려 가족과 함께 행복했던 전쟁 이전과 참혹하게 변한 마을에서 가족을 잃고 고통스러워하는 현재를 대비시킴으로써, 전쟁의 비극 및 가족애를 더욱 강조한다.

이와 같이, 변화된 '타자' 미군과 북한 형상은 신시기 초기에 나타난 진영 논리를 탈피한 새로운 국제관계와 인도주의적 시대 분위기를 반영하는 동시에, '자아' 지원군 형상 변화와도 맞물려 있다. 지원군의 계급적·젠더적 정체성이 해방된 농민과 전사에서 지식인으로, 남성에서 여성으로 변화하는 흐름과 연결되는 것이다. 영화 속 '지식인' 출신 병사의 등장은 지식인이 당시 '계몽자'의 지위를 회복한 시대 조류와 연결된다. 반면, 전투를 수행할 수 없는 '여성' 지원군의 등장은 전쟁 서사에서 전투가 부수적인 배경으로 물러나고, 전쟁의 비극적 측면을 강조하거나 전장 속 인간의 감정을 조명하려는 변화로 읽을 수 있다.[23]

그러나 영화 〈마음 깊은 곳〉에서는 양란이 왜 하필 '모성'이 강조되는 '어머니' 역할로 소환되었을까? 이는 당시 중국 사회가 문혁 이후 해체되었던 가정과 인간성을 회복하려는 강한 흐름 속에 있었음을 반영하는 것이다. 특히, 다중 서사에서는 가정 회복을 강조하는 과정에서 '모성'이 도구적으로 활용되는 경향이 나타났으며,[24] 이는 신시기 여성의 자아 주체 형상화 방식이 일정한 기획 아래 이루어졌을 가능성을 시사한다. 이러한 맥락에서, 다음 글에서는 시대 전환기 여성에게 '여성성'이 부여된 배경을 과거 혁명 시기와 비교 고찰하고, 이를 통해 그 사회문화적 함의를 분석해 보자.

---

23 참고로 이 시기 항미원조 영화에서 북·중 우호를 주제로 한 〈섬금〉을 제외하고 모두 여성 지원군이 주인공이다. 〈심금〉에는 지식인 집안의 문예 공작단원, 〈전지의 별〉에는 대학생 출신의 영어 방송 진행요원, 〈마음 깊은 곳〉에는 군의관으로 여성 지원군이 등장한다. 과거에도 문예 공작단원이나 간호병으로 여성 지원군이 종종 등장해 보조적 역할을 했으나, 신시기에 들어 그 비중이 눈에 띄게 커졌다.
24 김미란, 앞의 책, 202쪽.

3) 신시기, 여성성의 회복과 사회문화적 함의

마오쩌둥 시기 중국의 여성은 남성과 다를 바 없는 '무쇠 여인鐵姑娘'이었다. 이는 계급이 유일한 기준이었던 신중국에서 여성 역시 남성과 동등하게 노동과 혁명사업에 참여함으로써 '해방'된다고 믿었기 때문이다.[25] 그러나 여성성과 그 문화적 기능 자체가 사라진 것은 아니었으며, 오히려 당대 중국문화 실현에서 효과적인 사회적 상징으로 활용되었다. 특히, '당-어머니', '조국-어머니'라는 이데올로기적 수사방식은 '아버지'라는 권위적 존재의 신성함을 성공적으로 비추었고, '엄숙한 아버지와 자애로운 어머니'라는 인물 의미 방식은 혁명전쟁 서사에서 '혁명 대가정'의 이미지를 구축하는 중요한 수단으로 기능했다.[26]

그런데 1970~1980년대 시대 전환기에 접어들면서, 사회

---

25 우에노 지즈코에 따르면, '여성의 국민화'에는 남성과 대등한 참가 방식인 '통합형'과 여성다운 참가 방식인 '분리형' 두 가지 방식이 있는데, 이 중 어떤 방식을 선택해도 남성을 '국민'의 모델로 삼고 있기 때문에 여성은 그저 '이류 시민'이 될 수밖에 없다. 우에노 지즈코, 앞의 책, 43쪽. '통합형'의 국민화 방식을 취한 신중국의 경우, 여성은 '해방'의 대가로 '여성성'을 잃었으며, 집 안팎으로는 이중 노동에 시달리는 '무쇠 여인'이 되어야 했다.

26 '혁명 대가정'에서 표상하는 인내심 있고 세심하며, 애정으로 충만하고 보살피는 정치 영도자에게서 여성, 어머니의 특징을 발견할 수 있다. 이와 관련하여 다이진화는 '여성 노예-여성-전사'의 서사 틀에서 '여성'은 점차 사라져 숨겨진 상징이면서도, 다른 한편으로는 어디에나 있는 여성과 모성의 빛이 혁명 경전 서사에 생명을 불어넣었다고 지적했다. 戴錦華,『涉渡之舟』, 陝西人民教育出版社, 2002, 15頁.

적 상징으로 기능하던 '여성성'이 다시 '여성'에게 돌아가게 되었다. 특히, 이 시기 문화 재현에서 여성성의 귀환은 '모성'을 지닌 '어머니'의 역할로 대두되었다. 혁명전쟁 서사에서 무성별에 가까웠던 '전사'가 신시기에 '모성'으로 재구성된 문화징후는 셰진謝晋 감독, 주시쥔祝希娟 주연의 영화 〈홍색낭자군〉(1960)과 〈아! 요람啊！搖籃〉(1979)을 비교할 때 선명하게 포착된다.

먼저, 1960년에 제작된 〈홍색낭자군〉은 제2차 국공내전 시기 하이난다오海南島를 배경으로, 노예였던 으충화吳瓊花가 공산당원인 훙창칭洪常青을 만나 해방을 얻고 여전사로 성장하는 과정을 그리고 있다. 영화 속에서 구중국의 수난자(여성)를 상징하는 우충화는 마치 신데렐라처럼 공산당원(남성)인 훙창칭의 구원과 지몽 아래 혁명에 참여하며, 해방을 가져온 신중국의 행복을 체현하는 존재로 그려진다. 이는 기존의 전형적인 성별 정체성 질서를 답습하는 구조이지만, 두 사람 사이의 애정 관계는 시종일관 상징적이고 애매하게 처리된다. 이후 훙창칭이 적에게 희생된 뒤, 우충화는 영웅전사로 성장하여 낭자군을 이끌게 된다. 이러한 서사 구조에 대해, 중국 영화연구자 인훙尹鴻은 남녀 간 '애정'의 수평적 관계가 '부녀'의 수직적 관계로 치환되어, 영웅은 '아버지'의 인도 아래 성장하고, '아버지'는 영웅의 성장 후 희생이라는 방식으로 '퇴장'하면서 영웅이 '아버지'의 대체자가 된다고 해석했다.[27] 이러한 분석을 바탕으로 볼 때, 훙창칭이 표상하는 '아버지/당의 권위'는 어떠한 도전도 받지 않으며, 두 사람의 관계가 은유하는 절대적이고 신성한 당과 인민의 관계 역시 손상되지 않는다. 동시에, 혁명사업도 우충화로 표상되는 다음 세대의 영웅 전사에게 안전하게 계승될 수 있는 것이다. 그러나 이 계승은 다이진화가 지적한 것처럼, 영웅이 된 우충화가 '여성'이라는 성별 정체성을 바친 대가다.[28]

20년이 지나, 〈아! 요람〉의 제작을 위해 상하이영화제작소上海電影制片廠 제작팀이 다시 모였고, 우충화를 연기한 배우 주시쥎도 익숙한 여전사의 모습으로 돌아왔다. 그러나 이번 영화에서 주시쥎이 연기한 여전사의 모습은 〈홍색낭자군〉의 우충화와는 근본적으로 달랐다. 1947년 옌안 보위 전투를 배경으로 펼쳐지는 〈아! 요람〉에서, 여전사 리난李楠

---

27 謝晉編, 『謝晉電影選集:戰爭卷』, 上海大學出版社, 2007, 126頁.
28 다이진화, 『성별중국』, 배연희 옮김, 여이연, 2009, 63쪽. 인홍의 해석과 달리, 여성학자 다이진화는 여성이 공산당의 구원으로 '해방'을 얻고 '영웅'으로 성장하는 순간 여성으로서의 성별 정체성은 상실되었다는 점을 강조하면서, "남성의 각도에서 마오쩌둥 시대가 무성화 시대였다면, 여성의 각도에서 보면 오히려 남성화 과정이었다"고 지적한다.(다이진화, 같은 책, 87쪽.) 다이진화와 비슷한 맥락에서 영화 〈홍색낭자군〉을 해석한 연구로는 배연희, 「영화「홍색낭자군(紅色娘子軍)」에 나타난 젠더와 서사 전략」(『중국어문학논집』 제60호, 2010)을 참고.

은 부모를 잃은 보육원 아이들을 적군으로부터 안전한 곳으로 대피시키는 임무를 수행하게 된다. 하지만 리난은 전사에 어울리지 않는 이 임무에 불만을 느꼈고, 과거의 아픈 상처로 인해 아이들에게도 쉽게 마음을 열지 않는다. 구중국에서 어린 나이에 강제로 시집간 리난은 난산 끝에 불임 판정을 받고 대를 이을 수 없다는 이유로 쫓겨났다. 설상가상 어렵게 낳은 딸조차 여아라는 이유로 버려졌던 상처를 안고 있었다. 그러나 아이들의 천진난만함에 모성애가 다시 샘솟고, 자신을 흠모하는 여단장의 마음을 받아주면서, 여전사였던 리난은 다시 '아내'가 되고 열사 고아의 '어머니'가 된다.

혁명 시대를 관통하며 성장한 관객이라면, 여전사 우충화로 각인된 주시쥔이 리난을 연기하는 것을 보며, 자연스럽게 우충화가 20년 뒤 아내가 되고 어머니가 되었다고 상상했을지도 모른다. 중국 영화연구자 천산陳山에 따르면, 주시쥔이 리난 역을 맡은 것은 우연이 아니라, 셰진 감독의 의도였다. 시대 전환기, 셰진은 과거 작품 속의 인물 형상을 새로운 이념으로 반성하고 평가하는 방식으로 "혁명의 인정, 인성, 인도주의를 충분히 발휘하고 그 안에 내재된 인격의 아름다움, 인간의 영혼, 인생의 철학을 표현"[29]하고자

---

29 謝晉編, 同前, 134頁.

했고, 이 영화에서는 '전사'라는 동일한 신분의 여성 형상을 대조하여 성찰하고 탐색하는 방식을 취한 것이다.[30] 이러한 감독의 제작 기획을 염두할 때, 〈아! 요람〉 속 리난은 여전히 우충화처럼 군복을 입은 전사지만, 그 배후의 의미는 판이하다. 우충화가 혁명의 세례로 여성성을 바치고 영웅 전사로 성장했다면, 리난은 전사에서 다시 어머니로, 아내로 환원된 것이다.[31]

다이진화의 비판, 즉 "당대 중국의 주류 영화는 여성 형상을 전사에서 어머니로, 역사적 후퇴 동작을 통해, 그 이데올로기와 서사 모식의 변환을 완성했다"[32]라는 분석은, 시대 전환기 사회 상징으로 기능하던 '여성성'이 다시 '여성'에게 돌아간 사회문화적 의미를 정확히 짚는다. 여기서 말하는 '이데올로기와 서사 모식의 변환'이란, 혼란한 국면을 바로잡고 정상적인 질서를 회복한다는 '발란반정撥亂反正'의

---

30 陳山,「大變革的起點」, 謝晉編, 同前, 245頁.
31 다이진화는 〈아! 요람〉의 결말을 다음과 같이 해석한다. "리난은 마침내 역사와 화면의 전망에서 퇴장하고, 광활한 전망/역사 공간을 남성에게 돌려주었다. 영화의 결말에서는 여전히 다른 성의 비혈연 가족이 등장하지만, 동일한 서사 모식의 반전을 통해, 부서진 가정이 더 이상 여성을 전통의 궤도에 던져버리거나 역사의 여정에 투입하지 않고, 궤도에서 떨어진 여성을 가정의 재편으로 회수했다. 신시기 주류 영화는 여성 표상의 복위復位로 주류 이데올로기가 요구하는 '발란반정撥亂反正'의 과정을 완수했다." 戴錦華,「不可見的女性: 當代中國電影中的女性與女性的電影」,「當代電影」, 1994, 40頁.
32 同上, 40頁.

기치 아래, 남성 주체의 권위를 회복하고 확립하는 새로운 질서의 구축이기도 했다.[33]

이처럼 마오쩌둥 시기와 그 이후의 시대 전환기에 나타난 '여성' 전사의 서사 변화를 비교 고찰할 때, 신시기 항미원조 영화에서 모성을 가진 어머니의 모습으로 '여성' 지원군이 주인공으로 등장한 것은 결코 우연이 아니다. 김은하의 지적처럼, "여성들이 숭고한 모성으로 정의되고 숭배의 대상이 되는 것은 현실의 불완전성을 보상해 줄 구원의 대상이 필요하거나 파편화된 삶을 복구해 삶의 총체성을 회복하고자 하는 시대적 열망이 커졌을 때"이다.[34] 이러한 맥락에서 1980년대 초 중국에서 모성으로 이상화된 '여성'의 이미지는, 혁명 역사에 상처 입은 조국과 찢긴 혁경 이데올로기를 감싸안으면서도, 자꾸만 멀어져가는 대중과의 균열을 봉합하는 완충재로 작용했다. 동시에, '모성적 여성'의 이미지

---

33 포스트 문혁기, 〈아! 요람〉에서 셰진 감독이 여전사가 모성을 갖는 어머니로 환원되는 방식으로 인간미를 상실한 혁명에 인성을 불어넣었다면, 1980년대 그의 '반사反思 삼부곡'이라 불리는 〈천운산 전기天雲山傳奇〉, 〈목마인牧馬人〉, 〈부용진芙蓉鎭〉에서는 여성 인물에 여건과 어머니의 역할을 부여하고 구원과·위로, 희생 등의 문화 기호로 사용함으로써 역사 고발과 청산의 과제를 상상적으로 완성했다. 이러한 신시기 셰진의 영화 세계는 젠더적 시각에서 볼 때, '남성/지식인 중심의 권위 회복'이라는 주류 이데올로기 구축 방식 한가운데 있었다는 점을 지적하지 않을 수 없다. 셰진 창작 세계에 대한 깊이 있는 연구로는 인홍, 「중국 영화의 윤리 멜로극 전통과 셰진 모델」, 『중국 영상문화 연구의 길』, 이용욱 옮김, 학고방, 2007 참고.
34 김은하, 「생존자로서 여성과 모성: 『몽실언니』를 중심으로」, 『창비어린이』, 2005, 82쪽.

는 남성 권위 회복이라는 당시 주류 이데올로기 요구에 도구적으로 사용되었다는 점에서, 여성에 대한 또 다른 억압일 뿐 새로운 민족 정체성을 구성하는 '주체'로는 온전히 기능할 수 없었다.

이를 종합해 보면, 마오쩌둥 시기 혁명적 자아 상상을 추동했던 항미원조 서사는 신시기에 접어들면서 혁명 역사 서술의 재구성을 시도했다. 이는 냉전 시기 형성된 대중 정서와 충돌하지 않으면서도, 진영론을 벗어난 새로운 다국적 관계 속에서 자아를 재정립해야 하는 주류 이데올로기의 요구에 부응한 결과였다. 그러나 이러한 변화에도 불구하고, 포스트 사회주의 정체성을 새롭게 구축하는 데는 일정한 한계가 있었다고 볼 수 있다.

5장

2010년대:
영화 〈나의 전쟁〉과 항미원조 기억의 균열

1. 항미원조 기억의 어제와 오늘

항미원조 전쟁은 항일전쟁과 해방전쟁과 더불어 중국의 '건국 전쟁'[1]으로 불릴 만큼 당대 중국의 시공간적 맥락을 강하게 반영하고 있다. 한편, 항미원조 전쟁과 함께 탄생한 항미원조 서사는 신중국의 국가적 사명이었던 '강한 중국'과 '혁명 중국'이라는 메시지를 담고 있었기 때문에, 새로운 사회주의 세계관을 인민대중에게 내면화시키는 데 매우 중요한 문화적·정치적 도구로 활용되었다. 그 중요성을 입증하듯, 항미원조 전쟁과 그 기억의 서사는 1950년대 초·중반

---

1 현재 중국의 지위를 확립하는 데에 항일전쟁, 해방전쟁, 항미원조 전쟁이 중요한 영향을 미쳤다고 보는 관점에 대해서는 다음 글 참조. 王宜秋, 「毛澤東與中國大國地位的確立——從抗日戰爭, 解放戰爭, 抗美援朝談起」, 『紅旗文稿』, 2013年24期.

의 전쟁 시기는 물론, 문화대혁명 시기에 이르기까지 마오쩌둥 시기 전반에 걸쳐 연극, 노래, 문학, 영화, 양판희 등 다양한 문예 형식을 통해 지속적으로 재현되었다. 이런 과정에서 항미원조 서사는 마오쩌둥 시기 신중국의 혁명적 자아 상상을 강화하는 국가 서사로 확고히 자리매김하게 된다.

그러나 '조선'이라는 이역에서 벌어진 이 전쟁은 외세의 침략에 맞선 '자국 보위'라는 명분만으로는 그 정당성을 충분히 설명하기 어려웠다. 특히, 사회주의 혁명의 의미가 퇴색하고 본격적인 개혁개방이 시작된 1990년대 이후, 기존의 냉전적 서사만으로는 변화하는 국제 질서에 부합하기 어려워졌다. 이에 따라, 탈냉전 질서에 걸맞으면서도 국가의 주류 이데올로기를 반영할 수 있는 새로운 서사 담론의 구축이 불가피해졌다. 그동안 대중문화 속에서 항미원조 기억을 새롭게 재현하려는 시도가 없었던 것은 아니지만, 과거와는 비교할 수 없을 만큼 위축되고 잊힌 전쟁이 되었다.

문화대혁명 이후 신시기에 접어든 1980년대부터 현재까지 항미원조 문예 창작의 흐름은 다음과 같은 특징을 보인다. 1980년대부터 1990년대 초반까지는 항미원조를 소재로 한 작품이 간헐적으로 발표되었지만, 1990년대 이후로는 사실상 제작이 중단되었다. 이후 2000년대부터 2020년 항미원조 붐이 일어나기 전까지, 항미원조 전쟁은 작품의 중심 서사가 아닌, 항일전쟁이나 해방전쟁 등 중공의 혁명 전쟁사 속 한 장면 혹은 혁명 위인의 생애 중 일부 에피소드로 다루어지는 데 그쳤다. 전쟁 기억의 재현 방식에서도 변화가 두드러졌는데, 항미원조 서사를 지탱하는 두 축인 '항미원조'와 '브가위국' 중, 점차 '보가위국'의 애국주의가 강조되는 경향을 보인다. 이는 항미원조 전쟁의 기억이 냉전적 대결 구도에서 벗어나, 보다 포괄적인 애국주의 담론 속에서 재구성되고 있음을 시사한다.[2] (표1 참고)

[표1] 1980년대 이후 항미원조를 다룬 영화 및 드라마 대표작

시대구분	대표작
1980년대	〈심금心弦〉(1981), 〈전지의 별戰地之星〉(1983)
1990년대	〈마오와 그의 아들毛澤東與他的兒子〉(1991), 〈삼팔선상의 여병三八線上的女兵〉(1999)
2000년대	〈원대한 포부壯志凌雲〉(2000), 〈역사의 하늘曆史的天空〉(2004)
2010년대 이후	〈마오안잉毛岸英〉(2010), 〈삼팔선三八線〉(2016), 〈나의 전쟁我的戰爭〉(2016), 〈펑더화이 원수彭德懷元帥〉(2016)

---

2 신중국 시기부터 최근까지, 항미원조 소재의 영화와 드라마 속 전쟁 기억 재현 양상을 개괄적으로 분석한 연구 성과로는 김란의 「중국 영화와 드라마의 '항미원조' 기억과 재현」(『역사비평』, 2017년 봄호)을 참조.

이는 '냉전 해체'라는 국제 질서의 변화 속에서, 과거 이념으로 나뉘었던 '적아' 관계를 재정립해야 할 필요성과 그 어려움에서 비롯되었다. 예를 들어, 과거 '제국주의' 적이자 '항미원조'의 대상이었던 미국과 그 '앞잡이'로 간주된 한국은 이제 더 이상 이념의 적이 아니라, 중국의 지역적·정치적·경제적 이익과 밀접하게 연결된 전략적 파트너로 변화했다. 반면, '프롤레타리아 국제주의'의 대상이자 동지였던 북한은 이제 더는 '피를 나눈 계급의 형제'도 아닐뿐더러, 최근까지 이어진 핵실험이 중국 안보마저 위협해 '북한 포기론'까지 불거진 상황이다. 무엇보다도, 이 전쟁을 어떻게 재해석하든 주적이 '미군'이라는 점은 새로운 항미원조 서사 구축에 큰 부담으로 작용했다. 중·미 간 상호 의존적 경제 구조 속에서 눈부신 성장을 이뤄 온 중국 정부 입장에서는 항미원조 기억의 재소환이 대중들의 '반미' 정서를 자극해 국익에 악영향을 미칠 가능성을 우려하지 않을 수 없었다. 적아의 대립이 선명해야 할 전쟁 서사에서 적군도 아군도 없는 전쟁은 투쟁의 정당성과 '우리'라는 내부 단결을 끌어내기 어려웠고, 항미원조는 그렇게 '잊힌 전쟁'이 되었다.

실제로 2000년대 초반, 항미원조 전쟁을 전격적으로 다룬 영화 〈북위 삼팔선〉과 드라마 〈항미원조〉가 제작을 마쳤으나 끝내 방영이 무산된 바 있다. 이는 1990년대 중후반, 미국에 의한 중국 화물선 억류조치(1993), 나토의 유고슬라비아 공습 때 중국대사관의 미사일 폭격 사건(1999) 등으로 중·미 관계가 일촉즉발의 위기 상황으로 치닫던 정치외교적 상황과 무관하다고 할 수 없을 것이다. 그렇다면 새로운 항미원조 서사의 핵심은 민감한 '반미'(더 넓게는 '반한')와 '원조' 요소를 국익에 부합하도록 적절히 조절하면서도, '혁명 애국주의' 정신과 '대국굴기'의 주선율主旋律 메시지를 세련되게 추출하는 데 있다. 이때, 자아 '지원군(중국)'의 정체성을 완성시키는 타자 '미군(미국)'과 '남한군(한국)' 그리고 '조선(북한)'을 어떻게 서사할 것인가는 여전히 매우 중요한 문제다.

이런 상황에서 2016년은 대중문화 속 항미원조 서사의 획기적인 전환점이 되었다. 1990년대 이래 약 30년의 긴 공백을 깨고, 항미원조를 원톱으로 다룬 영화 〈나의 전쟁〉[3]과 무려 38부작으로 구성된 드라마 〈삼팔선〉이 제작 방영된 것이다. 이와 같은 항미원조 기억의 귀환은 2010년 시진핑의 '중국 인민지원군 항미원조 60주년 좌담회 강화'에서

---

3 2016년 9월 15일, 중국에서 개봉한 이 영화의 원 제목은 〈我的戰爭〉이다. 한국에서는 개봉되지 않았지만, 영문 제목인 〈마이 워My War〉로 소개되었다. 이 책에서는 '나'(자아)의 의미를 강조하기 위해 '나의 전쟁'으로 해석 및 표기했다.

의 정치적 시그널을 반영한 것이라고 볼 수 있다. 시진핑은 이 좌담회에서 "위대한 항미원조 전쟁은 평화를 지키고 침략에 항거한 정의로운 전쟁"이었으며 "제국주의 확산 세력 범위를 교란하여 아시아 및 세계평화를 지켰"고, "인류 평화와 정의 사업을 위해 분투한 국제주의 정신"이라고 언급하며 항미원조 전쟁의 정당성과 의의를 재평가했다.[4] 이어 2011년부터 중국의 국가박물관에서 특별 전시되고 있는 '부흥의 길' 전시관에는 항미원조 전쟁의 상감령 전투와 지원군 영웅들을 소개하며 이 전쟁의 승리와 영웅적 애국주의를 강조하고 있다. 이러한 분위기를 반영하듯, 항미원조 참전 60주년을 맞이한 2010년 이후 항미원조 전쟁을 다룬 다큐멘터리가 다수 제작되었고, 과거처럼 단편이 아닌 6부작에서 많게는 20부작에 이르는 장편 시리즈로 제작되는 등 그 규모도 대폭 확대되었다.(표2 참고) 이런 변화는 국제무대에서 미국을 대하는 중국 정부의 자신감을 반영한 결과로 볼 수 있다.

---

4 習近平,「在紀念中國人民志願軍抗美援朝出國作戰60周年座談會上的講話」,『人民日報』, 2010.10.25.

[표2] 1990년대 이후 항미원조를 다룬 다큐멘터리 대표작

시기	제목
1990년대	〈항미원조 전쟁抗美援朝戰爭〉(1992), 〈교량: 항미원조 실록較量——抗美援朝實錄〉(1995)
2010년대	〈단도斷刀〉(2010), 〈조국을 위한 전쟁爲祖國而戰〉(2011, 15부작), 〈잊을 수 없는 위대한 승리不能忘卻的偉大勝利〉(2013, 12부작), 〈위대한 항미원조偉大的抗美援朝〉(2014, 6부작)
2020년대	〈기억의 힘: 항미원조記憶的力量: 抗美援朝〉(2020, 20부작), 〈항미원조 보가위국抗美援朝保家衛國〉(2020, 20부작), 〈위대한 승리: 항미원조 계시록偉大的勝利: 抗美援朝啓示錄〉(2023, 4부작), 〈나의 항미원조我的抗美援朝〉(2023, 5부작)

그러나 드라마 〈삼팔선〉이 인기리에 방영을 마친 것과 달리, 1.5억여 위안을 투입한 영화 〈나의 전쟁〉은 약 3천만 명의 관객을 동원하는 데 그치며 흥행에 실패했다. 이는 비슷한 시기 개봉한 〈전랑戰狼〉(2015), 〈홍해행동紅海行動〉(2018) 등 애국주의를 주제로 한 중국 전쟁·액션 영화들이 연이어 흥행한 것과 극명한 대조를 이룬다. 더욱이, 〈나의 전쟁〉 개봉 전 배포된 홍보 영상은 네티즌들 사이에서 때 아닌 역사 논쟁을 촉발했을 뿐만 아니라, 상영 반대 여론까지 일며 한바탕 '전쟁'을 치렀다.

이 장은 영화 〈나의 전쟁〉과 이를 둘러싼 네티즌 간 논쟁을 포스트 혁명 시대의 중국에서 항미원조 전쟁 기억 서사가 직면한 난처함을 보여주는 문화적 징후로 포착하는 데서

출발한다. 이러한 문화 현상의 근본적인 원인은 오늘날 새롭게 정립되어야 하는 항미원조 전쟁 속 '타자'의 합당한 의미 부여에 실패했기 때문이다. 전쟁 서사에서 '적과 아군'의 선명한 대립은 필연적이며, 확실한 외부의 적을 설정해야만 비로소 투쟁의 정당성과 '우리'라는 내부 결속을 끌어낼 수 있다. 그러나 현재 중국의 국익과 직결되는 항미원조 전쟁 속 '타자'의 재현과 의미 부여는 더욱 어렵고 민감할 수밖에 없다. 이러한 '타자'의 문제는 이 시기 새로운 항미원조 담론을 구축하는 데 있어 가장 큰 어려움으로 작용했다.

먼저, 영화 속 '타자'의 부재는 이 전쟁이 지원군 '자아' 형상만으로는 결코 이 시대에 필요한 주선율 메시지를 전달할 수 없음을 확인시켜 준다. 다음 절에서 이 영화가 본래 리메이크하고자 했던 1964년의 홍색 경전 영화 〈영웅의 아들딸〉을 함께 비교하여, 항미원조 서사 속 자아·타자의 형상 기획이 1960년대 중국의 새로운 정체성 구축에 어떻게 기능했는지 살펴볼 것이다. '타자'가 부재한 영화와 달리, 홍보 영상이 촉발한 논쟁은 중국의 항미원조 기억에서 이중 타자화된 '한국'[5]의 등장에서 기인한 것이다. 아울러 홍보

---

5   사회주의 혁명시기, 항미원조 서사의 주요 목표는 세계에서 가장 강한 '미군'(미 제국주의)에 승리한 중국 인민지원군의 용맹함과 강인함을 선전하는 것이었다. 이에 따라, 원조의 대상인 '북조선'(북한)은 제2의 타자였으나, '남조선'(한국)은 아예 부재

영상과 이에 대한 상반된 여론을 분석함으로써, 국가가 주도한 기존 항미원조 집단기억의 불완전함을 들여다본다. 이러한 논쟁이 단순히 상업영화의 흥행 실패에 그치지 않고, 항미원조 전쟁의 정당성 재고, 그에 대한 관방(국가)과 민간 대중 간의 온도 차, 나아가 중국의 전쟁관까지 확장되고 있다는 점에서 더욱 주목할 만하다. 따라서 영화 〈나의 전쟁〉과 이를 둘러싼 논쟁은 항미원조 전쟁 기억의 어제와 오늘을 잇는 결절점이자, 중국의 '대국굴기' 욕망과 그 내적 균열을 보여주는 문화 징후라 할 수 있다.

2. 〈나의 전쟁〉(2016)과 〈영웅의 아들딸〉(1964): 같은 전쟁, 다른 기억

1) 지원군 '나'는 누구이고, '무엇'을 위해 싸우는가

첫 시도인 만큼, 영화를 제작하며 제작사, 감독, 극본, 배우 하나하나에 심혈을 기울인 흔적이 역력하다. 제작은 중

하거나 미제의 앞잡이로 '이중 타자화' 되었다. 이와 관련한 상세한 내용은 이 책의 2장 3절 참고.

국을 대표하는 국영영화사 '중국전영공사中國電影股份有限公司'(이하 중영)가 맡았으며, 시나리오는 〈운수요〉(2006), 〈집결호〉(2007) 등을 집필한 중국의 대표 극작가 리우헝劉恒이 담당했다. 프로듀서는 팔일영화제작소 출신의 유명 감독이자, 2000년에 제작된 항미원조 영화 〈북위 삼팔선〉의 감독 웨이렌韋廉이 맡아 기대를 높였다. 배우진 역시 류예劉燁, 왕뤄단王珞丹, 양요우닝楊佑寧 등 대륙과 대만의 인기 배우들이 출연해 흥행에 기대를 모았다. 그중 특이한 점은 중영에서 대륙이 아닌 홍콩 출신 감독 펑슌彭順(옥사이드 팽)에게 메가폰을 맡겼다는 점이다. 대륙 출신이 아닌 그는 항미원조 전쟁에 대한 이해도가 상대적으로 부족할 뿐 아니라, '귀신의 왕鬼王'으로 불릴 만큼 상업 공포영화를 주로 찍었던 터라, 섭외를 받은 그 자신도 의아했다고 한다. 그럼에도 중영 측은 기존 국산 전쟁영화의 주선율 특징을 탈피하여, 보다 상업적이고 흥미진진한 전쟁영화를 만들고 싶다고 그를 설득해 냈다. 이렇듯 감독에게도, 제작사인 중영에게도 이 영화는 하나의 큰 도전이었고, 관계자들은 이 영화가 '주선율과 상업화'의 절묘한 조화를 이룬 첫 국산 전쟁 대작이 될 것이라 기대했다.

영화는 중대장 순베이촨(류예 분)이 이끄는 '강철 9중대'와 멍산샤(왕뤄단 분)가 단장을 맡은 '문예공작단'(이하 문공단),

영화 〈나의 전쟁〉(2016) 포스터

이 두 지원군 부대가 조선으로 출병해 적군과 치열한 전투를 치르는 과정을 담고 있다. 적군보다 모든 것이 열악한 환경에서도 지원군들의 '백절불굴' 정신력과 용맹함, 기발한 전술로 결국 무명고지를 탈환해 낸다는 설정은, 과거 항미원조 혁명 서사 방식과 유사하다. 특히, 전투 장면은 배우들의 화려한 액션과 수준 높은 영상 기법이 만나, 마치 눈앞에서 전쟁이 펼쳐지는 것처럼 실감 나게 그려진다. 하지만 압록강을 건너자마자 시작된 적군의 공습부터 '오의정' 전투, 매복전, 마지막 '537고지' 쟁탈전에 이르기까지 영화 전반을 주도하는 네 차례의 전투 장면 속에서도, 정작 이 전쟁에서 보호해야 할 북한의 모습은 등장하지 않는다. 그뿐만 아니라, 적군으로 설정된 남한군도 보이지 않으며, 심지어 주요한 적인 미군조차 흐릿하게 처리되어 있다. 이러한 영화 속 '타자'의 공백을 메우는 것은 다양한 '자아' 지원군 형상과 인물 간 관계다. 즉, 적을 명확히 형상화하지 않는 대신, 지원군 내부의 인물과 그들 간의 관계를 강조함으로써 전쟁 서사를 '우리'(지원군) 내부의 성장과 희생의 이야기로 재구성하는 경향을 보인다.

최근 중국 전쟁영화 속 전사들처럼, 〈나의 전쟁〉 속 지원군도 과거처럼 피도 눈물도 없는 '영웅'이 아닌, 감정이 있고 실수도 하는 평범한 '인간'의 모습을 하고 있다. 영화 속 지원군 간의 관계는 혈육 같은 전우애와 남녀 간 애정이 주를 이룬다. 예를 들어, 친 부자 같은 두 전사는 폭탄을 설치하면서도 머지않은 미래에 있을 아들 지원군의 장가 밑천에 대해 이야기꽃을 피우고, 문공단 소속의 연인들은 불리한 전세를 걱정하고 살아 돌아갈 수 있을지 두려워하며 서로를 다독인다. 또한, 주인공 순베이촨은 전투 중에는 용맹스러운 전사지만, 이성을 대할 때는 서투르며 술에 취해 여주인공에게 사랑을 고백하기도 한다. 여주인공 역시 전사한 그를 껴안고 입을 맞추며 그에 대한 애정을 드러낸다.

　전쟁 너머에 있는 평화로운 삶과 고향을 그리워하고, 죽음을 두려워하면서도 사랑을 멈추지 않는 이러한 '인간' 지원군의 모습은 자연스럽게 작가 루링의 1950년대 작품들을 떠오르게 한다. 죽음이 코앞에 닥친 후에야 조선 소녀 김성희를 꿈에서 만나 그녀에 대한 감정을 깨닫는 지원군 왕잉훙(『저지대에서의 '전투'』), 첫 전투에서 죽음의 두려움을 극복하지 못한 신참내기 전사와 그의 실수로 인해 아끼는 전우를 잃고 상실감에 그를 미워하는 분대장(『전사의 마음』) 등 루링의 작품 속 전사들은 모두 '영웅'이라기보다는 전쟁 속에서 흔들리는 '인간'의 모습이다.[6]

6　이와 관련한 상세한 내용은 이 책의 1장 2절 3) 참고.

하지만 사회주의 혁명시기, 중국에서 전쟁은 평화를 가져오는 수단이자 영웅을 배양해 내는 투쟁의 장이었고, 죽음은 영광스러운 희생으로 미화되었다. 이러한 주류 이데올로기적 서사에서 벗어나, 전쟁을 비일상적인 극한의 특수상황으로 인식하고 죽음에 무방비하게 노출된 인간의 비극과 그 내면세계에 주목했던 루링의 작품들이 당시 비판받았던 것은 어쩌면 당연한 일이었다. 그러나 오늘날 중국의 항미원조 서사가 루링의 창작 세계에 많은 빚을 지고 있다는 점을 감안하면, 인간 본연에 대한 관심과 사랑만이 이념과 시대를 초월하는 가장 강력한 서사적 무기임을 확인시켜 준다. 이 영화에서도 전투를 치르는 동안 서로 아끼고 사랑하는 전우들이 안타깝게 전사하는 모습을 통해, 관객들은 전쟁의 비극과 그 참혹함에 더욱 깊이 공감한다.

그러나 지원군이 과거처럼 국제주의 전사도 아니고, 죽음 역시 더 이상 영광스러운 희생만을 의미하지는 않는다면, 다시 말해, 지원군이 '집단大我'이 아닌 '개인小我'으로 그려진다면, 그들은 왜 평화로운 삶을 제쳐두고 자국도 아닌 타국의 전쟁터에서 싸우고 있는가? 지원군 '나'는 누구이고, '무엇'을 위해 싸우는 것일까? 고지전을 앞두고, 지원군 부대는 이번 전투의 목표를 재확인하고 전사들의 투지를 고무하기 위해 선서 대회를 개최한다. 이미 수많은 전우를 잃고 비장한 표정을 짓고 있는 전사들을 향해, 부대장은 다음과 같이 승리의 각오를 다진다.

> "우리는 영광스러운 부대다. 선배들은 정강산에서 출발해 무수한 시련을 겪었다. 그들이 흘린 피는 상강에, 대도하에, 황하에, 장강에 뿌려졌고 승리를 거듭했다. 오늘 우리는 그들의 피를 밟고 계속 전진할 것이다. 새로운 고난과 새르운 승리가 우리 앞에 기다리고 있다. 실패와 퇴각은 우리 것이 아니다."[7]

그가 언급한 지원군 선배들과 그들의 발자취는 곧 '인민해방군'의 역사다. 항미원조 전쟁에 참전한 전사들은 실제로 인민해방군의 일부였고, 이 전쟁을 계기로 소련의 지원 아래 무기 현대화와 특수병력 증강 등이 이뤄지며, 단순히 보병 위주였던 인민해방군이 종합적인 군대로 재탄생하게 된 것은 분명한 사실이다.[8] 하지만 당시이는 국가 주도

---

7 "我們是一支光榮的部隊，前輩們從井岡山走出來，經歷了無數的磨難，他們的鮮血灑在了湘江，灑在了大渡河，灑在了黃河，灑在了長江，奪取了一次又一次的勝利. 今天，我們要踏著他們的血跡，繼續前進. 新的磨難和新的勝利，在前方召喚，失敗和退縮不屬於我們."

8 리핑, 『저우언라이 평전』 허유영 옮김, 한얼미디어, 2006, 368쪽.

의 참전이 아닌, 인민들이 희망하여 자원했다는 의미를 대외적으로 강조하기 위해 '중국 인민지원군'이라는 명칭으로 파병되었다. 따라서 전쟁 시기 항미원조 문예 속 지원군은 '직업 군인'이 아니라 대부분 '해방된 농민'으로 형상화되었다.[9] 사회주의 신주체이자 새로운 집단 정체성으로 상상된 '농민' 지원군은 항미원조 전쟁의 기치인 '보가위국'은 물론, 같은 계급 신분을 가진 '빈곤한 자'이자 '피억압 민족'인 조선(북한)을 도와야 한다는 '프롤레타리아 국제주의'를 전달하는 데 효과적이었다.

그러나 영화 〈나의 전쟁〉에서 '직업 군인' 신분의 지원군에게 타국인 조선에서의 전투는 국가의 부름을 받은 직업적 사명이자 군인의 임무이며, 이 과정에서 과거 이 전쟁에 내포되었던 '프롤레타리아 국제주의' 이념은 자연스럽게 희석된다. 결국, 영화의 흥행 실패는 개개인으로서의 지원군을 조명하는 휴머니즘과 애국주의만으로는 20세기 중국 역사에서 이 전쟁이 가진 무게를 결코 지탱할 수 없음을 보여준다.

---

9   문예 작품 속에서 후방을 지원하는 지원군 중에는 노동자 신분의 전사들도 등장한다. 하지만 전방의 전투원 대다수는 '농민' 신분이다.

2) 1960년대 중국의 새로운 정체성과 항미원조 기억의 재구성

중국 학자 왕후이는 항미원조 전쟁을 '20세기 중국 혁명 전쟁의 연속'으로 해석하며, 이 전쟁에 담긴 민족전쟁이라는 성격 외에, 제국주의의 침략과 패권에 반대하는 민족해방운동으로서의 국제적 의의를 강조했다.[10] 그러나 당시 중국의 참전 결정을 단순히 국제주의적 연대 의식만으로 설명하기에는 한계가 있다.[11] 그럼에도 불구하고, 전쟁의 전개 과정과 결과를 살펴보면, 중국이 미·소 중심의 냉전 질서에 균열을 내며 동아시아 냉전의 핵심 축으로 떠올랐을 뿐만 아니라, 제국주의에 저항하는 피식민 국가들의 탈식민·민족해방운동에 적지 않은 영향을 미쳤다는 점은 분명하다.

한국전쟁이 제3차 세계대전과 핵전쟁에 대한 위기감을

---

10 왕후이·백영담, 「20세기 중국역사의 시각에서 본 아시아 평화: 항미원조전쟁(6.25)을 다시 보며」, 『황해문화』 제83호, 2014.

11 중국의 참전 요인에 대한 학자들의 의견은 분분하지만, 그 의견을 종합해 보면 마오의 결정에 자국의 안보위협 대처 필요성, 소련과의 관계 개선 등의 능동적, 피동적 요인이 상호 결합된 것으로 판단한다. 이와 관련해서는 다음 문헌을 참고함: 沈志華, 『中蘇同盟與朝鮮戰爭研究』(桂林: 廣西師大學出版社, 1999), 『毛澤東, 斯大林與朝鮮戰爭』(廣州: 廣東人民出版社, 2003); 박두복, 「중국의 한국전쟁 개입원인-개입결정의 피동적, 능동적 측면」(한국전쟁연구회 편, 『탈냉전시대 한국전쟁의 재조명』, 백산서당, 2000); 주치엔룽, 『모택동은 왜 한국전쟁에 개입했을까』(서각수 옮김, 역사넷, 2005).

고조시키는 가운데, 북한을 지원하며 미국과 대립한 중국은 국제적으로 더욱 고립되었다. 이에 따라 중국은 미국과 소련을 중심으로 한 제1세계와 제2세계에서 벗어나, 제3세계 국가들과의 연대를 통해 외교적 돌파구를 모색했다. 특히 1955년 4월 18일, 인도네시아 반둥에서 아시아·아프리카 신생국 29개국이 모여 개최한 '반둥회의'는 중국이 국제 외교 무대에서 고립을 극복하고, 제3세계의 결집을 통해 중요한 외교적 전환점을 마련하는 계기가 되었다. 그러나 1950년대 후반에 접어들면서, 중국은 서구의 대중국 봉쇄에 이어 소련과의 갈등까지 심화되는 불리한 국제정세에 직면한다. 동시에, 국내적으로도 사회주의 체제 운영 과정에서 생겨난 정책 실패, 계급 분화, 사회적 불평등 심화, 그리고 인민들의 불만 누적 등으로 인해 그야말로 총체적인 이데올로기적 위기에 빠지게 된다.[12]

하지만 이러한 위기는 소련의 울타리를 벗어나 중국식 사회주의를 개척해 나갈 절호의 기회이기도 했다. 중국 정부는 '반미반소 반수방수反美反蘇 反修防修', 즉 미국과 소련에 반

---

12 이러한 위기감을 감지한 마오쩌둥은 1962년 9월, 중공 8기 10중전회에서 다시금 '계급투쟁'의 깃발을 높이 들어올리며, '건설에서 혁명으로' 국정 방향을 전환했다. 毛澤東,「對中共八屆十中全會公報稿的批語和修改」(『建國以來毛澤東文稿』(第十冊), 中央文獻出版社, 1996, 196-197頁).

대하고, 수정주의를 거부하며 이를 방지한다는 의미의 구호를 내걸고, 국내 혁명을 강화하는 동시에 중국이 주도하는 세계혁명의 새로운 동력을 모색했다. 이 과정에서 '아시아·아프리카··라틴아메리카'(이하 AALA) 지역의 민족해방운동 열기는 중국의 새로운 세계 상상을 형성할 '상상의 공동체'가 되었으며, 중국이 국제공산주의 운동에서 세계혁명의 리더로 자리 잡는 데 필수적인 '타자'로 기능했다. 이를 반영하듯, 1950년대 후반부터 문화대혁명을 거치는 동안 AALA는 중국의 정치·문화 담론에서 점점 더 중요한 위치를 차지하게 된다.

따라서 1950년대 후반, 항미원조 전쟁에 대한 기억의 소환과 항미원조 영화의 붐은 당시 중국이 직면한 혁명적 위기감을 정치·문화적으로 극복하고 세계혁명의 비전을 제시하려는 전략적 시도의 일환으로 이해할 필요가 있다. 즉, 항미원조 전쟁과 조선에 대한 인민의 집단기억은 AALA 지역에서 전개된 반제국주의·반식민주의 민족 저항을 재현할 최적의 역사적 자원이었다.

그 이유는 무엇보다 항미원조 전쟁이 미국 제국주의에 맞서 '승리'한 전쟁이라는 점에서, 국내 경제적 어려움 속에서 강조된 '자력갱생' 정신을 고양하고, 국제적 고립 속에서도 강렬한 자아 숭고함과 영웅주의 형상화에 적합했기 때문이다. 또한, 조선은 오랜 기간 국가 주도의 정치 선전과 대중 서사를 통해 중국과 둘도 없는 우방으로 자리 잡게 되었다.

그러나 이 시기에 재소환된 항미원조의 기억은 중국의 새로운 정치적 필요와 방향에 맞춰 재구성되었다는 점에 주목할 필요가 있다. 이는 특히 '국제주의 혁명 정신'이 강화된 지원군 형상과 이를 뒷받침하는 타자(조선)의 의미 부여와 형상 변화를 통해 드러난다.

이러한 새로운 서사 기획을 분석하기 위해, 이제 〈나의 전쟁〉이 원래 리메이크하려 했던 〈영웅의 아들딸〉 속 지원군(자아)과 조선(타자)의 형상화를 중심으로 살펴보고자 한다. 본래 이 영화의 초기 기획은 바진의 소설 『단원』을 영화화한 〈영웅의 아들딸〉을 리메이크하는 것이었으며, 중영은 이를 위해 해당 소설의 영화화 판권을 구매했다. 그러나 여러 논의 끝에, 원작 소설의 몇 가지 주요 요소만 차용하는 방향으로 결정되었다.[13]

1964년 장춘영화제작소에서 제작·상영된 〈영웅의 아들딸〉은 1962년에 발표된 바진의 소설을 바탕으로 하고 있지만, 1960년대 중반의 시대정신을 반영한 완전히 새로운 작

---

13 「向長眠在遠方的英魂致敬――作家劉恒談電影『我的戰爭』」, 『人民日報』, 2016.09.22. 참조

품이라 할 수 있다. 소설이 지원군 부대 정치위원 왕원칭이 해방 전 혁명 활동 중에 잃어버린 딸 왕팡을 조선 전장에서 우연히 만나는 '가족 상봉'에 초점을 맞추고 있다면, 영화에서는 초반부터 두 사람이 부녀지간임을 암시하며 시작되기에 서사의 중심이 더 이상 '가족・혈육애'가 아니다.

영화는 노혁명 세대(왕원칭)와 혁명 후계 세대(왕팡) 간의 '혁명 전승과 계승', 그리고 지원군 왕청의 영웅적 면모를 강조함으로써, 혈연을 초월한 '혁명 대가족'의 이상을 그려낸다. 이처럼 영화는 불과 몇 년 사이 변화한 항미원조 서사 방식을 극명하게 보여주며, 문화대혁명 전야에 중국이 지향하는 새로운 사회주의 신인과 중국이 영도하는 세계혁명의 청사진을 담아냈다. 또한, 타자 조선의 형상 변화는 새롭게 구성된 자아의 형상과 맞물려, 마치 동전의 양면처럼 기능하며 중국의 새로운 혁명 유토피아 상상을 추동하고 있다. 지원군과 조선 형상 변화는 다음과 같다.[14]

먼저, 전쟁 시기 항미원조 문예에서 주로 '농민' 신분으로 형상화되었던 '자아' 지원군 형상은, 1960년대 중반에 이르러 '흥무멸자', 즉 무산계급 사상을 고양하고 자산계급 사상을 철폐하는 역사적 사명을 짊어진 '혁명후계자'로 새롭게

---

14 상세한 내용은 이 책의 1부 2장 참고.

등장한다. 이처럼 더욱 강화된 혁명 영웅주의적 지원군 형상은, 당시 서구의 '평화적 이행(화평연변)' 전략과 중·소 갈등으로 인해 심화된 혁명 이데올로기 위기를 극복할 새로운 자아 형상화 기획이었다. 당시 인민해방군이 지닌 사상적·정치적 위상을 투영한 결과물로도 볼 수 있다.

특히 문화대혁명을 앞둔 시점에서, 인민해방군은 일반적인 군대의 의미를 넘어, 마오파와 자꾸만 대치되는 당보다 더욱 혁명적이고 도덕적으로 순결한, 정치적·사상적 영역에서의 모범으로 부각되었다. 영화 속 지원군 왕청은 단순한 군인이 아니라 공산당원이자 전 세계 무산계급 혁명을 위한 혁명 전사로서 자신의 책무를 정확히 인지하고 있는 '국제주의 전사'였다.[15]

이때 '국제주의'를 강조하기 위해 반드시 타자 '조선'이 필요한데, 영화에서는 문예공작단원 왕팡이 중·조의 문화적 매개자로서 중요한 역할을 한다. 예를 들어, 왕팡은 조선 부녀에게 장구춤을 배워 지원군과 조선 인민들을 위해 공연하는데, 긴 머리를 두 갈래로 곱게 땋고 한복을 차려입은

---

15 예를 들어, 연대장이 부상이 완쾌되지 않은 그의 출전을 허락하지 않자, 왕청은 전 세계 프롤레타리아 혁명을 위해 혁명 전사가 마땅히 지녀야 할 태도와 사명을 들며 그를 설득한다. 毛烽, 武兆堤改編, 『英雄兒女』, 北京 : 中國電影出版社, 1965, 26頁.

영화 〈영웅의 아들딸〉(1964)에 등장하는 왕팡(오른쪽)은 혁명의 후계 세대이자 중·조 간 문화 교류의 상징적 존재로 그려진다. 왕팡은 조선이라는 타자를 적극적으로 부각해 국제 주의 정신을 강조하는 역할을 한다.

모습이 영락없는 조선 소녀다. 이렇게 기존의 중 조 간 '전우애' 이외에 '조선의 문화'를 은막 위에 담아 중·조 간 '문화 교류'라는 새로운 측면을 부각시켰다. 그뿐만 아니라 왕팡과 '조선 아버지' 김정터 간의 친근한 부녀 관계 역시, 기존의 조선 형상화에 변화를 불러왔다.

1950년대 항미원조 문예에서 중국 지원군의 참전 필요성과 국제주의를 강조하는 방식은 여성과 아동만 남은 조선을 보호하는 중국 지원군이라는 '보호자-피보호자' 모델을 따랐다. 특히, '조선 어머니와 지원군 아들'의 모자母子 관계는 중·조 국제주의를 형상화하는 전형적인 서사 전략이었다.

이러한 조선 형상화 방식은 비록 추상적이고 난해한 공산 국제질서 속 '국제주의' 개념을 인민대중에게 쉽게 전달하는 데 기여했지만, 그와 동시에 이 전쟁이 이국땅 '조선'에서 발발했음에도 불구하고, 조선이 부재한 '중미전쟁'처럼 해석되는 결과를 초래했다. 그런데 영화 속 '조선 아버지' 김정태의 역할과 지원군에 대한 실질적인 도움은 기존의 조선 형상화를 변화시키는 중요한 전환점이다. 이러한 서사의 변화는 기존의 '보호받아야 할 존재'로 여성화된 조선의 이미지를 깨뜨리고, 조선이 단순한 희생자가 아닌 반제·반식민 투쟁을 통해 조국 해방과 혁명을 실현하는 '주체'로 등장했음을 알리는 변곡점이 된다.[16]

이처럼 '자아'가 '타자'와의 상호관계 속에서 인식되고, 그 소속감 안에서 관계를 맺으며 확립된다고 볼 때, 〈영웅의 아들딸〉에서 지원군 형상에 투영된 신중국과 사회주의 신인의 주체 형성은 '타자' 조선과 긴밀히 연결되어 있다. 따라서 이 시기의 '조선의 등장'은 지원군 형상의 변화처럼 당시 중국 정부가 필요로 했던 새로운 정치·문화적 전략의

---

16 〈영웅의 아들딸〉 이외에 문혁 전 마지막으로 제작된 영화 〈침략자를 타격하라〉(1965)에서는 조선 아버지뿐만 아니라 인민군 전사가 등장해 중국 지원군과 함께 싸운다. 이때 미군뿐 아니라 남한군 장교가 적군으로 비중 있게 등장하는데, 남한군과 북한군의 직접적 대치는 항미원조 문예에서 높아진 조선의 비중과 냉전 아래 이념으로 이분된 조선을 보여준다.

결과물이다. 즉, 조선이라는 '타자'의 적극적인 형상화는 '세계혁명을 주도하는 국제주의 전사'로서의 지원군 '자아', 그리고 궁극적으로는 신중국의 새로운 혁명적 정체성을 성공적으로 전달하기 위한 서사 기획이었다.

3) 오늘날, 이 전쟁을 어떻게 기억해야 할까?

다시 영화 〈나의 전쟁〉으로 돌아와 보자. 이 영화에서 '계급의 형제'인 타자 조선의 부재는 항미원조 정신을 지탱하는 '애국'과 '혁경'에서 '혁명'을 의도적으로 지우려는 전략적 선택이었다. 이로써 〈영웅의 아들딸〉에서 중국과 조선이 함께 싸운 '우리의 전쟁'은, 〈나의 전쟁〉에서는 결국 중국 지원군 '나'만의 전쟁으로 축소되었다.

그러나 조선의 부재 속에서도 혁명의 기억은 영화 곳곳에 암호처럼 숨겨져 있다. 예를 들어, 영화 초반에 음향효과로 삽입된 '지원군 군가', 그리고 전쟁 구호가 기존의 '항미원조 보가위국'에서 '보가위국 세계평화'로 교묘하게 바뀌는 장면에서 그 흔적을 찾을 수 있다.

하지만 이 전쟁을 직접 경험하지 못한 젊은 세대들에게 〈나의 전쟁〉 속 항미원조 전쟁은 사회주의 혁명 시기와는 완전히 다른 전쟁으로 인식될 가능성이 크다. 그럼에도 문제는 남는다. 영화가 비록 중국 지원군 '나'의 전쟁에 집중하고 있지만, 화면 자막을 통해 중국 정부가 공인하는 항미원조 전쟁 이데올로기를 관객에게 전달하고 있기 때문이다.

　영화 시작 부분에서 전쟁 발발과 중국 참전 요인, 그리고 네 차례 전투 장면 종료 후의 전쟁 형세, 마지막으로 항미원조 전쟁 의의를 부연 설명하는 자막은 이 영화가 픽션과 실재 사이를 넘나들고 있음을 보여준다. 특히 전쟁 발발과 중국 참전 요인을 설명하는 자막에서는 현재 중국 정부가 공인하는 항미원조 전쟁 역사를 반영하고 있다. 그 내용은, "1950년 6월 25일, 조선 내전으로 발발"했으나 "미국의 내전 간섭 및 대만해협에 제7함대 파견으로 중국의 국익을 침해"했고, 중국은 "북한 정부의 요청으로 참전"하게 되었다는 것이다. 이는 영화 속에서 '보가위국 세계평화'로 교묘히 바꿔놓은 본래의 전쟁 구호 '항미원조 보가위국', 즉 중국의 안전과 북한 지원을 위해 미군을 함께 물리친다는 의미를 담고 있다.

　그렇다면 자막이 제시하는 역사적 내러티브와는 판이한, 피해자도 가해자도 모호한 이 영화 속 항미원조 전쟁을 관객은 어떻게 받아들여야 하는가? 또한, 자국도 아닌 타국의 전장에서 지원군 '나'는 '무엇'을 위해 목숨을 걸고 싸웠는가? 영화의 마지막 전투에서 지원군 9중대는 거의 전멸

할 만큼 큰 희생을 치른 끝에 적군으로부터 '537고지'를 얻어낸다. 주인공 순베이촨은 옆에 나란히 누운 전우에게 나지막이 묻는다.

"오늘 우리가 한 일을 나중에 누군가가 기억해 줄까?"[17]

죽어가는 주인공의 마지막 시선이 닿은 파란 하늘이 화면을 가득 채우고, 잔잔하고 슬픈 배경음악이 흐르면서, 지상의 처참한 전장터와 고요하고 푸른 하늘이 더욱 대비된다. 영화의 클라이맥스인 이 장면에서, 관객들은 주인공이 목숨을 바친 이 전쟁의 의미와 '우리'의 의미를 곱씹어볼 수도 있지만, 곧이어 등장하는 자막 화면은 이러한 여운을 '대국굴기'의 자화감으로 빠르게 봉합한다.

"항미원조의 승리로 미국의 조선 내정 간섭 계획을 저지함은 물론 신중국의 안전을 지켜냈다. 또한, 마오쩌둥 주석이 언급한 다음과 같은 진리를 세계에 강력하게 증명해 냈다: '외국 제국주의가 중국 인민을 얕잡아 보던 시대는 중화인민공화국의 성립으로 영원히 종결되었

---

17 "你說, 我們今天做的事情以後會不會有人記得?"

음을 선포한다.'"[18]

이것은 1951년 10월, 제1회 3차 중국인민정치협상회의 '개회사' 일부다. 그러나 영화에서는 해당 문장 바로 뒤에 이어지는 '사회주의 소련'과 '중소 우호 관계', 그리고 '(제국주의와 대비되는) 평화 민주 진영'의 내용이 삭제되었다.[19] 이는 마치 영화 속에서 오려지듯 잘려 나간 '타자들', 즉 북한, 한국, 미국의 존재를 연상시킨다. 하지만 초반과 마지막, 오직 자막을 통해서만 등장하는 '타자들'은 오히려 이 전쟁에 대한 의문을 더욱 증폭시킨다. 결국, 영화의 실패는 근본적인 질문을 다시 던진다. 과연 세계적인 냉전은 물론 동아시아 냉전에 결정적인 영향을 미친 이 전쟁에서, 단순히 '타자' 형상을 없앤다고 '보가위국' 측면의 '애국주의'만 추출할 수 있는가? '애국주의'라는 한쪽 날개만으로, 이 시대에 부합하는 항미원조 전쟁 담론을 구축할 수 있을까?

---

18 "抗美援朝的勝利徹底粉碎了美國妄圖幹涉朝鮮內政的企圖, 也捍衛了新中國的安全, 有力地向世人證明了一個眞理, 就是毛澤東主席所說的: '外國帝國主義欺負中國人民的時代, 已由中華人民共和國的成立而永遠宣告結束了.'"
19 원문은 다음을 참조. 「在全國政協一屆三次會議上的講話」(中共中央文獻研究室編, 『毛澤東文集』第六卷, 北京: 人民出版社, 2001, 185頁)

3. 영화 홍보 영상이 촉발한 전쟁 정당성 논란

영화 개봉 전 배포된 2분 남짓의 홍보 영상은 인터넷을 뜨겁게 달구며 오랫동안 대중에 잊혔던 항미원조 전쟁을 단번에 뜨거운 이슈로 올려놓았다. 앞서 살펴본 영화 속 항미원조 서사의 문제가 '타자의 부재'에 있는 것과 달리, 홍보 영상의 문제는 '타자의 존재', 그중에서도 특히 과거에도 아예 부재하거나 미제의 앞잡이로 그려지며 이중 타자화된 '한국'의 등장에서 온 것이다.

문제의 영상은 한복을 곱게 차려입은 젊은 한국인 가이드가 중국 노인 관광단의 첫 서울 방문을 환영하는 장면으로 시작된다. 하지만 노인들은 가이드에게 이번이 첫 방문이 아니라, 자신들이 '믄예공작단', '강철중대'로 이미 60년도 전에 서울을 다녀왔다고 말한다. 가이드가 의아해하자, 이내 노인들의 무용담이 시작된다.

> "그 시절에 무슨 컴퓨터가 있었겠어, 그땐 여권도 필요 없었지", "그때 우린 홍기를 휘날리며 서울에 왔었어!"[20]

---

20 본래 "장갑차를 몰고 홍기를 추 날리며 한성에 왔었지(開著裝甲車, 拿著紅旗來進漢城)"라는 대사였으나 논란이 일자 앞부분은 삭제되었다.

백발의 노인들은 여전히 이해하지 못하는 한국인 가이드에게 이 영화를 보면 다 알 수 있다며 영화를 소개하고, 곧이어 당시의 전쟁 구호를 함께 외친다.

'공익선전물'이라는 수식어가 붙은 이 홍보 영상은 본 영화의 제작사인 '중영'의 총경리와 회장이 직접 관여해 제작한 것이다. 특히 영상에 출연한 24명의 백발노인은 연기자들이 아니라, 과거 항미원조 전쟁을 비롯한 홍색 경전 영화에 출연했던 중국의 저명한 원로 배우들이었다. 아마도 '중영'은 조국의 부흥과 혁명을 위해 한평생을 바친 원로 예술가들의 전쟁 회고를 통해, 이 전쟁에 담긴 역사적 의미를 되새기고 관객들의 애국심을 고취하여 영화 흥행으로 이어지길 바랐을 것이다. 그러나 제작 의도와는 달리, 이 영상은 온라인에서 네티즌들의 거센 반응을 일으켰다. 영화 상영 금지 의견부터 항미원조 전쟁 정당성 논쟁으로까지 확대되며 격렬한 갑론을박이 벌어진 것이다.

이 논쟁에 불을 붙인 것은 웨이보의 유명한 역사 블로거이자 중학교 역사 교사인 아이디 '曆史老師王三實'의 글 「'애국'이란 이름으로 막 나가지 맙시다!」였다.[21] 그는 당시 중국

---

21 2016년 9월 10일 웨이보에 올린 원문(「不要以"愛國"的名義無底線! : 評『我的戰爭』宣

영화 〈나의 전쟁〉(2016) 홍보 영상은 서울 관광에 나선 중국 노인들이 60여 년 전 항미원조 전쟁 당시 홍기를 휘날리며 서울에 입성했던 무용담을 회고하는 내용을 담고 있다. 이 영상은 중국 내에서 항미원조 전쟁을 둘러싼 정당성 논쟁을 촉발했다.

지원군의 항미원조 전공戰功에 대해 비난할 생각은 없지만, 굳이 한국인을 이러한 애국주의 연출에 끌어들여야 했느냐며 강하게 비판했다. 그는 중국 지원군 입장에서야 서울을 '해방'한 것이지만, 한국인들에게는 그것이 외국 군대에 '침략'당한 사건에 불과하다고 일갈했다. 더욱 흥미로운 점은, 그가 이 상황을 이해시키기 위해 일본의 난징 침략에 빗대

傳片)은 삭제된 상태다. 9월 19일에 올린 글에는 웨이보에서 네티즌을 대상으로 조사한 '기대되는 상영작'에서 3위를 한 〈나의 전쟁〉과 그에 한참 못 미치는 실제 흥행실적을 비교·대조하며, 이 영화에 과분한 지지를 보이는 샤오펀훙小粉紅(중국에서 광적 애국주의를 표방하는 젊은 네티즌들을 풍자하는 신조어)의 행태를 꼬집고 있다. 원문은 '天涯(대나팔)' 온라인 게시판이나 텅쉰 사이트에서 찾아볼 수 있다. 다음 사이트 참조: http://bbs.tianya.cn/m/post-333-997779-1.shtml (검색일: 2018.06.14)

었다는 것이다.

입장을 바꿔, 만약 일본인이 다음과 같은 영상물을 찍었다고 가정해 보자. 구순이 넘은 일본 노인들이 난징에 여행을 오게 되었다. 중국인 가이드는 매우 친절하게 허리를 굽히며 그들의 첫 방문을 환영했다. 하지만 일본 노인들은 떨리고 흥분되는 목소리로 다음과 같이 대답한다: "우린 70여 년 전에 와봤어! 그때 중국은 '지나'라고 불렸지. 당시 나는 16사단에 있었다네. 우린 그때 일장기를 들고 난징에 왔다고!"[22]

이어서 그는, 이 전쟁이 발발한 지 60여 년이나 지났고, 지금의 국제 정세 변화는 천지개벽과 같아 어제의 적이 오늘의 친구가 되었는데, 당시의 입장과 가치관으로 오늘의 일을 말하는 것이 과연 합당한지에 대해 질문을 던진다.

이 글이 올라온 이후, 블로그, 신문 기사, 더우반豆瓣,[23] 포

---

22 "換位思考一下, 如果日本人拍了一個廣告宣傳片, 內容是這樣的：一群年過九旬的日本老人來南京旅遊, 中國導遊熱情洋溢的鞠躬, 歡迎大家第一次來南京, 而這群日本老人卻用顫抖的聲音亢奮的說：我們七十多年前來過! 中國當年還叫支那! 我當年正在16師團服役! 我們當年是舉著太陽旗進南京的!"
23 중국의 대표적인 문화 콘텐츠 리뷰 및 커뮤니티 플랫폼. www.douban.com

털 질문과 댓글 등 온라인 공간에서 블로거의 주장에 대해 찬반으로 나뉜 네티즌들 간에 한바탕 '전쟁'이 벌어졌다.[24] 먼저, 동조하는 입장은 홍보 영상이 보여주는 항미원조 전쟁에 대한 시대착오적 해석을 지적하면서, 한국의 관점에서 이 전쟁이 초래한 비극을 환기하는 동시에, 오늘날에도 '승리'만을 강조하는 중국의 전쟁관을 에둘러 비판한다.

그중에서도 『텅쉰문화腾讯文化』의 기사 「왜 〈나의 전쟁〉 홍보 영상이 민폐가 되었나?」를 살펴보자. 기자는 먼저, 중국 정부의 시각이 아닌 한반도의 입장에서 이 전쟁이 어떤 의미이고 어떤 고통을 남겼는지 강조한다. 특히, 전쟁으로 인해 생겨난 한반도의 수많은 '이산가족'을 설명할 때는, 1949년부터 1979년까지 중국과 대만 간에 겪은 동일한 민족 비극의 역사를 반추하면서 독자들의 공감대를 끌어낸다. 또한, 예기치 못한 중국의 참전은 연합군 개입 이후 전쟁 승리를 눈앞에 둔 상황에서 전쟁의 형세를 뒤엎어 남북통일을 지연시킨 요인이었다고 지적하면서, 한국인들에게는 여전히 응어리로 남아있을 이 전쟁을 "장갑차를 몰고 홍기를 들

---

24 주제의 민감성 때문인지 사회적 파급력에 비해 학술 공간에서는 주요 의제로 다뤄지진 못하고 이를 비판하는 글이나 논쟁을 에둘러 언급하는 데 그쳤다. 다음 논문들은 이 논쟁을 언급하긴 했지만, 영화 작품 분석에 더 주목하고 있다. 張頤武, 「『我的戰爭』戰爭場面與社會認同」, 『當代電影』, 2016年10期; 劉新鑫, 「『我的戰爭』割裂的視角與搖擺的類型」, 『電影藝術』, 2016年06期.

고 왔었다"라는 식으로 표현하는 것은 시의적절하지 않다고 비판한다. 마지막으로 기자는 이 전쟁으로 인해 조선뿐 아니라 중국도 수많은 지원군의 소중한 목숨을 잃었는데, 오랜 시간 '승리 선전'에만 집중한 나머지, 평화 시대를 맞이한 오늘날에도 중국인의 전쟁관이 여전히 한쪽으로 치우쳐있다고 우려한다. 그러면서 그는 전쟁의 결과도 중요하지만, 그 과정에서 벌어진 전쟁의 참혹함과 비극을 잊지 말아야 한다고 강조한다.[25] 또 다른 기사에서는 한국전쟁을 주제로 한 대표적인 한국 영화인 〈태극기 휘날리며〉, 〈웰컴 투 동막골〉, 〈고지전〉 등을 예로 들며, 한국 영화인들은 당시의 이데올로기 대립을 성찰하고 이 전쟁으로 겪게 된 동족상잔과 민족 분단 비극에 주목하여 민족 통일의 염원을 그려낸다고 설명한다.[26] 이 기사 또한, 오늘날 중국 주선율 속에 여전히 지속되는 이데올로기 선전 문제를 은연중에 비판한 것이다.

한편, 반대하는 측에서는 해당 블로거가 야기한 역사적 논쟁에 대해 '감정만 앞세우고 사실을 외면한다只求情緖, 不求事

---

25 李岩, 「爲什麼說『我的戰爭』宣傳片是豬隊友?」, 『騰訊文化』, 2016.09.13. http://cul.qq.com/a/20160913/011574.htm (검색일: 2018.07.03)
26 戈弓長, 「從『太極旗飄揚』到『東莫村』──換個角度看『我的戰爭』」, 『電影世界雜志』, 2016.09.13. http://chuansong.me/n/754302151181 (검색일: 2018.07.03)

實'라며 비난했다. 사실, 블로거의 비판 초점은 당시의 사유 방식으로 이러한 홍보 영상을 찍는 것은 오늘날 '평화 질서'에 어긋난다는 점에 맞춰져 있었다. 그러나 논쟁이 확산하면서, 네티즌 간에는 항미원조 전쟁 자체의 정당성 논쟁으로까지 번진 것이다. 특히『군사기자』,『해방군보』등 항미원조 전쟁의 정당성을 지지하는 매체들은 위 블로거가 일본군 침략을 항미원조 전쟁의 지원군 행위에 빗댄 것을 두고, '역사 허무주의'적 오류이자 '오늘날 이데올로기 영역 투쟁의 심각한 상태'를 보여준다며 강력하게 비판했다.[27]

국방과기대학 국제문제연구센터의 순양조우張洋舟 역시 『해방군보』에 투고한「〈나의 전쟁〉은 어떻게 '네티즌의 전쟁'이 되었는가?」에서 블로거의 주장을 강하게 비판했다. 그는 항미원조 전쟁과 일본의 중국침략을 동일시하는 블로거의 '역지사지' 논리가 기본적인 역사 상식을 완전히 위배한 것이며, 이로 인해 확대된 '역사 실책론', 즉 중국이 경솔하게 출병하여 대만 수복의 기회를 상실했다는 주장도 역사적 사실과 맞지 않는다고 비난했다. 그러면서 그는 한국전쟁 발발 후 미국이 대만 해협에 제7함대를 배치한 점, 미군

27　黃偉, 羅俏燕,「電影『我的戰爭』告訴我們什麼」,『軍事記者』, 2017. 07. 15. http://www.81.cn/jsjz/2017-07/25/content_7689120.htm (검색일: 2018.07.14)

이 단둥을 폭격하여 중국을 군사적으로 위협한 점을 근거로 들며, '보가위국' 측면에서 중국의 참전 당위성을 강조했다.[28]

이 기사는 「〈나의 전쟁〉 홍보 영상은 도대체 누구의 신경을 건드렸는가?」라는 기사와 함께 국방부 온라인 사이트에 게재되었다.[29] 이를 통해, 중국 정부도 이 논란을 가볍게 보지 않는다고 추측할 수 있다. 흥미로운 점은, 이 홍보 영상에 비판적인 네티즌들의 주요 논점이 '한국인을 굳이 그런 애국주의 연출에 넣어야 했느냐'라는, 즉 '한국에 대한 무례'에 집중되어 있었다는 것이다. 그러나 이 전쟁의 정당성을 강조하며 이에 반박하는 그 어떤 글에도 '미군의 국가 안보 위협에 따른 부득이한 선택'이었다는 점만 강조할 뿐, 정작 '한국'에 대한 설명은 찾아볼 수 없다.

어쨌든 위의 찬반 논란은 중국이 그동안 미뤄두었던 과제, 즉 '오늘날 항미원조 전쟁을 어떻게 기억하고 서사화할 것인가'에 대한 문제를 해결하는 것이 더 이상 과거처럼 단

---

28 孫洋舟, 「『我的戰爭』怎麼成了"網民的戰爭"?」, 『解放軍報』, 2016.09.23. www.mod.gov.cn/jmsd/2016-09/17/content_4731672_2.htm (검색일: 2018.07.15)

29 阿寶, 「『我的戰爭』宣傳片究竟觸動了誰的神經?」, 2016.09.12. http://www.mod.gov.cn/jmsd/2016-09/12/content_4729474.htm;孫洋舟, 「『我的戰爭』怎麼成了"網民的戰爭"?──從"宣傳片事件"看文化安全領域的"盛世狼煙"」, 2016.09.17. http://www.mod.gov.cn/jmsd/2016-09/17/content_4731672.htm (검색일: 2018.07.15)

순하지 않다는 점을 보여준다. 과거와 달리, 이제는 관변측의 일방적인 하향식·주입식 전달만으로 대중을 설득하기 어려워졌음이 여실히 드러난 것이다. 이는 개혁개방 이후 대외 문호 개방 확대, 인터넷 발달, 그리고 대중의 문화 수준 향상 등 여러 요인과 맞물려 있다. 그러나 더 큰 문제는 급격한 국내외 환경 변화로 인해, 관변과 대중 간의 격차는 물론 대중 내부에서도 의견이나 사상이 쉽게 일치할 수 없다는 점이다.[30]

아울러 이 논쟁에서 볼 수 있듯이, 문화 영역에서 촉발된 여론이 항미원조 전쟁의 군사·정치적 문제로까지 확대되었다는 점은 이러한 논쟁이 단순한 가십거리가 아니라 문화 정체성, 나아가 국가 정체성과 연결되어 있음을 시사한다. 중국 정부가 2004년 중공 16기 4중전회에서 '문화 안보'를 정치, 경제, 정보 안보와 함께 국가 4대 안보 전략으로 확정한 것도 같은 맥락에서 이해할 수 있다. 이는 문화 정체성 확보가 국가 안보와 직결된 문제임을 중국 정부가 인식하고 있다는 방증이다.

---

30 혁명 세대에게 '남한군'은 과거 영화 속 미 제국주의의 하수인이자 조선의 민족 반역자, 우스꽝스러운 외모에 교활한 이미지로 기억된다. 그러나 한류 문화에 친숙한 젊은 세대에게 '남한군'은 드라마 〈태양의 후예〉에서 준수한 용모에 제3세계의 평화까지 지키는 '유시진 대위'(송중기 둥)로 연상된다.

그렇다면, 급변하는 국내외 환경 속에서 중국 정부는 국내 제반 여건과 세대 간 차이 등을 아우르며 과거처럼 문화 패권을 유지할 수 있을까? 또한, 이 모든 난관에도 불구하고, 여전히 포기할 수 없는 항미원조의 국가 이데올로기는 어떻게 추출하고 재구성해야 하나?

이번 논란과 실패에도 불구하고, 향후 항미원조 전쟁을 다룬 작품들은 중국의 대중문화에서 부단히 시도될 것이다. 그 이유는 명확하다. '아편전쟁'이 서구 문명에 의한 중화제국의 몰락이라는 '굴욕'을 상징한다면, '항미원조 전쟁'은 제국주의와 식민으로 점철된 근현대사의 굴욕을 끊어내고 다시 일어선 '승리'의 상징이기 때문이다. 그리고 그 승리의 중심에는 '중국공산당'이 있다. 따라서 공산당이 집권하는 오늘날의 중국에서도 '항미원조'에 내포된 '혁명'과 '내셔널리즘'의 국가 이데올로기는 여전히 유효하다. 다만, 현재의 국제정세에서 '반미'와 '친북'의 기억은 이념보다는 국익에 따라 적절히 소환될 것이다.

전쟁의 기억은 최근 중국이 겪는 미국과의 무역 갈등 고조 국면에서도 소환된다. 그 중, 대표적인 관영매체인 『환구시보環球時報』에서 미국과의 무역 갈등을 60여 년 전 항미원조 참전에 비유한 것이 인상적이다. 내용인 즉 항미원조 전쟁이 미국의 압록강 침공으로 인해 자국 안보를 지키기 위한 불가피한 선택이었듯이, 이번 미국이 촉발한 무역 전쟁 또한 중국의 핵심 이익을 위협했기 때문에 발생했다는 것이다. 글의 말미에는 항미원조 전쟁 당시의 결연한 의지를 본받아, 트럼프 정부의 무역 공격에 결연히 맞서 승리해야 한다고 강조하고 있다.[31]

이렇듯 '친쿡'이든 '탄미'든, 중국은 향후에도 항미원조 기억 속에서 정치적 메시지를 자국의 필요에 따라 선택적으로 추출해 내부의 단합을 도모할 것이다. 이렇게 볼 때, 항미원조 기억의 서사는 과거 완성형이 아닌 현재진행형이며, 당대 중국을 이해하는 하나의 문화적 창구가 되어줄 것이다.

---

31 「社評：用打抗美援朝的意志打對美貿易戰」, 『環球時報』, 2018.04.07. https://m.huanqiu.com/r/MV8wXzExNzk1MTk0XzI4Ml8xNTIzMDk3NzIw?pc_url (검색일: 2018.08.01)

6장
2020년대: 항미원조 국가 기억의 부활과 문화 내셔널리즘

1. '애국애당'의 시대정신으로 부상한 항미원조

 2020년 10월 25일, 중국은 항미원조 참전 70즈년을 맞이했다. 그와 함께, 오랫동안 공공연한 금기로 여겨졌던 항미원조 전쟁 기억이 화려하게 귀환했다. 최근 중국 정부가 정치·문화·사회 전반에서 적극적으로 이 전쟁을 소환하는 배경에는 패권 다툼으로 치닫는 미·중 갈등이 자리하고 있다.
 2018년 무역 갈등에서 시작된 양국의 대립은 정치·외교·군사 등 전방위로 확대되었으며, 특히 홍콩의 민주화와 대만 독립 이슈에 대한 미국의 직간접적인 개입이 중국을 자극하면서 미·중 관계는 1979년 수교 이후 최악의 국면을 맞고 있다. 사태를 조심스럽게 관망하던 중국 정부도 미국과의 대립을 더는 피할 수 없다는 판단을 내린 듯, 2019

년 하반기부터는 기존의 '도광양회韜光養晦'[1] 기조를 버리고 '대미항전 불사'의 메시지를 대대적으로 쏟아내고 있다. 이러한 태도 전환의 배경에는 장쩌민江澤民과 후진타오胡錦濤를 거쳐 시진핑 집권기에 이르러 세계 제2의 경제 대국으로 부상한 중국의 고조된 자신감도 자리하고 있다.

그러나 미 · 중 간 전략적 밀월기에도 양국의 경쟁 구도와 그로 인한 갈등은 늘 존재해 왔다. 특히 1990년대 이후 중국의 강화된 애국주의 교육과 『중국은 '노'라고 말할 수 있다中國可以說不』[2]로 대표되는 대중적 내셔널리즘의 확산 속에서, 미 · 중 간 마찰은 중국 대중의 '반미' 정서를 여러 차례 자극했다. 1990년대에는 미국이 중국 화물선을 억류 조치한 인허호銀河號 사건(1993), 나토의 유고슬라비아 공습 중 발생한 중국대사관 오폭 사건(1999) 등이 대표적인 사례로 꼽힌다. 또한, 2000년대에는 남중국해와 동중국해의 영유권 분쟁, 대만 문제, 북핵 문제와 사드 배치를 둘러싼 한반도 정책 갈등,[3] 무역 마찰 등 영토 · 안보 · 경제 등 다양한 분

---

1 실력을 감추고 은밀히 힘을 기른다는 뜻의 중국 성어로, 중국 외교의 신중 · 저자세 전략을 정당화하는 구호로 쓰였다.
2 1996년 출간된 시사평론서로 중국 사회에 큰 반향을 일으킨 반미 민족주의 저작.
3 김강녕, 「미중관계의 전개와 현안문제 및 시사점」, 『한국과 국제사회』 제2권 제2호, 2018, 119쪽.

야에서 양국의 갈등이 고조되었다. 다만, 지금과 차이가 있다면, 당시에는 중국 정부가 대중의 내셔널리즘과 '반미' 움직임을 적극적으로 통제하고 억제했다는 점이다. 따라서 이번 항미원조 전쟁 기억의 귀환은 시진핑 정부가 1990년대 이후 고조된 대중적 내셔널리즘 분위기를 적극 활용하면서도, 그동안 제한적으로 다뤄지던 항미원즈의 집단기억을 해금하여 더욱 확장하는 상황, 즉 중국 정부와 인민이 공동으로 이를 추인하고 있다는 점을 주요 특징으로 꼽을 수 있다.

항미원조의 의미는 국가 최고지도자의 발언을 통해서도 점차 확대되어 왔다. 2010년에는 "평화를 지키고 침략에 저항하는 정의로운 전쟁"으로 규정되었던 것이, 2020년에는 "중화민족의 위대한 부흥을 향한 이정표"로 격상되었다. 이러한 기조는 2020년 항미원조 참전 70주년, 2021년 중국 공산당 창당 100주년을 맞아 공산당 정권의 업적을 과시해야 하는 국가 기념행사에서 더욱 강조되었다.[4] 이와 함께, 항미원조를 소재로 한 문화콘텐츠 제작도 대대적으로 확대

---

4   창당 100주년을 기념하는 대형 문예 공연 〈위대한 여정〉은 항미원조를 공산당 역사에서 중요한 이정표로 치켜세웠으며, 창당 기념식에서는 당과 인민에 큰 공헌을 한 당원 29명에게 처음으로 7·1 훈장을 수여했는데, 그중 항미원조 참전 군인 3명이 포함됐다.

되었다. 2020년부터 현재(2024년)까지 영화 13편, 드라마 3편, 애니메이션 1편, 다큐멘터리는 10편으로[5] 과거에 비해 엄청나게 증가한 상황이다.

항미원조 전쟁의 집단기억, 특히 문화적 재현은 중국/인의 자기 인식에 중요한 역할을 담당해 왔다. 신중국 수립 이후 첫 번째 애국 전쟁이자 프롤레타리아 국제주의를 실현한 이 전쟁은, 전시 위기를 활용한 당 중앙의 적극적인 대중 동원 아래 진행되었다. 이를 통해 건국 초기의 정치·사회적 불안정을 해소하고, 인민을 새로운 사회주의 국가의 통치 이념으로 통합하는 데 결정적인 역할을 했다.

한편, 이 전쟁은 중국의 국경 밖에서 벌어졌기 때문에 일반 대중에게는 당 주도의 대중운동과 문화적 재현을 통해 경험된 '상상의 전쟁'이기도 하다. 따라서 항미원조 정신에 담긴 중국인의 집단적 사유체계와 세계관을 이해하기 위해서는 군사·정치적 차원에서의 전쟁 자체보다, 문화적 차원

[표] 2000년대 이래 항미원조 전쟁을 주제로 한 영상 콘텐츠

	영화	드라마	애니메이션
2000년대	〈북위38도北緯三十八度〉 (2000, 비공개)	〈항미원조抗美援朝〉 (2001, 미방영)	
2010년대	〈치우샤오윈邱少雲〉(2010) 〈나의 전쟁我的戰爭〉(2016)	〈삼팔선三八線〉 (2016, 48부작)	〈가장 사랑스러운 사람最可愛的人〉(2016)

2020년대	〈금강천金剛川〉(2020) 〈영웅중대英雄連〉(2020) 〈가장 사랑스러운 사람最可愛的人〉(2020, 넷무비) 〈장진호長津湖〉(2021) 〈혈투 무명천浴血無名川〉(2021) 〈압록강을 건너跨過鴨綠江〉(2021) 〈저격수狙擊手〉(2022) 〈장진호의 수문교長津湖之水門橋〉(2022) 〈특급영웅 황지광特級英雄黃繼光〉(2022) 〈무명의 ᄑ·기습浴血無名·奔襲〉(2023) 인터넷영화 〈지원군: 영웅의 출격志願軍: 雄兵出擊〉(2023) 〈지원군: 운명을 건 전투志願軍: 存亡之戰〉(2024) 〈돌격沖鋒〉(2024)	〈압록강을 건너跨過鴨綠江〉(2020, 40부작) 〈전쟁의 용광로戰火熔爐〉(2020, 13부작) 〈정찰영웅偵察英雄〉(2024, 32부작)	〈가장 사랑스러운 사람最可愛的人〉(2020)

에서 항미원조 서사가 대중에게 어떻게 수용되었으며 시대적으로 어떤 변화를 거쳐 왔는지 추적해 보는 것이 더욱 중요하다.

---

5 2020년 공개된 다큐멘터리와 다큐 영화는 다음과 같다. 〈항미원조 보가위국〉, 〈기억의 힘: 항미원조〉, 〈불후의 금자탑: 중국 인민지원군 영웅 열사 이야기 모음不朽的豐碑:中國人民志願軍英烈故事集〉, 〈영웅의 아들딸〉(4부작), 〈보가위국: 항미원조 영상기록保家衛國: 抗美援朝光影紀實〉, 〈나의 항미원조 이야기我的抗美援朝故事〉, 〈칼날刀鋒〉(6부작), 〈영웅英雄〉(6부작), 〈평화를 위해爲了和平〉(6부작). 2021년 9월 3일에는 다큐 영화 〈1950, 그들은 한창 젊었다1950, 他們正年輕〉가 개봉해 그해 11월에도 예매 순위 1위를 기록했다. 다큐멘터리 역시 인민지원군을 주제로 한 작품이 부쩍 늘었다.

이는 지정학적으로 중국의 직접적인 영향권 안에 있는 우리에게도 의미 있는 시사점을 제공한다. '중국은 무엇인가?', '중국과 중국인을 어떻게 이해해야 하는가?'라는 필연적인 질문의 답을 찾는 데에 유효한 문화적 창(窓) 역할을 할 수 있기 때문이다.

이 장에서는 미·중 갈등이 격화되는 시점에서 맞이한 항미원조 참전 70주년을 중국 항미원조 전쟁 기억의 재부흥기로 보고, 국가 기념식에서의 시진핑 연설과 문예 공연 그리고 대중문화에서의 재현을 중심으로 '잊힌 전쟁'에서 '애국애당'의 시대정신으로 화려하게 등장한 항미원조 전쟁 기억의 문화내셔널리즘 양상을 살펴보고자 한다.

2. 항미원조 참전 70주년: 공식 기념식과 '문화의 밤' 공연

1950년 10월 25일은 중국군이 압록강을 넘어 한국전쟁에 개입한 후, 연합군과 국군과의 전투에서 첫 승리를 거둔 날이다. 이에 중국은 매년 10월 25일을 항미원조 참전 기념일로 지정해 기념하고 있으며, 2020년에는 참전 70주년을 맞이했다.

10년 단위로 열리는 참전 기념식은 미국과의 관계를 고려하여 행사 규모와 최고지도자의 발언 수위가 조정되며, 이러한 정치적 메시지에 맞춰 대중을 대상으로 하는 문화콘텐츠의 제작량과 방향도 결정되어 왔다. 따라서 최고지도자의 기념식 담화는 향후 10년간 항미원조 전쟁의 문화 정치적 흐름을 가늠하는 기준점이라 볼 수 있다.

시진핑은 지난 2010년 참전 60주년 기념식에서 부주석 신분으로 담화를 발표한 바 있다. 당시 국가 주석이었던 후진타오는 행사 시작 전 참전 군인들과 사진 촬영을 하는 데 그쳤고, 공식 연설은 부주석이었던 시진핑이 맡았다. 이는 국가 기념식의 격을 한 단계 낮춘 것으로 해석될 수 있다. 그러나 10년 후인 2020년 참전 70주년 기념식에서는 시진핑 주석이 직접 연설에 나서며, 행사 규모와 담화 수위에서 뚜렷한 변화를 보였다. 이는 항미원조 전쟁의 위상이 현 중국의 이념과 외교 기조 속에서 격상되었음을 보여주는 중요한 변화라 할 수 있다.

2020년 담화를 2010년과 비교할 때 가장 두드러지는 차이는, 담화의 전체 분량이 5천여 자로 양적 차이는 거의 없음에도 불구하고, 전쟁 승리의 의미와 이를 구현한 인민지원군의 영웅적 면모를 강조하는 데 상당 부분을 할애했다는 점이다. 예를 들어, 2010년 담화에서는 '전쟁 승리'라는 표현이 6차례 등장하며, 그 의미 또한 "저항을 계속하자는 것이 아니라 세계 평화와 인류 진보를 수호하고 인류의 발전을 위해 분투하는 것"으로 한정되었다. 반면, 2020년 담화에서는 '승리'라는 표현이 16번이나 언급되었으며, 그 의미 역시 "중국 인민이 일어서며 세계에 우뚝 선 동방의 선언서이며, 중화민족이 위대한 부흥을 향해 나아가는 중요한 이정표로서 중국과 세계에 깊은 의미를 지닌다"라고 명시하고 있다. 즉, 이 전쟁이 중화민족이 위대한 부흥, 이른바 '중국몽' 실현의 첫걸음으로 격상되면서 국가적 차원의 상징성을 부여받은 것이다.

항미원조 정신에 관한 서술도 2010년과 2020년 사이에 큰 변화를 보인다. 2010년 담화에서는 "위대한 항미원조 정신은 애국주의를 핵심으로 하는 민족정신의 구체적 체현"이라는 비교적 함축적인 표현이 사용되었다. 그러나 2020년 담화에서는 "시공간을 초월하여 대대손손 영원히 전승되어야" 하며, "시대가 아무리 변해도, 흉포함에 굴하지 않고 강권에 저항하는 민족의 기개를 단련해야" 하고, "목숨을 걸고 살아가는 민족의 혈성血性을 단련해야 한다"라는 등 호전적인 수사로 외압에 맞서 죽음도 불사하는 민족정신을 주문하는 것으로 그 의미가 구체화되었다. 또한, 70년 전, 항미원조 정신으로 무장하여 세계 최강의 미군과 싸워 승리한 인민지원군은 항미원조 정신의 구현자로 소환되며 민족

의 영웅으로 격상되었다.[6]

국가 주석의 담화 외에도, 참전 70주년에서 주목할 만한 또 다른 특징은 10월 24일 저녁 황금시간대에 기념식의 전야제 성격으로 〈영웅의 아들딸〉이라는 제목의 '문화의 밤 文藝晚會'이 방영되었다는 점이다. 이 특별 공연은 CCTV1, CCTV3, CCTV15 채널뿐만 아니라 라디오를 통해서도 동시에 송출되었다.[7]

중공 중앙 선전부에서 주관한 이 프로그램은 역사 자료와 문헌 영상을 활용하여 국가의 항미원조 전쟁 서사를 따라 전개되었으며, 상황극, 합창, 교향악, 시 낭송, 전통 희곡 등 다양한 문예 공연을 통해 인민지원군들의 영웅적 서사시를 입체적으로 구현했다. 특히, 이 공연에는 한국에도 잘 알려진 중국의 대표적인 청춘스타부터 중견 배우, 경극 배우까지 총출동하여 남녀노소 전 세대를 아울러 시청자의 관심을 사로잡았다. 또한, 국가 중심의 전쟁 서사를 주요 플롯으로 삼으면서도, 극적 구성을 통해 남편의 참전과 전사,

---

6　2010년 '항미원조' 참전 60주년, 70주년 담화는 중화인민공화국중앙인민정부. http://www.gov.cn/xinwen/2020-10/23/content_5553715.htm (검색일 2021.11.07)

7　60주년에도 〈조선전쟁 승리 60주년 중·조 노병 친목 문예 공연〉이 있었으나 공연이 아닌 다큐멘터리 식으로 제작되어 CCTV10 과학교육채널에서 방영되었다. 해당 영상은 링크 참고. https://www.youtube.com/watch?v=a9jHFZU_AbI (검색일 2021.11.07)

항미원조 전쟁 참전 70주년인 2020년, 기념식 전야에 〈영웅의 아들딸〉 공연이 대대적으로 방영되었다. 해당 프로그램 홍보 이미지(위)와 특별 공연 장면(아래).

그리고 그의 귀환을 기다리는 한 여인의 삶을 함께 배치하여 관객들의 정서적 몰입도를 극대화했다.[8]

공연은 총 100분 동안, '현재-과거-현재'의 시간순으로 전개되는 7막 구성으로 짜여있다. 서막은 2020년 제7차 인민지원군 유해 송환 및 안장 의식으로 시작되며, 이후 한국전쟁의 발발, 중국의 참전, 지원군의 치열한 전투, 그리고 전쟁 승리가 가져온 평화와 번영의 실현까지를 담아냈다. 이 공연은 크게 두 가지 측면에서 분석할 수 있다.

먼저, '현재'의 시간대에 배치된 지원군 유해 송환식과 열병식은 항미원조 전장을 '중국몽'과 연결해 그 가치를 확장하려는 시진핑 정부의 의지를 반영하고 있다. 본 공연은 시진핑의 70주년 기념 담화에서 언급된, 항미원조 정신을 발휘한 지원군에 대한 찬사와 전쟁 승리의 격상된 의미를 낭독하는 장면으로 문을 연다. 이어지는 서序〈구가回家〉에서는 인민지원군 유해 송환 장면이 등장하며, 무대 중앙의 하얀 제단에 아이가 화환을 바치는 의식이 재현된다. 제단 아래에서는 남편의 귀환을 70년 동안 기다린 아내와 백발이 된 아들이 등장해 그를 맞이하는 장면이 연출되며, 이를 통

---

8 부인 역은 한국에도 이름이 알려진 청춘스타 저우동위周冬雨가, 남편 역은 지아나이량賈乃亮이 맡아 열연했다.

해 공연이 본격적으로 시작된다.

지원군 유해 송환 장면의 삽입은 국가 행사뿐만 아니라, 최근 중국의 드라마·영화 등 항미원조 전쟁의 문화적 재현에서 두드러진 변화다. 2014년 1월, 한·중 양국이 국제법과 인도주의에 입각한 우호 협력 정신을 바탕으로 중국군 유해 송환에 합의한 이후, 2020년 9월 기준 총 7차례에 걸쳐 716구의 유해가 중국으로 인도되었다.[9] 그러나 중·미 갈등이 고조되던 2019년 전후로 중국 정부가 유해 송환 사업에 더욱 역점을 두면서 대대적인 기념행사를 개최하고, 주요 언론매체도 "항미원조 영웅들이 돌아왔다"라며 애국적 분위기를 고조시켰다.[10] 이러한 변화는 전쟁을 기억하고 희생된 병사들과 유족을 위로하는 과거 청산의 목적도 포함하고 있지만, 최근 중국 정부가 항미원조 전쟁 기억을 '대미항전'이라는 현시적 위기에 적극적으로 이용하는 것을 볼 때, 보다 근본적으로는 지원군의 투쟁과 희생을 강조함

---

9 국방부, 「중국군 유해 117구 '공식 송환'」에서 참고.(검색일 2021.11.07) https://kookbang.dema.mil.kr/newsWeb/20200928/18/BBSMSTR_000000010021/view.do

10 '항미원조' 전쟁의 의미가 격상된 70주년 기념식 이후 거행된 2021년 제8차 유해 송환은 인천공항에서 열린 인도식부터 선양 공항 도착, 2020년 재개관한 '항미원조 열사 능원'의 안장식에 이르기까지 전 과정을 CCTV에서 생중계하기도 했다. 김정률, "영웅 돌아왔다"…한국전 전몰자 유해송환 中 애국주의 강조, 뉴스1, 2021.9.12. https://www.news1.kr/articles/?4423154 (검색일 2021.11.07)

으로써 내셔널리즘을 고양하고 내부 결속을 강화하려는 의도가 반영된 것으로 해석된다. 이는 최근 '가장 사랑스러운 사람'이라는 수식과 함께, 생존 지원군 노병과 전쟁 영웅으로 추앙된 지원군을 조명하는 전기傳記가 주요 매체에 자주 등장하는 흐름과도 연결된다.

지원군 출병부터 전쟁 승리까지의 '과거'를 재현한 6개의 막이 끝나면, 마지막 무대인 〈평화〉의 막이 오르고, 시「평화로운 하늘和平的天空」 낭송이 시작된다. 이 시는 "이 승리의 기반이 없었다면, 어떻게 세계가 중화민족의 위대한 부흥의 꿈을 목도하고 평화의 하늘을 밝힐 수 있었겠느냐"는 내용을 담고 있다.[11] 이는 현재의 평화와 안정이 저절로 주어진 것이 아니라, 지원군의 희생과 전쟁 승리의 결과물임을 강조하는 것으로, 공연 시작 전 띄운 시진핑 담화와 직접 호응하고 있다. 이어지는 마무리 장면에서는 오늘날 중국의 강한 군사력을 과시하는 열병식을 배경 화면으로 띄운 뒤, 본 공연을 위해 제작된 합창곡 〈전진하는 중국中國向前進〉을 부르며 화려한 막을 내린다.

둘째, 전쟁 시기를 다룬 '과거'는 냉전기 항미원조 집단기

---

11 원문은 다음과 같다: "如果沒有這一場勝利的奠基, 家與國從積貧積弱向繁榮富強進軍, 世界怎麼會看到中華民族偉大的複興夢, 璀璨了和平的天空."

억을 현대적으로 전유한 특징을 보인다. 출병 결정을 다룬 1막을 지나,[12] 2막부터 5막까지는 상감령, 장진호, 금강천 등 항미원조의 주요 전투와 국내 대중운동, 조선 전지 위문 공연 등 전쟁 시기를 집중적으로 조명한다. 그런데 이러한 '과거' 항미원조 서사는 엄청난 규모의 세트장 위에 다채로운 문예 공연을 활용하여 서사를 시각적으로 극대화하고, 남편을 전쟁터로 보낸 아내의 애절한 기다림을 극적 서사로 추가하는 등의 연출을 더 했을 뿐, 기본적으로 마오쩌둥 시기 경전급 문학·영화 서사를 그대로 가져와 재구성한 것에 불과하다.

전장에서 지원군의 용맹함을 조명하는 2막 〈철혈鐵血〉에서는 유명 배우들이 웨이웨이의 『누가 가장 사랑스러운 사람인가』를 낭송하고, 그 옆으로 당시의 전투를 재현하는 무대 공연이 곁들여졌다. 이 작품은 당시 북한을 방문했던 작가 웨이웨이가 쓴 대표적인 전지 통신으로, 1951년 4월 『인민일보』에 처음 발표된 이후 중국 인민에게 항미원조와 인민지원군의 이미지로 각인되었다. 이후 인민지원군은 마오쩌둥

---

12 제1막 〈출병〉은 참전 결정을 앞둔 마오쩌둥과 펑더화이의 대화로 꾸며졌다. 둘은 사회주의 건설을 위해 제국주의 침략을 막아야 한다는 의견을 모으는데, 마오쩌둥의 대사 "한 대를 때려 백 대를 면한다打得一拳開免得百拳來"는 2020년 이래 '항미원조'와 중미 갈등을 다룬 글에서 자주 등장하는 문구다.

시기 내내 혁명적이고 도덕적으로 순결한 정치적·사상적 영역의 모범을 표상하는 강력한 집단 기호로 작용해 왔다.

이어지는 3막 〈국가家國〉에서는 상감령 전투와 이 전투에서 희생된 영웅 황지광黃繼光을 조명한다. 특히, 85세의 그의 전우 리지더李繼德 노병이 실제 무대에 등장하여 황지광의 영웅적 희생과 애국주의 정신을 회고하는 장면이 연출되었다. 무대 뒤 배경에는 1956년 영화 〈상감령〉이 재생되며, 이어지는 공연에서는 영화 속 갱도를 그대로 재현한 무대에서 지금까지도 사랑받는 영화 주제가 〈나의 조국我的祖國〉을 합창하며 마무리된다.

4막 〈전혼戰魂〉에서는 장진호 전투를 중심으로 1964년 영화 〈영웅의 아들딸〉의 극적 서사가 삽입되었다. 이 영화의 하이라이트로 지금도 회자되는 장면은, 지원군 왕청이 홀로 고지를 지키며 적군 싸우다 총탄이 떨어지자, 무전기를 들고 적군이 진지 가까이 오기를 기다렸다가 "승리를 위해, 나를 향해 포를 쏘라!"라고 외치며 장렬히 전사하는 순간이다. 공연에서는 이 영화의 명장면과 함께 실제 전투 영웅들의 얼굴을 무대 배경으로 띄우며 영화의 주제가 〈영웅찬가英雄贊歌〉를 합창하는 것으로 막을 내린다.

5막 〈단원團圓〉도 지원군 위문 공연과 중·조 인민의 우애를 강조하는 장면으로 구성되었으며, 매우 익숙한 서사를 재현하고 있다. 중국과 북한 인민이 함께 어울려 위문 공연을 펼치는 장면은 냉전기 항미원조 영화에서 국제주의를 강조하기 위해 자주 등장했던 장면이다. 또한, 한복을 입은 북한 예술단이 추는 '우의춤友誼舞' 역시 영화 〈영웅의 아들딸〉의 주요 장면을 그대로 재현한 것에 불과하다.

종합해볼 때, 다큐멘터리와 결합한 대형 무대극 〈영웅의 아들딸〉은 '대미항전'이라는 당면 과제 해결과 '중국몽' 실현이라는 국가 목표를 위해, 항미원조 전투 속 지원군의 희생과 백절불굴의 정신을 '영웅주의'로 신화화하고, 이를 통해 국가 대의를 위한 항미원조 정신을 대중들에게 주문하는 전형적인 대중선전 문예라 할 수 있다.

조지 L. 모스는 전사자 숭배는 어느 나라에서나 국가의 자기 표상과 밀접하게 연결되었다고 말한다.[13] 마오쩌둥 시기 내내, 항미원조 전쟁 기억은 미국을 중심으로 하는 서구 제국주의를 '타자'로 설정하여, 신중국과 중국인의 냉전적 자기 정체성을 강화하는 국가 서사로 기능했다. 이 과정에서 전쟁 서사 속 '자아' 형상인 인민지원군은 새로운 사회주의 가치와 전망을 실현하는 '주체'이자 '사회주의 신인'의

---

13 조지 L. 모스 지음, 『전사자 숭배: 국가라는 종교의 희생 제물』, 오윤성 옮김, 문학동네, 2015, 125쪽.

이상적 투영물이었다. 따라서 지원군의 형상은 정치적 교화 및 선전의 도구로서 강력한 상징성을 지녔다. 즉, 지원군이 곧 신중국의 이상적 인간형이었다. 그러나 이러한 '대의'를 위해 전쟁이 초래한 참혹한 현실, 즉 수많은 지원군의 죽음이나 유가족의 상실감은 철저히 은폐되어야 했다. 30년 만에 그들은 미국과의 전쟁에서 조국을 구해야 할 임무를 띠고 다시 한번 '영웅'으로 소환되었고, 대중문화 콘텐츠는 전쟁 스펙터클을 가미한 항미원조 신화를 구축하며, 문화 내셔널리즘의 기능을 수행하고 있다.

3. 항미원조 문화콘텐츠 제작의 확장과 변화

2020년 7월 17일, 중국 안팎으로 송출되는 모든 미디어 프로그램을 검열하는 중앙기관인 국가광파전시총국國家廣播電視總局(이하 광전총국)은 항일전쟁, 코로나 방역 전쟁과 함께 항미원조 전쟁을 주요 제재題材로 선정하고, 주선율 가치를 효과적으로 선전하기 위한 관련 프로그램의 제작 및 관리 지침을 발표했다.[14] 주선율이란 중국 사회의 특수성과 '사회

---

14 「廣電總局部署調度重點題材電視劇播出工作」, http://www.gov.cn/

주의 특색'을 반영하는 중요한 대중문예 창작 형식으로, 주류 이데올로기의 강조, 국가 정책 선전, 주도적 문화가치 구현, 그리고 역사와 현실을 반영한 건강한 창작물을 의미한다. 항미원조 전쟁은 혁명 역사제재에 속하지만, 혁명 투쟁사나 항일전쟁과 달리 그동안 주선율 범주에는 포함되지 않았다. 그러나 이번 결정으로 항미원조가 주선율 주제로 공식 승인된 것이다. 이는 그간 금지에 가까웠던 항미원조 서사가 공식적으로 허용되었음을 의미하며, 향후 관련 작품들이 대거 제작될 가능성이 커졌음을 시사한다.

실제로 지침이 공표된 2020년에는 〈압록강을 건너〉, 〈그림 같은 전기戰旗如畵〉, 〈철도위사鐵道衛士〉, 〈내 마음속의 노래我心有歌〉 등 참전 70주년을 기념하기 위한 6편의 드라마가 제작 허가를 받고 촬영을 준비 중이었다. 콘텐츠 양이 대폭 늘어난 만큼, 항미원조를 전방위적으로 다룬 것부터 일부 전투를 주제로 한 작품, 그리고 드라마부터 애니메이션, '넷무비網絡大電影'[15]에 이르기까지, 시점과 장르의 다양화

---

xinwen/2020-07/23/content_5529344.htm (검색일 2021.11.07)

15 성전화盛振華 감독의 영화 〈가장 사랑스러운 사람〉은 40분 분량의 '넷무비'다. '넷무비'란 인터넷과 영화가 결합된 방식으로, 인터넷 동영상 사이트를 통한 상영을 위해 제작, 배급되는 영화를 말하며, 향후 중국 영화산업 발전 방향에 중요한 역할을 할 것으로 기대되는 장르다. 다른 '항미원조' 영화와 비슷하게 전쟁의 처절함과 지원군의 용맹함을 다루고 있으나, 지원군이었던 할아버지를 본받아 손자가 소방대원으로 자원하는 모습을 마지막 장면으로 넣어 '국가 수호, 인민 봉사=지원군 정

도 눈에 띈다. 바야흐로 포스트 사회주의 시대 항미원조 서사의 첫 부흥기를 맞이한 현재, 영화와 드라마의 특징을 한두 단어로 정리하긴 어려우나 같은 시진핑 집권기였던 지난 2016년과 비교해 몇 가지를 논의해 볼 수 있다.

2016년에는 1990년대 이후 약 30년의 공백을 깨고 항미원조를 전면에 내세운 드라마 〈삼팔선〉(38부작)과 영화 〈나의 전쟁〉이 제작되어 큰 화제가 되었다. 당시 미·중 관계는 최근처럼 전면적인 갈등 국면에 이르지는 않았지만, 한·미 정부의 사드 배치 발표와 남중국해 영토 분쟁 등으로 인해 미·중 관계는 물론 한·중 관계까지 불안정한 시기였다. 하지만 드라마에서는 미군뿐만 아니라 남한군 역시 '절대 악'으로 묘사하지 않았고, 특히 영화의 경우, 제작을 맡은 '중국전영공사'가 감독에게 적이 누구인지 명확하게 드러나지 않는 전쟁영화가 되어야 한다고 요구하기도 했다. 하지만 남중국해를 둘러싼 중미 패권 다툼이 격화되자, '중국전영공사'는 미군이 출현해도 되고 항미원조 역사까지 내레이션에 삽입하라며 태도를 바꿨다. 이에 따라, 영화는 '반미' 여론을 이용해 적극 홍보에 나섰으나 흥행에 실패했고, 홍보 영상을 둘러싸고 네티즌 사이에 전쟁 합법성을 다투는

신'이며 이것이 후대가 면면히 이어가야 할 임무임을 각인시킨다.

논쟁까지 일어났다.[16]

그렇다면 2020년을 기점으로 제작된 항미원조 대중문화 콘텐츠의 첫 번째 특징은, 최근 미·중 간 신냉전 기류로 인해 '대미항전'이 강조되면서, 주적인 '미군'을 전면 등장시켜 '반미' 애국주의를 최대한 끌어내고 있다는 점을 꼽을 수 있다. 한편, 이 전쟁의 또 다른 타자인 북한은 프롤레타리아 국제주의 측면을 부각하기 위해 참전 결정 단계에서는 언급되지만, 막상 전투가 시작된 이후에는 어느 순간 배경으로 사라져 버린다. 따라서 이 전쟁에서 한반도는 단순한 전쟁의 무대로만 기능할 뿐, 서사 전반적으로는 '중미전쟁'으로 그려지는 경향이 두드러진다.

둘째, 이 전쟁의 주선율 가치가 높아짐에 따라, 부대 내 혹은 지원군과 북한 여성 간의 러브스토리는 최대한 배제하는 한편, 부자父子의 정과 같은 끈끈한 전우애가 더욱 강조되고 있다. 또한, 적군을 지나치게 나약하게 묘사하고 중국군은 영웅으로 형상화하는, 이른바 '신극神劇'[17]의 서사 경향

---

16 항미원조 전쟁 속 '타자' 재현 문제로 인한 영화 흥행 실패와 네티즌 간 논쟁에 관해서는 이 책의 5장 참고.
17 '신극'이란 용어에 긍정적, 부정적 의미를 모두 포함할 수 있으나, 최근 등장한 '항일신극'이라는 신조어는 주로 폄하의 의미로 사용된다. 이는 작품에서 전쟁을 유희화하고 아군을 우상화하며, 적군을 백치처럼 그리는 등의 특징을 의미한다.

이 완전히 사라지지는 않았으나 개선되고 있는데, 이는 항미원조 주제가 주선율 제재로 승격되면서 광전총국의 영상 관리가 더욱 엄격해진 결과로 볼 수 있다.

셋째, 인민지원군의 용맹함과 영웅적 희생을 강조함으로써 애국주의 교육 기능이 한층 강화되고 있다. 이는 드라마와 영화 속에서 뜬금없이 등장하는 전쟁 영웅 이야기나 지원군의 유해 송환 장면에서도 드러나지만, 특히 시진핑 집권기에는 성장기의 아동과 청소년을 대상으로 한 애니메이션 제작이 두드러지게 증가하고 있다는 점에서도 주목된다.

앞의 표를 보면, '가장 사랑스러운 사람'[18]이라는 제목의 다양한 작품들이 눈에 띈다. '가장 사랑스러운 사람'이란 제목의 첫 애니메이션은 베이징 방송국 어린이 단화 채널인 '카쿠 어린이 TV卡酷少兒衛視'에서 2014년부터 제작을 시작해, 2016년 총 14편으로 방영한 것이 최초였다. 그런데 2020년 항미원조 참전 70주년에 맞춰 상영된 애니메이션 영화는 어린이를 대상으로 편당 13분의 짧은 분량으로 제작된 이전 작품과 달리, 500여 명의 전문가와 보조 인력을 투입하고 3D 애니메이션 기술을 적용한 대규모 프로젝트로 제

---

18 웨이웨이가 쓴 전지 통신의 대표작 『누가 가장 사랑스러운 사람인가』의 중요성에 관해서는 이 책의 1장의 2 참고

작되었다. 같은 제목의 애니메이션이 잇따라 제작된 것은, 웨이웨이의 작품이 일찍이 중학교 교과서에 실렸다는 점에서도 알 수 있듯이, 항미원조 전쟁 영웅의 이야기를 활용해 성장기 학생들에게 애국심과 희생정신을 심는 교육적 목적이 더욱 강화되고 있음을 시사한다.

마지막으로 제작 방식 측면에서는 콘텐츠 기획 단계에서부터 시리즈화하거나 드라마·영화의 공동 제작 방식을 취하는 점도 특징적이다. 예를 들어, 영화 〈장진호〉(2021)는 시리즈로 기획되어 후속작 〈장진호의 수문교〉가 2022년 춘절 시즌에 개봉했고, 영화 〈지원군〉 시리즈는 2023년 〈지원군: 영웅의 출격〉, 2024년에는 〈지원군: 운명을 건 전투〉가 차례로 개봉했다. 드라마 〈압록강을 건너〉 역시 처음부터 영화와 공동 제작하는 것으로 기획되었으며, 2020년에 방영된 드라마 〈전쟁의 용광로〉 또한 2021년 〈영웅중대〉로 제작되어 개봉된 바 있다.

이러한 드라마·영화의 공동 제작 방식은 관객들이 드라마 시청을 통해 영화의 전체적인 내용을 어느 정도 알고 있다는 점을 고려할 때, 블록버스터 영화 〈장진호〉처럼 흥행 수익을 염두에 둔 것은 아니라고 판단된다. 실제로 영화 〈압록강을 건너〉와 〈영웅중대〉의 흥행실적은 기대에 미치지 못했다. 그렇다면 이러한 기획 방식은 단기간 내 대중문화

콘텐츠의 양적 확대를 통한 항미원조 집단기억의 강화라는 목표로밖에 설명되지 않는다.

4. 영화 〈장진호〉 시리즈와 〈저격수〉의 내셔널리즘 재현 양상

바야흐로 포스트 사회주의 시대, 항미원조 서사의 첫 번째 부흥기를 맞이한 현재, 급증하는 항미원조 전쟁 관련 문화콘텐츠는 고조되는 '반미' 정세 속에서 미군을 주적으로 더욱 선명하게 재현하고, 이를 통해 강화된 내셔널리즘을 부각하고 있다. 특히, 현대적 영상 기법을 활용한 세련된 연출을 통해 냉전기 항미원조 집단기억을 더욱 생생하게 구현하는 방향으로 나아가고 있다.

이러한 변화는 같은 시진핑 집권기인 2016년에 개봉한 영화 〈나의 전쟁〉과 비교해 볼 수 있다. 이 영화는 1990년대 이래 30년의 공백을 깨고 항미원조를 원톱으로 다룬 첫 상업영화로, 제작 전부터 큰 기대를 모았다. 그러나 요즘의 항미원조 서사에서 강조되는 지원군 간의 전우애, 애국주의, 위대한 승리로 재현했음에도 영화는 흥행에 실패했다. 이는 영화가 인민지원군이 지켜야 할 북한의 존재는 물론, 주적인 미군의 형상조차 전면에 내세우지 못했기 때문으로 해석된다. 즉, '나'는 누구이고, 누구를 위한 전쟁인가에 대한 설득력이 부족했던 것이 대중의 공감을 얻지 못한 주요 요인으로 보인다. 더욱이, 개봉 전 공개된 홍보 영상은 항미원조의 정당성을 둘러싼 논란을 촉발하며, 네티즌들 사이에서 찬반 여론이 극명하게 대립하는 상황까지 초래했다. 이렇듯 〈나의 전쟁〉을 둘러싼 문화 이슈는 포스트 사회주의 시대, 타자의 합당한 의미 부여가 어려운 국제질서의 변화와 자국 보위를 위한 애국주의만으로는 설득될 수 없는 이 전쟁의 무게를 보여주는 문화적 징후다.[19]

그러나 불과 몇 년 후인 2020년, 대미항전에 버금가는 중·미 관계 악화 속에서 항미원조와 그 정신은 최고지도자에 의해 "시대가 아무리 변해도 흉포함에 굴하지 않고 강권에 저항하는 민족의 기개", "목숨을 걸고 살아가는 민족의 혈성"[20]이라는 호전적 수사를 통해 외압에 맞서 죽음도 불사하는 민족정신으로 격상되었고, 이 전쟁이 갖는 국제주의 정신은 탈각된 채 '반미'를 중심으로 한 저항적 내셔널리즘의 불씨로 손쉽게 거듭나게 되었다.

---

19 이와 관련해서는 이 책의 5장 참고.
20 2020년 항미원조 참전 70주년 담화는 중화인민공화국중앙인민정부 홈페이지에서 인용함. http://www.gov.cn/xinwen/2020-10/23/content_5553715.htm (검색일 2021.11.07)

상업영화에서는 강화된 내셔널리즘에 현대적 영상 기법을 더해 '애국애당'의 항미원조 집단기억을 최대한 구현해내는 모양새다. 특히, 세계적으로 유명한 중국의 거장이자 한국에도 잘 알려진 5세대 대표 감독 천카이거陳凱歌와 장이머우張藝謀가 각각 영화 〈장진호〉 시리즈와 〈저격수〉로 이 대열에 참여하고 있어 더욱 눈길을 끈다. 이 두 편의 영화는 항미원조 전쟁을 모두 '중미전쟁'이자 '승리의 애국전쟁'으로 그려내면서도, 내셔널리즘을 재현하는 방식에서는 차이를 보였다. 〈장진호〉 시리즈는 '100년의 굴욕과 신중국 수립 이후의 설욕'을 강조하며 민족적 자긍심을 고취하는 데 초점을 맞췄다면, 〈저격수〉는 가족과 국가를 동일시하는 정서인 '가국감정家國情緒'을 자극하는 방식으로 감성적 호소력을 극대화했다.

물론, 최근 제작된 항미원조 드라마와 영화들은 70주년 담화가 제작 가이드라인으로 작동하면서도 곳곳에 대안적 서사 요소들이 잠재된 변화도 보인다. 예를 들어, 해방 전 국민당 군인 출신을 주인공으로 세우거나, 완전무결한 영웅 지원군 형상을 배제한 작품들이 등장하고 있다. 또한, 전쟁이라는 극단 상황 속에 국가 대의와 개인 원한이 뒤엉키는 방식의 서사를 채택하는 경향도 포착된다.[21] 중국의 문화산업 시장은 국가의 강력한 통제 안에 있지만, 당과 대중, 그리고 창작자 사이 균열과 틈은 언제나 존재해 왔으며, 이는 마오쩌둥 시대에도 마찬가지였다. 다만, 이 글이 주목한 것은 그러한 균열의 틈에도 흔들리지 않는 항미원조 기억의 정치적 메시지인 내셔널리즘과 그 재현의 방식이다.

중국에서 항미원조 기억은 위기 시기마다 미국을 중심으로 하는 서구를 타자로 설정하여, 중국의 자기 정체성을 형성하고 강화하는 역할을 해 왔다.[22] 마오쩌둥 시대에는 미 제국주의에 맞서 피억압 민족인 조선(북한)의 해방을 지원하고, 조국과 세계평화를 수호하는 냉전적 주체 상상으로 기능했다. 탈냉전 이후, 특히 2020년 이후에는 장기화할 중·미 패권 경쟁 속에서 대중에게 새롭게 요구되는 자기 인식의 일환으로, '내셔널리즘으로 무장한 국민 형성'을 위한 집단기억으로 작용하고 있다.

두 편의 영화 속 내셔널리즘의 재현 양상을 고찰하는 이

---

21 이와 관련하여 드라마 〈전쟁의 용광로〉, 영화 〈금강천〉의 대안서사의 가능성을 언급한 연구는 백지운, 「항미원조 전쟁의 귀환, 그 위험과 가능성의 양날」, 『오늘의 문예비평』, 2021, 4장 참고.
22 김진공은 항미원조 서사를 "임계치를 넘은 외부 압력에 직면하여 체제 전환을 시도하는 시점에 내부적 동력을 얻으려는 일종의 '체제전환용 서사'"로 정의했다. 김진공, 「중국의 한국전쟁 서사는 언제 정전(cannon)이 되었는가?」, 『중국어문논역총간』, 제50집(2022), 71쪽.

유는 바로 여기에 있다. 사실, 두 영화 속 내셔널리즘 요소들은 근대 이래 중국을 둘러싼 대내외적 환경 속에서 오랜 시간 동안 형성되어 온 것이며, 2020년 이후 항미원조 기억을 매개로 대중 서사에서 적극적으로 발현되고 있다. 이 절에서는 항미원조 집단기억의 새로운 전환 속에서 '100년의 굴욕과 중화인민공화국 수립 이후의 설욕' 프레임과 '가국감정'을 핵심 키워드로 영화 속 내셔널리즘을 고양하는 방식과 한계를 분석함으로써, 중국 대중의 저항적 내셔널리즘을 보다 심층적으로 이해하고자 한다.

(왼쪽부터) 영화 〈장진호〉(2021), 〈장진호의 수문교〉(2022), 〈저격수〉(2022) 포스터.

1) '굴욕의 세기'에서 '승리'로, 영화 〈장진호〉 시리즈

항미원조 참전 71주년, 건당建黨 100주년, 신중국 건국 72주년을 위한 헌정 영화 〈장진호〉는 코로나로 인해 몇 차례 연기되다가 2021년 9월 30일 국경절 시즌에 맞춰 개봉했다. 예상대로 영화는 1위를 달리던 〈안녕, 리환잉你好, 李煥英〉을 단숨에 제치고 전 세계 흥행수익 1위를 차지했을 뿐 아니라, 중국 역대 흥행 랭킹 1위인 〈전랑2〉(2017)의 기록마저 무너뜨리며 중국 애국주의 주선율 영화의 역사를 다시 썼다.[23] 〈장진호〉는 총 4편의 시리즈로 기획되었고, 2022년 2월 춘절 시즌에 〈장진호〉의 후속편인 〈장진호의 수문교〉(이하, 수문교)를 개봉, 40.61억 위안의 수익을 올리며 순항했다.

총 4편으로 구성된 〈장진호〉 시리즈는 1950년 11월 장진호 전투, 12월 미군과 국군의 흥남 철수 그리고 1952년 10월 상감령 전투에 이르기까지, 중국에서 '승리'로 기억되는 굵직굵직한 전투를 주요 소재로 삼아, 참전부터 종전 협상에 이르는 항미원조 전쟁의 전체 흐름을 조망하는 대형 프

---

23 중국 영화 예매 플랫폼 사이트 마오옌貓眼에 따르면, 〈전랑2〉와 〈장진호〉의 흥행 수입은 각각 56.95억과 57.57억 위안이다. https://www.maoyan.com/(검색일 2021.12.13)

로젝트다. 역대 최대, 최고라는 타이틀로 제작 전부터 영화 팬과 관계자들의 기대를 모은 이 영화는, 중국 최대의 민영 영화사인 보나필름과 국영 영화사인 인민해방군 팔일영화사 등이 제작에 공동 참여했다. 특히, 첫 편〈장진호〉에만 한화로 약 2,400억 원(13억 위안)이라는 역대 최대 제작비와 1만 2천여 명의 역대 최다 인원이 투입되었다. 또한, 천카이거뿐만 아니라 홍콩의 유명 감독 쉬커徐克와 린츠-오션林超賢이 협업했으며,〈전랑〉시리즈와〈유랑지구流浪地球〉를 통해 국민 배우로 자리매김한 배우 우징吳京, 떠오르는 신예배우 이양첸시易烊千璽 등을 캐스팅하여, 많은 이들이 이 영화가 중국의 주선율 블록버스터 흥행을 주도할 것이라고 확신했다.

  영화 줄거리는 다른 항미원조 영화와 크게 다르지 않다. 중국의 참전부터 장진호 전투, 흥남 철수까지를 다룬〈장진호〉와〈수문교〉의 내용을 한마디로 요약하면, 우징이 이끄는 인민지원군 제7중대가 혹독한 추위 속에 첨단 무기를 갖춘 미군에 맞서, 오직 조국과 인민을 생각하며 백절불굴의 정신력과 용맹함으로 끝내 승리한다는 이야기다. 편당 3시간에 가까운 긴 상영시간 동안, 영화는 미국 백악관과 맥아더가 지휘하는 UN군 총사령부, 마오쩌둥을 중심으로 한 중공 중앙 지도부부터 한반도의 인민지원군 사령부와 병사들, 그리고 주요 전투까지 아우르며, 마치 중국의 전쟁사를 펼친 듯 항미원조를 전방위적이고 입체적으로 다뤘다.[24] 그만큼 관방의 의지를 충분히 반영하고 있다고 봐도 무방한데, 극영화와 다큐멘터리를 합친 듯한 본 영화의 주요 서사 라인과 메시지는 다음 세 가지 정도로 압축할 수 있다.

첫째, 마오쩌둥과 펑더화이 등 중국 지도부를 등장시켜 어려운 상황에서 참전 결단을 내릴 수밖에 없었던 이유를 보여주고, 세계 최강국 미국을 상대로 전쟁에서 승리함으로써 중국이 다시 '일어섰음'을 강조한다. 둘째, 주인공 우징을 비롯한 지원군들의 용맹함과 희생정신을 부각하며, 불리한 조건 속에서도 오로지 백절불굴의 정신으로 승리한 항미원조 정신이 무엇인지를 재현한다. 셋째, 우징의 동생이자 철없는 막내 병사 이양첸시가 전쟁 속에서 성장하는 과정을 통해, 항미원조 정신의 다음 세대로의 '계승'을 보여준다.

〈장진호〉에서 특히 눈길을 끈 것은, 중공 지도부가 '이 전쟁을 왜 해야 하는가?'를 어떻게 설득하는가이다. 개혁개방 이후부터 2016년 흥행에 실패한 영화 〈나의 전쟁〉에 이르

---

24 중국의 한 학자는 〈장진호〉를 고위층 지휘부의 거대 서사 라인, 기층중대 지휘부와 병사의 미시 서사 라인 그리고 미군시각의 타자 서사 라인이 결합된 서사구조를 사용하여 항미원조의 기원부터 결책에 이르기까지를 거슬러 올라가 장진호 전투의 전 과정을 재현함으로써 기세등등한 한편의 역사시를 써내려갔다고 평가했다. 詹慶生,「『長津湖』: 戰爭巨制的全景敍事與共同體想象」,『電影藝術』, 2021(05), 62頁.

기까지, 포스트 사회주의시기에 맞는 새로운 항미원조 서사 구축의 가장 큰 어려움은 바로 참전의 정당성을 설득하는 데 있었기 때문이다.

영화는 맥아더의 인천상륙작전부터 보여줌으로써, 애초에 이 전쟁이 북한의 남침으로 촉발된 한반도 내전이었다는 사실을 지운다. 대신, "미국 맥아더 총사령관은 한국전쟁에 연합군이 개입하겠다고 선포했다"라는 메시지와 함께, 북한과 국경을 접한 중국 단둥丹東의 미군 폭격, 대만 해협에 배치된 미군 함대, 군사분계선인 삼팔선을 넘어 진격하는 미군의 모습을 보여주며, 마치 국방 수호를 위해 피할 수 없었던 전쟁처럼 그린다. 이러한 상황을 지켜보던 마오쩌둥은 "이 전쟁을 하지 않으면 우리 조국의 향후 수십 년간의 평화로운 발전이 어려울 것이다. 서양인들이 우리를 얕보는데, 존엄은 오직 전쟁터에서 얻을 수 있다"라고 참전을 결정한다. 이어 그는 "우리가 나서지 않으면 국내외 적들이 우리를 약하고 만만하게 볼 것이다!"라고 강조한다.

'연약하여 업신여길 만하다軟弱可欺'라는 마오쩌둥의 발언은 아편전쟁 이래 약 100년 동안 제국주의 침략을 겪은 중국의 근현대사, 이른바 '굴욕의 세기'에서 누적된 중국 인민들의 집단적 트라우마를 자극한다. 그리고 '승리'로 재현되는 항미원조 전쟁은 과거뿐만 아니라 현재에도 중국인들에게 강력한 '설욕'의 서사로 작동한다. 이 전쟁은 중국이 세계에서 가장 강한 미국을 물리침으로써 지난한 '굴욕의 세기'에 종지부를 찍고 민족적 자존감과 존엄을 되찾은 역사적 사건으로 자리 잡았기 때문이다.[25] 그리고 무엇보다도, 그 '승리'의 중심에는 언제나 중국공산당이 있다. '굴욕의 세기'가 과거의 치욕에서 중국을 끌어내 중국공산당 정치 체제를 정당화하는 상실과 구원에 관한 이야기라면,[26] 그 구원의 첫 페이지는 항미원조 전쟁이었다.

다만, 마오쩌둥 시대와 달리 시진핑 시대의 항미원조 서사는 '공산당의 위대한 승리'를 강조하면서도, 동시에 '열강에 침략당해온 중국'이라는 과거의 역사에 더욱 초점을 맞춘다. 민족적 치욕을 부각하는 중국의 근현대사 교육은 기존 사회주의 체제가 위기에 봉착한 1990년대를 기점으로 더욱 강화되기 시작했다.[27] 이 시기 중국은 문화대혁명의

---

25 미국의 외교 전략가 헨리 키신저도 "중국이 한국전 참전을 통해 '굴욕선'에 종지부를 찍었고 중국의 영향 내에서 외부 세력의 간섭을 용인하지 않는다는 명확한 메시지를 전달했다"고 평가한 바 있다. 이지용, 「21세기 세계질서와 미중관계」, 『KINU 통일 플러스』, 2015년 여름호, 107쪽.

26 Alison Adcock Kaufman, The "Century of Humiliation," Then and Now: Chinese Perceptions of the International Order, *Pacific Focus*, 25(1), Apr, 2010, p.3.

27 오노데라 시로에 따르면, 중국에서는 천안문 민주화 시위 이후 근현대사와 '열강에 침략당한' 사례가 강조됐는데, 그 목적은 '국정' 강조, 서구사상과 사물에 대한 젊은 세대의 동경을 억제하고 경계심을 갖게 하려는 데 있다. 오노데라 시로 지음, 『중국

실패와 소련 해체로 인해 기존 사회를 지탱하던 사회주의 이념이 붕괴되었으며, 개혁개방 이후 물질만능주의가 팽배한 가운데, '천안문 민주화 시위'로 대표되는 민주화 운동의 좌절로 인해 사회 전반이 극심한 혼란을 겪고 있었다. 이러한 상황에서 민족주의와 애국주의는 사회주의 이데올로기를 대체하는 새로운 국가 통합 논리로 부상했으며, 특히 외부의 적에 대한 저항적 내셔널리즘은 내부의 불만을 외부로 돌려 인민을 결속시키는 효과적인 수단이 되었다. 이러한 맥락에서 항미원조는 장기간 이어질 중·미 패권 경쟁 속에서 중국 애국주의 열풍의 새로운 불씨가 되어 인민을 단합하고 '대미항전'을 승리로 이끌 가장 강력한 '설욕'의 서사로 작동할 가능성이 크다. 실제로, 시진핑의 항미원조 70주년 기념 담화가 문화콘텐츠 제작의 주요 가이드라인으로 작동하고 있다는 점에서도 이를 확인할 수 있다. 그러나 국치와 설욕을 호소하는 식의 항미원조 서사에는 치명적인 한계가 있다.

첫째, 전쟁의 '승리' 외에 다른 것들이 들어설 여지가 없다는 점이다. 예를 들어, 수많은 지원군의 죽음과 전쟁 포로 문제, 유가족들의 슬픔, 그리고 전쟁 결과로 분단된 이

내셔널리즘: 민족과 애국의 근현대사』, 김하림 옮김, 산지니, 2020, 251쪽.

웃 나라의 비극과 같은 한국전쟁의 실상은 70년이 지난 지금까지도 여전히 가려져 있다.

2016년 영화 〈나의 전쟁〉의 홍보 영상을 둘러싼 논란은 국가가 일방적으로 구축하는 항미원조 서사가 더는 쉽게 수용되기 어려울 것이라는 예측을 낳았다. 그러나 불과 6년 만에 중국 정부는 입을 막는 단순하고 거친 방법으로 그 문제를 덮어버렸다. "영화 장진호의 출현, 빈번한 항전 영화의 출현이 세계에는 비우호적이고 안정적이지 않은 이데올로기를 전달하는 것은 아닐까?"라는 글을 SNS에 올린 개인의 계정이 폐쇄됐고, 한 언론인은 영화를 비판했다는 이유로 '열사 명예 훼손' 혐의가 적용되어 형사 구류 처분을 받았다.[28] 현재 중국에서는 이 영화에 대한 개인적인 부정적 견해조차 체제에 반하는 정치적 의도로 확대 해석되며, 표현의 자유가 철저히 제한되고 있다.

물론, 이 영화는 몇몇 병사들의 죽음을 조명하며 이 전쟁의 참혹함을 내비친다. "나를 여기 혼자 두지 말아줘"라는 말을 남기고 눈을 감는 소대장, 집으로 돌아가면 사랑하는 딸에게 수학을 가르쳐주기로 약속했지만, 전장에서 희생된

---

28 차대운, "영화 장진호, 세계에 위협 아닌지"…중국인 SNS 계정 폐쇄돼, 연합뉴스, 2021.10.17, https://www.yna.co.kr/view/AKR20211017024400089?input=1195m (검색일 2021.11.07)

지도원, 그리고 전우들의 죽음을 눈물을 삼키며 노트에 기록하는 주인공 우징의 모습이 그러하다. 그러나 조국을 위한 숭고한 희생에 맞춰진 서사의 초점은 숨진 지휘관의 일기에 적힌 다짐("적의 포화가 강할수록 우리는 강해진다. 우리가 쉽지 않은 상대라는 것을 알게 해야 한다")처럼, 이 전쟁의 승리가 얼마나 극한의 상황에서 얻어낸 것인지를 강조하는 것에 지나지 않는다. 결국, '승리'만을 강조하는 이러한 서사 방식은 과거에 발목 잡혀 이 전쟁을 더욱 깊이 성찰하는 데 걸림돌이 된다.

둘째, 국치와 설욕을 호소하는 방식의 항미원조 서사 구조는 승리가 어렵게 얻어질수록, 그리고 선과 악, 피해자와 가해자의 대비가 뚜렷할수록 관객의 쾌감과 분노를 자극하여 내셔널리즘을 더욱 증폭시킨다. 전투식량과 무기 등 모든 면에서 지원군이 열악하게 그려지는 것은 과거 항미원조 영화와 비슷하지만, 이 영화에서 특히 인상이었던 것은 맥아더와 미군의 최신식 무기가 등장할 때마다 활용된 음향과 카메라 앵글이다. 예를 들어, 맥아더가 등장하는 장면에서는 음울하면서도 웅장한 음악을 배경으로 깔고, 피사체를 극단적으로 아래에서 위로 비춰 그를 위압적이고 두려운 존재로 부각하며 관객의 공포심을 유발한다.

또한, 이 영화는 미군의 최신 무기에 속수무책으로 당하는 지원군들의 희생 장면이 유난히 많다. 이를 잘 보여주는 장면을 예로 들어보자. 드넓은 바위 들판을 행군하던 지원군 부대가 미군의 공습空襲을 맞닥뜨린다. 숨을 곳 하나 없는 드넓은 벌판에서 지원군들이 할 수 있는 것은 그저 땅에 엎드려, 총알이 자신을 비켜 가기를 기도하는 것뿐이다. 미군 병사들은 미동도 없는 이들을 시체로 오인하고, 누가 더 많이 맞추는지 내기하며 신나게 총을 쏜다. 영화는 웅장하면서도 비극적인 음악을 배경으로, 아무런 저항도 해보지 못한 채 처참하게 산산조각난 지원군들과 그 광경을 그저 바라볼 수밖에 없는 생존자들의 모습을 비춘다. 이는 전쟁 당시 중국이 얼마나 열악한 상황이었고, 미군이 얼마나 잔혹했으며, 지원군들의 희생이 얼마나 값졌는지를 강조하려는 의도로 보인다. 그러나 정작, 이 젊은 청년들이 왜 그토록 열악한 여건 속에 전쟁터로 내몰려야 했는지, 그리고 그들이 얼마나 처참한 죽음을 맞이했는지에 대한 국가 차원의 배려는 보이지 않는다.

확실히 최근 재소환된 항미원조의 기억은 국치와 설욕을 강조하는 방식을 통해, 심화하는 중·미 갈등의 위기 앞에 대중을 결속시키고 불안을 상상적으로 해소하는 데 이바지하고 있다. 그러나 이러한 저항적 혹은 대항적 내셔널리즘은 한국전쟁과 관련된 미국 및 한국 대중과의 연대와 화합을 저해할 뿐만 아니라, 오히려 상호 적대감을 조장한다. 또한, 이는 참혹했던 이 전쟁을 더 깊이 성찰하는 것을 가로막는다. 더 나아가, 외부의 적에 대한 과도한 집중은 중국 내부의 정치·사회 개혁을 더욱 어렵게 만드는 결과를 초래한다.[29] 따라서 장기적으로 볼 때, 항미원조를 활용한 '애국애당'의 문화정치는 자칫 중국의 자충수가 될 수 있다.

2) "가정과 국가는 하나다!", 영화 〈저격수〉

〈저격수〉의 배경은 1952~1953년 지원군의 고밀도, 저강도의 소규모 기습 저격전인 '렁창렁파오 운동冷槍冷炮運動'이다. 스나이퍼 소재의 첫 항미원조 영화로, 장이머우와 그의 딸 장모張末가 공동 연출을 맡아 화제를 모았다.

영화는 정찰대원을 구출하려는 인민지원군 5분대와 미군 정예 저격수들 간의 전투를 그린다. 1952년, 전쟁이 한창이던 시기, 미군의 노련한 저격수 존은 '중국의 사신死神'으로

---

29 "극단적 내셔널리즘은 중국과 외부(특히 서양)의 이원대립을 고의로 부풀리고 저항을 통해 자신과 다른 서양을 제거하고 순수하고 또렷한 중국을 궤련하고자 한다. 이 경우 주체로서의 우리는 고호해지고 타자에만 의존하는 일시적 자아 정체성을 얻음으로써, 그것은 서양과 대립되는 어떤 가치를 갖더라도 허구적이고 성찰성을 결여한 민족동일성이며 가치적 내포는 오히려 텅 비어 있다." 김창규, 「'羞恥'와 현대 중국의 내셔널리즘」, 『감성연구』 제14집, 130쪽.

불리는 중국군 5분대장 류원우劉文武를 오랫동안 연구했다. 그는 포로로 잡힌 5분대원 량량亮亮을 미끼로 삼아 류원우와 실력을 겨뤄보고자 정예팀을 조직한다. 하얀 눈밭 한가운데 총상을 입고 쓰러진 량량을 중심으로, 5분대원들과 미군 간의 숨막히는 저격전이 벌어지고, 미군은 목숨을 걸고 동료를 구출하려는 지원군을 하나씩 잔인하게 제거해 나간다. 그러던 중 량량이 미군 군사 기밀을 전달하는 정찰대원임이 밝혀진다. 량량은 자신을 구하러 온 북한 소년의 머리카락 속에 기밀을 숨기고, 마지막 남은 대원 다용大永에게 이를 알린 후 희생된다. 마지막 순간, 다용은 스승 류원우에게 배운 저격술을 활용해 존을 처단하고, 중대장에게 군사 기밀을 무사히 전달함으로써 5분대원의 임무를 완수한다.

이 영화에서 가장 주목할 만한 점은 〈장진호〉 시리즈와 정반대의 전략을 선택했다는 것이다. 초호화 캐스팅, 역대 최대 제작비, 그리고 굵직한 항미원조 전투를 소재로 전쟁의 스펙터클을 강조한 〈장진호〉와 달리, 〈저격수〉는 단 8명으로 구성된 5분대의 단 한 번의 전투를 그린 작은 규모에 별다른 특수효과도 없었으며 전부 무명의 신인 배우를 기용하는 파격을 선보였다. 또한, 같은 날 개봉한 〈수문교〉와 달리 별다른 홍보도 하지 않았다. 장이머우는 한 인터뷰에서 〈장진호〉와 촬영 시기가 겹쳐 좋은 배우를 찾기 어려웠다고 밝히며, 이미 거대한 스케일의 전쟁영화가 있는 상황에서 자신은 "소규모로 이 위대한 전쟁의 전모를 보여주는以小見大"색다른 방식으로 영화를 기획했다고 밝혔다.[30]

관객 호응과 평단 반응을 볼 때, 그의 전략은 확실히 적중한 듯하다. 〈장진호〉 시리즈는 굵직한 전투와 화려한 스펙터클을 담았지만, 긴 상영시간에 많은 요소를 담아야 하는 부담으로 인해 주인공 외에 평범한 다수 지원군의 이야기는 묻혀버렸다. 이로 인해 관객의 정서적 동원 효과는 다소 미흡했다. 반면, 〈저격수〉는 역사에 기록되지 못한 수많은 무명의 전투에서 싸웠을 평범한 지원군들을 조명하며 관객의 내적 감화를 불러일으켰고, 이러한 전략은 성공적으로 작용하여 〈수문교〉에 뒤지지 않는 관객 호응을 끌어냈다.

〈저격수〉는 〈수문교〉와 비교할 때, 6.02억과 40.62억으로 흥행수익 측면에서는 크게 벌어졌지만, 중국의 대표적인 문화콘텐츠 리뷰 사이트 '더우반'의 평점은 7.7과 7.2로 살짝 앞섰다. 중국의 영화 예매 플랫폼 '마오옌'에서의 평점도 9.5와 9.6으로 별 차이가 없다. 특히, 〈장진호〉 시리즈가 거대한 제작비와 정부의 대대적인 지원을 등에 업고 있었다

---

30 曹岩, 「"狙擊手": "抗美援朝"集體記憶的敘事革新——張藝謀訪談」, 『電影藝術』, 2022.02. 19頁.

는 점을 감안하면, 〈저격수〉의 평점은 상당히 고무적이며 재고할 가치가 있다.

평단에서도 "역시 장이머우답다"라는 찬사가 이어졌으며, 북경대 예술학원 교수이자 영상연극影視戱劇 연구센터 주임인 천쉬광陳旭光은 이 영화가 세 가지 측면에서 신주류 영화의 '지속 가능한 발전'을 보여주었다고 극찬했다. 첫째, 서사와 장르類型 측면이다. 중국 전쟁영화에서 흔치 않은 스나이퍼 장르에, 제재 특성상 제한된 시공간 안에서 오로지 서사에 의존해 전개되고 있다는 점이 특징적이다. 둘째, '중국성'이 두드러진다는 점이다. 서구 스나이퍼 영화들이 개인 영웅주의에 집중된 반면, 중국은 집단 영웅주의를 강조한다는 점을 대표적인 예로 들 수 있다. 셋째, 문화산업 측면에서 〈장진호〉와의 차별성이다. 〈장진호〉는 대형 투자와 제작으로 만들어진 '중공업대작重工業大片'인 반면, 〈저격수〉는 중간 규모의 투자로 만들어진 '중등공업미학中等工業美學'이다.[31] 쉽게 말해 작지만 똘똘하게 성공한 영화라는 것이다.

이러한 장이머우의 전략은 거대서사에서 개인 서사로의 전환, 혹은 두 서사 방식을 융합하는 최근 주선율 영화의

---

31 陳旭光,「『狙擊手』: 敍事自覺, 類型加强與新主流電影的"可持續發展"」,『電影藝術』, 2022.

흐름과 닮아있다. 즉, 과거에는 영웅적 모범이 등장해 국가의 획일적인 이데올로기를 재현하는 주입식 방식이 주를 이루었다면, 최근에는 영화 〈나와 나의 조국我和我的祖國〉(2019), 〈나와 나의 고향我和我的家鄕〉(2020), 〈나와 나의 아버지 세대我和我的父輩〉(2021)처럼 평범한 개인에 초점을 맞춰 집단기억을 표현하고 스토리텔링을 강화하는 방향으로 변화하고 있다. 이를 통해 관객들에게 고향과 조국에 대한 심리적 정체성을 심어주고, 민족 정체성과 자긍심, 소속감을 고취하는 방식으로 변화하는 것이다.[32]

〈저격수〉에서도 전설의 스나이퍼 영웅인 분대장 류원우는 영화 중반쯤 희생되고, 대신 눈물 많고 여러모로 미숙한 소인물인 다용의 전화 속 성장을 중심으로 이야기가 전개된다. 또한, "한 명 한 명의 죽음과 희생에는 다 드리가 있고 가치가 있다"는[33] 감독의 의도대로, 량량을 구하기 위해 차례로 스러져간 지원군의 죽음을 느리게 조명했다. 관객들은 고향에서 기다릴 그들의 아내와 막 태어난 아들을 떠올리고, 나라를 위해 이름 없이 사라져 간 이들의 희생을 천천히 눈에 담으며 애국 정서에 자연스럽게 녹아든다.

---

32 肖慧強, 「主旋律電影中的家國情懷探析」, 『視聽』, 2022(03), 82頁.
33 曹岩, 同前, 120頁.

또 한 가지 놓치지 말아야 할 장이머우의 전략은 5분대원 모두를 같은 고향 출신으로 설정했다는 점이다. 량량과 다용은 초등학교부터 고등학교까지 함께 다닌 친구 사이로 함께 참전했고, 분대원들 또한 가족처럼 끈끈한 사이이다. 특히, 영화 전체적으로 그 지역의 사투리를 사용했는데, 자막이 없으면 그들이 무슨 대화를 나누고 있는지 알 수 없을 정도다. 왜 굳이 이런 전략을 썼을까?

중국판 탈무드라 불리는 명대明代 아동 계몽서 『증광현문 增廣賢文』에는 "호랑이를 잡으려면 친형제를 떠나지 말고, 싸움터에 나가려면 부자 병사를 가르쳐야 한다打虎不離親兄弟, 上陣須敎父子兵"라는 구절이 있다. 친형제와 부자는 혈육 관계다. 즉, 목숨을 걸어야 하는 순간에 가장 믿을 수 있는 사람은 이 세상에서 가장 끈끈하고 굳건한 혈육뿐이고, 그렇게 한마음 한뜻으로 뭉치면 어떤 일도 이겨낼 수 있다는 의미다. 이런 내막을 이해하고 나면, 영화의 주제가가 '집으로回家'라는 것, 그리고 그 음악을 배경으로 분대장이 "고향에서 너희를 데리고 왔는데 이제는 데리고 갈 수가 없다"라고 말하는 슬픈 대사도 그냥 지나칠 수 없게 된다. 같은 고향에서 오직 내 이웃, 내 땅, 내 나라를 지키기 위해 참전한 이들의 마음은 단순히 애국심으로 설명하기에 부족하며, 가정과 국가가 하나로 연결되어 있다는 중국의 특수한 애국 정서인 '가국감정'으로 이해해야 한다.

'가국감정'이란 개인이 가정과 국가 공동체에 대해 느끼는 공감과 사랑이자, 애국주의 정신을 간들어내는 윤리적 기반이다.[34] 또한, '가국감정'은 가정과 국가의 동일화家國同構, 공동체 의식, 그리고 인애仁愛의 정을 포함한다.[35] '가국감정'의 기원은 중국의 전통 유교 사상에서 찾을 수 있다. 예컨대 윤리와 정치를 긴밀하게 결합하고 도덕 수양을 정치의 근본으로 삼았던 맹자는 다음과 같이 말했다.

> "천하의 근본은 나라에 있고, 나라의 근본은 집에 있으며, 집의 근본은 신체에 있다.天下之本在國, 國之本在家, 家之本在身"

즉, 국가와 가정, 사회와 개인이 떼려야 뗄 수 없는 하나의 총체이며, 서로 밀접하게 연결되어 있다는 사상이다. 이러한 '가국감정'에 기반한 국가와 국민의 관계는 사회계약에 의한 것이 아니라, 혈육으로 맺어진 가족처럼 윤리적이

---

34 錢念孫, 「家國情懷的萌生與君子人格的確立」, 『江淮論壇』, 2020(02), 5頁.
35 "가와 국의 동일화는 '가국감정' 형성에 있어 핵심적인 개념이며, 공동체 의식은 그 지속적인 발효의 원동력이고 인애의 정은 양성良性 조진의 출발점이다." 楊清虎, 「"家國情懷"的內涵與現代價値」, 『兵團黨校學報』, 2016(03), 61頁.

고 도덕적인 관계에 가깝다고 볼 수 있다.

시진핑 시대에 들어 '가국감정'은 단순한 전통적 개념을 넘어, 국가와 사회, 개인의 가치 요구를 하나로 융합하는 '사회주의 핵심가치관'[36]과 상호 호응하면서 애국주의와 결합한 현대적 의미로 재해석되었고,[37] '중화민족의 위대한 부흥을 이끄는 정신적 역량'으로 부상하면서[38] 현재 중국의 정치·사회·문화 전반에서 광범위하게 체현되고 있다.

그런데 여기서 주목해야 할 점은 가정과 국가가 하나로 연결되어 있을지라도, 둘 사이에 피할 수 없는 이해 충돌이 발생할 때 선택해야 하는 것은 국가라는 점이다. 즉, "가정은 착안점일 뿐, 근본이자 최종 목적은 국가다."[39] 이러한 '가국'의 위계질서는 가정과 국가가 운명공동체로서 상호 관계를 맺고 있음을 강조하면서도, 결과적으로 국가를 위한 개인의 희생과 봉사 정신으로 자연스럽게 귀결된다. 이

---

36 '사회주의 핵심가치관'은 시진핑 집권을 알리는 제18대 전국대표대회에서 채택된 새로운 중국식 사회주의 가치관으로 총 12개의 가치관으로 구성되어 있으며, 구체적으로는 부강, 민주, 문명, 조화의 '국가 가치관', 자유, 평등, 공정, 법치의 '사회적 가치관', 애국, 직업정신, 성심과 신용, 우호의 '개인적 가치관'으로 분류된다.
37 "'가국감정'은 사회주의 핵심가치관의 학리學理적 초석으로, 개인이 주체가 되어 국가와의 일치를 대상으로 하며, 전통문화로 개인, 가족, 국가를 연결해, 함께 호흡하고 (영욕의) 운명을 같이한다." 楊淸虎, 同前, 65頁.
38 張世飛, 「新時代家國情懷的獨特價値」, 『人民論壇網』, 2020年12月18日. http://www.rmlt.com.cn/2020/1217/602168.shtml
39 同上.

는 곧 '큰 집을 위해서 작은 집을 버리는 것', 즉 '중화민족 대가정'의 우대한 부흥을 위한 각 개인과 가정의 희생과 봉사로 바꿔 말할 수 있다. 따라서 중국 정부가 강조하는 '가국감정'은 국가를 구성하는 하나의 세포로서의 국민관이자, 국가 존망의 기로 앞에 요구되는 자기희생적인 애국 정서를 의미한다. 중국 정부는 이것이 고대 중화민족의 유구한 전통문화에서 면면히 이어져 온 심층적인 문화 심리적 가치라고 설파하며 정당성을 부여하고 있다.

주선율 영화에서 이러한 '가국감정'을 불러일으켜 개인과 국가 기억을 융합하고, 가정과 국가가 연결된 하나의 공동체인 '중화민족'을 구현하는 것은 줄곧 주요한 과제였다. 주선율로 부상한 항미원조 주제의 영화 〈저격수〉 또한, 인민지원군의 가족 같은 관계를 빌어 '가국감정'을 표현하고, 국가를 위한 그들의 죽음을 온 국민이 응당 갖춰야 할 시대정신인 항미원조 정신으로 구현한다. 그리고 관객들은 내적 감화를 통해 그것을 수용하고, 자발적으로 '중화민족'의 구성원으로 거듭난다.

나오며

2025년, 올해로 한중 수교는 33주년을 맞이했다. 하지만 지난 30여 년을 돌아보면, 냉전 시기 끊어진 양국 간 40년의 공백은 단순히 인적·물적 교류의 증가만으로는 메울 수 없는 무게인 듯하다. 종전이 아닌 휴전상태인 한국전쟁의 결과, 끊임없이 이어지는 한반도의 긴장 상태, 그리고 이로 인한 국가 간 마찰은 과거 동아시아 냉전 질서 속에서 형성된 감정과 기억을 불쑥불쑥 들춰내기 때문이다. 이러한 상황을 고려할 때, 정치적 의미에서 냉전은 끝났지만, 그 시대의 인식구조, 감각, 그리고 기억은 여전히 의식적 혹은 무의식적으로 동아시아 국가와 국민들 사이에 작용하고 있음을 시사한다. 더욱이, 최근 중·미 갈등이 패권 다툼으로 치닫는 가운데, 중국의 항미원조 전쟁 기억이 화려하게 부활하면서 그동안 묻어두었던 한국전쟁의 적대적 기억을 자극하여 가뜩이나 심각한 반중감정을 한층 더 악화시키고 있다.

그동안 공공연한 금기처럼 여겨졌던 항미원조 전쟁은 다시금 '항미·국가수호'를 위한 '위대한 승리'로 소환되었다. 또한, 조국을 위해 기꺼이 희생한 지원군 정신은 '대미항전'이라는 불굴의 대의를 앞세워 '애국애당'의 시대정신으로 부상했다. 문화산업 측면에서도 항미원조 전쟁이 주선율 주제로 격상된 가운데, 중국을 대표하는 거장 천카이거와 장이머우 감독이 각각 영화 〈장진호〉 시리즈와 〈저격수〉를 통해 전쟁 기억을 활용한 '애국애당'의 문화정치에 힘을 보태고 있다.

두 감독은 모두 항미원조 전쟁을 '중미전쟁'이자 '승리의 애국전쟁'으로 그려내면서도, 내셔널리즘을 고양하는 방식에서는 각기 다른 전략을 취하고 있어 흥미로웠다. 천카이거는 굴욕과 설욕의 프레임을, 장이머우는 '가국감정'을 강조하며 접근했다. 그러나 이들 방식 모두 주변국을 적대시하는 대항적 민족주의와 국가를 위한 개인의 무조건적 희생을 강조하는 한계를 드러내고 있었다. 이는 혁명 이데올로기가 빠졌을 뿐, 냉전 시기와 다름없이 국가의 필요에 따라 정치적 메시지를 추출하여 대중 동원에 활용하고 있다는 국제적 비난을 피하기 어렵다.

한반도 분단과 동북아 냉전체제를 고착화한 한국전쟁은 '중미전쟁'이 아니었으며, 남한과 북한만의 전쟁도 아니었다. 이 전쟁은 남한을 포함한 유엔 진영 22개국과 북한을 포함한 공산 진영 3개국이 관여한 냉전 시대 최초의 열전이었으며, 수많은 사상자와 이산가족을 만든 비극적인 국제전이었다. 그러나 70여 년이 지난 지금까지도 한국전쟁은 동아시아의 공통된 기억으로 자리 잡지 못한 채 여전히 각국의 다른 기억에 갇혀 있다. 북한에서는 '조국해방전쟁'으로, 한국에서는 '동족상잔의 비극'으로, 미국에서는 '잊힌 전쟁'으로 말이다. 중국의 '항미원조' 기억 또한 그러한 파편적 기억의 일단일 뿐이다.

  한반도의 영구적 평화를 위한 '종전선언'은 잠시 유보되었으나, 선언만큼 중요한 것은 한국전쟁과 그 기억을 적대와 동맹의 틀에서 화해와 연대의 틀로 전환하려는 노력이다. 이는 주요 참전국인 중국 또한 예외가 아니다. 더구나 70여 년 전과 달리, 중국은 '굴기'하며 미국과 어깨를 나란히 하는 글로벌 리더로 성장했다. 이제는 달라진 위상에 맞게, 상대방을 증오하고 '승리'만을 강조하는 대신, 참전한 모든 국가 병사들이 겪은 희생과 고통을 보듬을 수 있는 보편적 인류애와 평화의 서사로 나아가야 한다.

  항미원조 서사 속 당대 중국 인민의 감정구조를 탐구하는 이 책은 동아시아 국가들의 진정한 화해와 협력을 모색하기 위한 하나의 방편이다. 이는 과거에 분명히 존재했지만,

오늘날 은폐된 채 여전히 동아시아에 유령처럼 떠도는 냉전 시대의 왜곡된 역사와 감정, 기억을 직시하고자 하는 문화적 시도이기도 하다. 이러한 작은 걸음이 이분법적 냉전 인식을 바로잡고, 궁극적으로 진정한 동아시아 평화를 향해 나아가는 데 문화적 측면에서의 의미 있는 노력이 되기를 기대한다.

참고문헌

1부

영상자료

〈抗美援朝(一)〉(紀錄片), 北京電影制片廠, 1951.
〈飛虎〉, 八一電影制片廠, 1952.
〈上甘嶺〉, 長春電影制片廠, 1956.
〈전우〉, 조선필름, 1958.
〈友誼〉, 八一電影制片廠, 1959.
〈奇襲〉, 八一電影制片廠, 1960.
〈烽火列車〉, 長春電影制片廠, 1960.
〈三八線上〉, 八一電影制片廠, 1960.
〈鐵道衛士〉, 長春電影制片廠, 1960.
〈英雄坦克手〉, 八一電影制片廠, 1962.
〈英雄兒女〉, 長春電影制片廠, 1964.
〈打擊侵略者〉, 八一電影制片廠, 1965.
〈奇襲白虎團〉, 長春電影制片廠, 1972.

중문자료

「"援朝"正是爲了反對"高麗棒子"」, 『人民日報』, 1950年第八期.
「論"長期共存,互相監督"」, 『人民日報』, 1956.11.20.
「百花齊放, 百家爭鳴———一九五六年五月二十六日在懷仁堂的講話」, 『人民日報」,1956.6.13.
「全國文聯六次常委會決定成立抗美援朝宣傳委員會」,『人民日報』, 1950.11.14.
「革命文藝的優秀樣板」,『人民日報』社論, 1967.5.31.
賈玉民,「巴金抗美援朝創作論(上)」,『黎明職業大學學報』, 2015年4期.
_____,「巴金抗美援朝創作論(下)」,『黎明職業大學學報』, 2016年3期.
_____,「巴金抗美援朝創作的崇高美(一)」,『美與時代』, 2015年10期.
_____,「巴金抗美援朝創作的崇高美(二)」,『美與時代』, 2015年11期.
薑豔秀,「論魏巍抗美援朝作品中的朝鮮形象」, 延邊大學碩士學位論文, 2009.
高慧,「八一電影制片廠戰爭片研究」, 湖南大學碩士學位論文, 2008.
高紅雨·王文燕,「論新中國前17年戰爭電影」,『電影文學』, 2012.
郭龍俊,「抗美援朝小說研究」, 貴州師範大學碩士學位論文, 2014.
曠晨·潘良編著,『我們的五十年代』, 北京:中國友誼出版社出版, 2005.
_____,『我們的六十年代』, 北京:中國友誼出版社出版, 2006.
唐小兵主編,『再解讀——大眾文藝與意識形態』, 北京:北京大學出版社, 2007.
戴錦華,「曆史敘事與話語:十七年曆史題材影片二題」,『北京電影學院學報』, 1991年第2期.
梁啟超,「朝鮮亡國史略」,『新民叢報』, 1904年9月第53-54號.
呂東亮,「爲什麼會有這樣的批評——論1954年批評界對路翎的批評」,『汕頭大學學報(人文社會科學版)』, 2009年第25卷第2期.
路翎,『初雪』, 寧夏:寧夏人民出版社, 1981.
_____,『戰爭, 爲了和平』, 北京:中國文聯出版公司, 1985.
_____,『路翎文集』(第四卷), 合肥:安徽文藝出版社, 1995.
_____,『路翎作品新編』, 北京:人民大學出版社, 2011.
老舍,『老舍全集·第六卷』, 北京:人民文學出版社, 1999.
路紹陽,「"十七年"革命曆史題材電影中的修辭策略」,『解放軍藝術學院學報(季刊)』, 2011年第1期.
劉宏煊主編,『抗美援朝研究』, 北京:人民出版社, 1990.

劉白羽,『劉白羽文集1』, 新華出版社, 1995
劉少奇,「論國際主義與民族主義」, 人民出版社, 1953.(第六次印刷)
劉宇,「論路翎抗美援朝文學作品中的朝鮮形象」, 延邊大學碩士學位論文, 2012.
劉祖義,「略談"上甘嶺"中的人物描寫」,『中國電影』, 1957.
陸弘石‧舒曉鳴,『中國電影史』, 文化藝術出版社, 1998.
李道新,『中國電影文化史(1905-2004)』, 北京:北京大學出版社, 2005.
李楊,「亞洲想象的背後──從竹內好的悖論談起」, 在中國北京大學－韓國外國語 大學首屆中文論壇, 2007.
____,『抗爭宿命之路:"社會主義現實主義"(1942-1976)研究』, 北京:時代文藝出版社, 1993.
李偉光,「論楊朔抗美援朝文學作品中的朝鮮形象」, 延邊大學碩士學位論文, 2009.
李傳琇,『抗美援朝快板集』, 晨光出版公司, 1951.
李宗剛,「巴金五十年代英雄敘事再解讀」,『東方論壇』, 2005年第一期.
李天印,「用電影膠片記錄偉大的抗美援朝戰爭──八一電影制片廠赴朝鮮攝制組拍攝抗美援朝戰爭紀實」,『軍事記者』, 2010.
李興芝,「漫談電影〈上甘嶺〉插曲:我的祖國」,『電影評介』, 2009.
林杉,「深入向生活學習,忠實於生活──電影劇本"上甘嶺"創作經過」,『中國電影』, 1957.
____,『上甘嶺』, 北京:中國電影出版社, 1960.
林彪,『人民革命戰爭萬歲──紀念中國人民抗日戰爭勝利二十周年』, 北京:人民出版社, 1965.
馬釗,「政治、宣傳與文藝:冷戰時期中朝同盟關系的建構」,『文化研究』, 2016年1期
____,「革命戰爭、性別書寫、國際主義想象:抗美援朝文學作品中的朝鮮敘事」, 2015年中國複旦大學中華文明國際研究中心主辦的訪問學者工作坊,「海客談瀛洲:近代以來中國人的世界想像, 1839-1978」論文集.
莫裏斯‧邁斯納著, 杜蒲譯,『毛澤東的中國及其後:中華人民共和國史』, 香港:中文大學出版社, 2005.

孟華主編,『比較文學形象學』, 北京：北京大學出版社, 2000.
毛烽・武兆堤改編,『英雄兒女』, 北京：中國電影出版社, 1965.
毛澤東,『毛澤東選集』(第二版), 北京：人民大學出版社, 第一、四卷, 1991.
＿＿＿,『建國以來毛澤東文稿』(第十冊), 中央文獻出版社, 1996.
＿＿＿,『毛澤東文集・第六卷』, 北京：人民大學出版社, 1999.
逄先知,『毛澤東與抗美援朝』, 北京：中央文獻出版社, 2000.
弗雷德裏克・詹姆遜, 王逢振/陳永國譯,『政治無意識』, 北京：中國社會科學出版社, 1999.
謝冕・洪子誠主編,『中國當代文學史料選(1948-1975)』, 北京：北京大學中文系中國當代文學教研室, 1995.
師哲,『我的一生——師哲自述』, 北京：人民出版社, 2001.
山東大學中文系中國當代文學史編寫組編,『中國當代文學史(1949-1959)上冊』, 山東大學出版, 1960.
山東省京劇團〈奇襲白虎團〉劇組集體創作,『奇襲白虎團』, 北京：人民大學出版社, 1973.
山東省京劇團〈奇襲白虎團〉劇組集體創作, 現代革命京劇『奇襲白虎團』, 北京：人民大學出版社, 1972年9月演出本.
常彬,「面影模糊的"老戰友"——抗美援朝文學的"友軍"敘事」,『華夏文化論壇』, 2012年第八輯.
＿＿,「北朝鮮作家筆下的朝鮮戰爭——1950年代中國報刊刊載一瞥」,『河北大學學報(哲學社會科學版)』, 2012年11月.
＿＿,「敘事同構的中朝軍民關係——抗美援朝文學論」,『河北學刊』, 2013年1月.
＿＿,「異國錦繡河山與人文之美的故園情結：抗美援朝文學論」,『河北大學學報(哲學社會科學版)』, 2010年第6期.
＿＿,「異域想象：抗美援朝的文學敘事」,『中國社會科學院報』, 2009年5月第6版.
＿＿,「戰爭中的女人與女人的戰爭——抗美援朝文學論」,『河北大學學報(哲學社會科學版)』, 2014年7月.

____,「抗美援朝文學敘事中的政治與人性」,『文學評論』, 2007年第2期.
____,「抗美援朝文學中的域外風情敘事」,『文學評論』, 2009年第4期.
上海工人業餘寫作組:革命樣板戲故事『海港』, 上海:上海人民出版社, 1972.
雪篷,「電影與革命接班人」,『電影藝術』, 1963.
宋賢邦編,『中國當代文學研究資料叢書:魏巍研究專集』, 北京:解放軍文藝出版社, 1982.
申志遠,「張魁印與電影〈奇襲〉」,『電影評介』, 1999.
申志遠·魏春橋,「〈上甘嶺〉──中國電影的激情年代」,『電影往事』, 2003.
楊柄等著,『魏巍評傳』, 北京:當代中國出版社, 2000.
楊朔,『三千裏江山』, 北京:人民文學出版社, 1978.
____,『楊朔文集』(上), 濟南:山東文藝出版社, 1984.
楊俊卿,「長春電影制片廠的前身──僞滿洲國映畫協會株式會社」,『吉林檔案』, 1994年5期.
閆麗娜,「抗美援朝文學研究──以1950年代〈解放軍文藝〉爲個案」, 河北大學碩士學位論文, 2011.
_____,「抗美援朝文學中的"朝鮮戰地快板詩"」,『大眾文藝』, 2010.8.
冉淮舟,『魏巍創作論』, 西安:陝西人民出版社, 1985.
藝軍,「電影與革命的浪漫主義──關於革命現實主義與革命浪漫主義相結合的學習筆記」,『中國電影』, 1958.
倪玲穎,「抗戰時期楊朔的出版活動和文學創作」,『文藝報』, 2015.4.27.
王敏,「主體規訓與媒介選擇:十七年時期電影與農民關系辯證」,『河南廣播電視大學學報』, 2007年第2期.
王斑著, 由元譯,「藝術,政治,國際主義:中國電影裏的抗美援朝」,『當代作家評論』, 2012年 第4期.
王貞勤,「〈奇襲武陵橋〉:解放軍首部軍教故事片」,『湖北檔案』, 2014.
王蔥蔥,「革命之路──中國社會主義時期文學文化想象中的"世界"(1949-1966)」, 上海大學博士學位論文, 2012.
王海燕,「合法性論證與敘事選擇──兼論路翎的兩部小說」,『湖北大學學報(哲學社會科學 版)』, 2003年第3期.

汪暉,「當代中國的思想狀況與現代性問題」,『天涯――研究與批評』,
　　1997.5.
＿＿＿,「二十世紀中國歷史視野下的抗美援朝戰爭」,『文化縱橫』, 2013年6期.
姚康康,「"組織寫作"與當代文學的"一體化"進程――以抗美援朝文學為
　　例」, 西北師範大學碩士學位論文, 2012.
袁成亮,「電影〈英雄兒女〉誕生記」,『世紀橋』, 2006.7.
＿＿＿,「現代樣板戲〈奇襲白虎團〉誕生記」,『百年潮』, 2007年3期.
魏德才,「電影〈奇襲〉誕生記」,『黨史縱橫』, 1992.
魏巍,『魏巍文集』, 廣州：廣東教育出版社, 第3,4,5,7,9,10卷, 1999.
尹雪峰‧賈宏宇「淺析電影〈上甘嶺〉插曲〈我的祖國〉對當代青年人的愛國
　　教育」,『電影文學』, 2008年第24期.
尹鴻,「從新中國電影到中國新電影的歷史轉型」,『清華大學學報(哲學社會
　　科學版)』, 2003年第5期第18卷.
人民文學出版社編輯部編,『革命現代京劇〈奇襲白虎團〉評論集』, 北京：人
　　民大學出版社, 1975.
人民日報編輯部‧紅旗雜志編輯部,「關於赫魯曉夫的假共產主義及其在世
　　界歷史上的教訓」, 1964.7.14.
張其春‧劉征編撰,『朝鮮民主主義人民共和國』, 開明書店, 1951.
張立雲,「〈上甘嶺〉的藝術概括和人物創造」,『中國電影』, 1957.
張文苑主編,『抗美援朝散文選粹』, 解放軍文藝出版社, 1990.
張帆,「"卻向秋風哭故園"的戰地作家楊朔」,『炎黃春秋』, 1997年11期.
張紹麗,「論"十七年"的朝鮮戰地文學」, 河北師範大學碩士學位論文, 2010.
張秀梅,「烽煙滾滾唱英雄――劇作家毛烽和電影〈英雄兒女〉」,『黨史縱
　　橫』, 2010年第11期.
張憲章,「"上甘嶺"觀後雜感」,『中國電影』, 1957.
錢理群,「我們這一代人的世界想象」,『書城』, 2006年第6期.
＿＿＿,『1948, 天地玄黃』, 濟南：山東教育出版社, 1998.
＿＿＿,『毛澤東時代和後毛澤東時代(1949-2009)――另一種歷史書寫(上)』,
　　台北：聯經, 2012.
丁玲,「讀魏巍的朝鮮通訊――〈誰是最可愛的人〉與〈冬天和春天〉」,『文藝

報』,1951年5月第四卷第三期.

趙蘭田‧歐陽漢昆‧王俊山‧劉純修‧王寶生,「談〈英雄兒女〉英雄形象在鼓舞著我們」,『電影藝術』,1965.

曹欣改編,『打擊侵略者』,北京:中國電影出版社,1965.

周寧,「跨文化形象學的觀念與方法――以西方的中國形象研究爲例」,『東南學術』,2011年第5期.

周一良主編,『中朝人民的友誼關系與文化交流』,開明書店,1951.

中國人民抗美援朝總會宣傳部,『偉大的抗美援朝運動』,人民出版社,1954.

陳娜,「不僅僅是故事的旅行:小說〈團圓〉與電影〈英雄兒女〉的改編研究」,『文藝爭鳴‧視野』,2014年第10期.

陳明,「論革命接班人」,『江淮論壇』,1964年04期.

陳思和,『中國當代文學關鍵詞十講』,上海:複旦大學出版社,2002.

陳湧,「文學創作的新收獲――評楊朔的〈三千裏江山〉」,『人民文學』,1953.

陳播,「革命軍事鬥爭題材的教育意義」,『中國電影』,1958.

陳曉明,『中國當代文學主潮(第二版)』,北京:北京大學出版社,2013.

蔡翔,「1960年代的文學、社會主義和生活政治」,『文藝爭鳴‧當代視野』,2009年8月.

初瀾,「中國革命的曆史畫卷――談革命樣板戲的成就和意義」,『紅旗』,1974年第1期.

春紫,「破襲武陵橋――電影〈奇襲〉原型志願軍偵察科長張魁印」,『黨史縱橫』,2013年第10期.

沈志華,『毛澤東、斯大林與朝鮮戰爭』,廣東:廣東人民出版社,2003.

_____,『中蘇同盟與朝鮮戰爭研究』,桂林:廣西師範大學出版社,1999.

巴金,『巴金全集』,北京:人民文學出版社,第11卷、14卷,1986.

何吉賢,「"新愛國主義"運動與新中國"國際觀"的形成」,『文化縱橫』,2014年04期.

韓毓海,「"漫長的革命"――毛澤東與文化領導權問題(上)」,『文藝理論與批評』,2008年第一期.

合肥師範學院大聯文藝革命組編,『革命京劇樣板戲』,合肥師範學院大聯文藝革命組出版, 1967.
惠雁冰,「複合視角·女性鏡像·道德偏向──論抗美援朝文學中的"朝鮮敍事"」,『人文雜志』, 2008.
胡菊彬·姚曉濛,「新中國電影政策及其表述(上)」,『當代電影』, 1989年01期.
洪子誠,『中國當代文學史』(修訂版), 北京：北京大學出版社, 1999.
華中師範學院中國語言文學系編著,『中國當代文學史稿』 科學出版社, 1962.
黃蕾,「"接班人"問題與1960年代初的文學-文化現象」, 華東師範大學博士學位論文, 2016.
曉竹,「爲培養革命接班人貢獻出更多的力量！」,『電影藝術』, 1964.
侯金鏡,「評路翎的三篇小說」,『文藝報』, 1954年6月第12號
_____,「抗美援朝運動與民衆社會心態研究」,『中共黨史研究』, 2005.
_____,「抗美援朝運動中的"三視"教育─宏觀視角下的回顧與反思」,『黨史研究與教學』, 2007.
_____,「抗美援朝運動中的社會動員」, 中共中央黨校博士學位論文, 2006.

국문자료

2017년 성균관대학교동아시아학술원·한국냉전학회 국제학술대회 자료집.
김경일,『중국의 한국전쟁 참전기원: 한중관계의 역사적 지정학적 배경을 중심으로』, 홍면기 옮김, 논형, 2005.
김명희,「전쟁터에 핀 예술의 꽃: 路翎의 抗美援朝 소설을 중심으로」,『중국인문과학』, 제32집, 2006.
김소현,「중국현대시 속의 한국전쟁」,『중국어문논총』, 제41집, 2009.
김의진,「50년대 老舍 문학의 변신─〈無名高地有了名〉을 중심으로」,『중국어문학지』, 제42집, 2013.
김인철,「巴金과 韓國戰爭」,『중국소설논총』, 제7집, 1998.
니시카와 나가오,『국민이라는 괴물』, 윤대석 옮김, 소명출판, 2002.
로버트 A. 모티머,『제3세계국제정치론: 제3세계 연립정책을 중심으로』, 장해광 옮김, 다왕사, 1985.

마루카와 데쓰시, 『냉전문화론: 1945년 이후 일본의 영화와 문학은 냉전을 어떻게 기억하는가』, 장세진 옮김, 너머북스, 2010.
모리 가즈코, 『현대중국정치』, 이용빈 옮김, 한울아카데미, 2013.
미셸 푸코, 『사회를 보호해야 한다』, 김상운 옮김, 난장, 2015.
박난영, 「바진(巴金)과 한국전쟁—국가 이데올로기와 작가의식 사이에서」, 『중국어문논총』, 제40호, 2009.
박명림, 『한국 1950 전쟁과 평화』, 나남, 2002.
_____, 『한국전쟁의 발발과 기원』, 나남, 1996.
박영실, 『중국인민지원군과 북·중 관계』, 선인, 2012.
박재우 외 4명, 「20세기 中國作家의 對韓認識과 敍事 변천 연구」, 한국연구재단, 2004
박재우, 「中國 當代 作家의 朝韓國戰爭 題材 小說 연구」, 『중국연구』 제32호, 2003.
백원담·임우경 편, 『'냉전'아시아의 탄생: 신중국과 한국전쟁』, 문화과학사, 2013.
베른트 슈퇴버, 『한국전쟁: 냉전시대 최초의 열전』, 황은미 옮김, 여문책, 2016.
_____, 『냉전이란 무엇인가: 극단의 시대 1945-1991』, 최승완 옮김, 역사비평사, 2008.
복정은, 「巴金의 한국전쟁에 관한 작품연구」, 수원대학교 교육대학원 석사논문, 2010.
비자이 프라샤드, 『갈색의 세계사: 새로 쓴 제3세계 인민의 역사』, 박소현 옮김, 뿌리와 이파리, 2015.
사카이 나오키, 『번역과 주체』, 후지이 다케시 옮김, 이산, 2005.
샤오메이 천, 『옥시덴탈리즘: 마오쩌둥 이후 중국의 대항담론』, 정진배·김정아 옮김, 강, 2001.
성공회대동아시아연구소 편, 『냉전아시아의 문화풍경 1: 1940-1950년대』, 현실문화, 2008.
손해룡, 「抗美援朝文學에 나타난 중국의 한반도 인식: 1950년대를 중심으로」, 성균관대학교 동아시아학과 박사학위논문, 2012.

슈테판 크라머, 『중국영화사』, 황진자 옮김, 이산, 2000.
스튜어트 R. 슈람, 『모택동』, 김동식 옮김, 두레, 1979.
에드워드 사이드, 『오리엔탈리즘』, 박홍규 옮김, 교보문고, 2000.
왕침, 「『동방』에 투영된 抗美援朝 영웅의 이미지 연구」, 연세대학교 석사학위논문, 2012.
요시미 순야, 「냉전체제와 '미국'의 '소비'—대중문화에서 '전후'의 지정학」, 『문화과학』 제42호, 2005.
이세은, 「한국전쟁 시기 中共의 지식인·학생의 대중동원: '抗美援朝運動' 과 북경대학」, 고려대학교 석사학위논문, 2011.
이승희, 「전쟁의 정치적 변용: 50~60년대 '항미원조' 전쟁영화를 중심으로」, 『사이間SAI』, 제17호, 2014.
이언 브루마·아비샤이 마갤릿, 『옥시덴탈리즘: 반서양주의 기원을 찾아서』, 송충기 옮김, 민음사, 2007.
이영결, 「한국전쟁기 중국의 전쟁 지원시 연구」, 경남대학고 석사학위논문, 2011.
이영구, 「路翎與朝鮮戰爭文學」, 『중국연구』, 제50호, 2010.
_____, 「劉白羽與朝鮮戰爭文學」, 『중국연구』, 제45호, 2009.
_____, 「魏巍與韓國戰爭文學」, 『중국연구』, 제42호, 2008.
_____, 「파금(巴金)과 한국전쟁문학」, 『외국문학연구』, 제25호, 2007.
이윤희, 「루링의 문학적 주장과 고수에 관한 시론」, 『인문과학연구』, 2007.
임우경, 「한국전쟁시기 중국의 반미대중운동과 아시아 냉전」, 『사이間 SAI』, 제10호, 2011.
_____, 「한국전쟁시기 중국의 애국공약운동과 여성의 국민 되기」, 『중국현대문학』 제48호, 2009.
조대호, 「楊朔의 韓國戰 參戰文學 硏究: 〈三千里 江山〉을 중심으로」, 『중국소설논총』, 제15집, 2002.
_____, 「魏巍의 韓國戰 記錄文學 硏究: 〈誰是最可愛的人〉을 中心으로」, 『중국학논총』, 제23집, 2007
조홍선, 「巴金의 韓國戰爭小說 小考」, 『중국어문논역총간』, 제13집, 2004.

존 루이스 개디스, 『새로 쓰는 냉전의 역사』, 박건영 옮김, 사회평론, 2002.
주지안룽, 『모택동은 왜 한국전쟁에 개입했을까』, 서각수 옮김, 역사넷, 2005.
진탁, 「한국전쟁 시기 '중국군'의 참전과 동원 유형 및 구성에 관한 연구」, 『한국학』, 제39호, 2016.
찰스 암스트롱, 『북조선 탄생』, 김연철·이정우 옮김, 서해문집, 2006.
한국전쟁연구회 편, 『탈냉전시대 한국전쟁의 재조명』, 백산서당, 2000.
히라이와 슌지, 『북한·중국관계 60년: '순치관계'의 구조와 변용』, 이종국 옮김, 선인, 2013.

온라인자료
中國網--網上中國 www.china.com.cn

2부

영상자료
〈心弦〉, 上海電影制片廠, 1981.
〈心靈深處〉, 長春電影制片廠, 1982.
〈戰地之星〉, 八一電影制片廠, 1983.
〈三八線〉, 2016.
〈我的戰爭〉, 2016.
〈跨過鴨綠江〉, 2020.
〈長津湖〉, 2021.

중문·영문자료
Alison Adcock Kaufman, The "Century of Humiliation," Then and Now: Chinese Perceptions of the International Order, *Pacific Focus*, 25(1), Apr, 2010

戴錦華,『涉渡之舟』,陝西人民教育出版社, 2002.
_____, 「不可見的女性:當代中國電影中的女性與女性的電影」,『當代電影』, 1994.06.
路翎,『初雪』,寧夏人民出版社, 1981.
老舍,『老舍全集・第六卷』,北京人民出版社, 1999.
劉新鑫,「『我的戰爭』割裂的視角與搖擺的類型」,『電影藝術』, 2016年06期.
馬釗,「革命戰爭、性別書寫、國際主義想象:抗美援朝文學作品中的朝鮮敘事」,『海客談瀛洲:近代以來中國人的世界想像, 1839-1978』, 중국 푸단대학 중화 문명 국제연구센터 주관 방문학자 공작방 논문집, 2015.
孟偉哉,「一座雕像的誕生」,孟偉哉文集・第一卷,北京:人民文學出版社, 2014.
毛烽・武兆堤改編,『英雄兒女』,北京:中國電影出版社, 1965.
毛澤東,『建國以來毛澤東文稿』第十冊,北京:中央文獻出版社, 1996.
武若曦,「電影『長津湖』主題研討會舉行」,『北京日報』, 2021.08.10.
謝晉編,『謝晉電影選集:戰爭卷』,上海大學出版社, 2007.
習近平,「在紀念中國人民志願軍抗美援朝出國作戰60周年座談會上的講話」,『人民日報』, 2010.10.25.
楊清虎,「"家國情懷"的內涵與現代價值」,『兵團黨校學報』, 2016(03).
於蒙蒙,「博納影業董事長於冬:『長津湖』將國產電影工業化推向新高度」,『中國證券報』, 2021.10.12.
王宜秋,「毛澤東與中國大國地位的確立──從抗日戰爭、解放戰爭、抗美援朝談起」,『紅旗文稿』, 2013年24期.
饒曙光,「保家衛國的血性精神 愛國主義的激盪情懷」,『文藝報』, 2021.09.29.
魏巍,「誰是最可愛的人」,『人民日報』, 1951.04.11.
任姍姍,「向長眠在遠方的英魂致敬──作家劉恒談電影〈我的戰爭〉」,『人民日報』, 2016.09.22.
張東,「『長津湖』與當代戰爭片思考」,『文藝報』, 2021.10.13.
張世爐・楊令勳,「"這樣處理不合情理"」,『電影評介』, 1983.06.
張世飛,「新時代家國情懷的獨特價值」,『人民論壇』, 2020.12.17.
_____,「新時代家國情懷的獨特價值」,『人民論壇網』, 2020.12.18.

張頤武,「我的戰爭戰爭場面與社會認同」,『當代電影』, 2016年10期.
錢念孫,「家國情懷的萌生與君子人格的確立」,『江淮論壇』, 2020(02).
錢理群,『毛澤東時代和後毛澤東時代(1949-2009)──另一種歷史書寫』上, 臺北: 聯經出版社, 2012.
_____,「我們這一代人的世界想像」,『書城』, 2006(06).
曹岩,「〈狙擊手〉: "抗美援朝"集體記憶的敘事革新──張藝謀訪談」,『電影藝術』, 2022(02).
中共中央文獻研究室編,『毛澤東文集』第六卷, 北京: 人民出版社, 2001.
秦亞青·朱立群,「新國際主義與中國外交」, 肖慧強,「主旋律電影中的家國情懷探析」,『視聽』, 2022(03).『外交評論』, 2005(05).
陳旭光,「〈狙擊手〉: 敘事自覺, 類型加強與新主流電影的"可持續發展"」,『電影藝術』, 2022.
詹慶生,「〈長津湖〉: 戰爭巨制的全景敘事與共同體想像」,『電影藝術』, 2021(05).
肖慧強,「主旋律電影中的家國情懷探析」,『視聽』, 2022(03).
沈志華,『毛澤東, 斯大林與朝鮮戰爭』, 廣州: 廣東人民出版社, 2003.
_____,『中蘇同盟與朝鮮戰爭研究』, 桂林: 廣西師範大學出版社, 1999.
台本,「心靈深處」, 長春電影制片廠, 1982.
彭順,「讓"主旋律"變得更好看, 這也是"我的戰爭"」,『國際先驅導報』, 2016.09.20.
韓潭,「新中國的自我認知與世界想像──以1950-1970年代抗美援朝文藝爲中心」, 北京大學校博士研究生學位論文, 2018.
侯光明,「『長津湖』: 中國特色戰爭類型大片的新階段」,『人民政協報』, 2021.10.11

국문자료

구은숙,「전쟁과 여성: 젠더화된 폭력과 군사주의 문화」,『미국학논집』, 41권, 2009.
김강녕,「미중관계의 전개와 현안문제 및 시사점」,『한국과 국제사회』, 제2권, 2018.

김란, 「중국 영화와 드라마의 '항미원조' 기억과 재현」, 『역사비평』, 제118권, 2017.
김미란, 『현대 중국 여성의 삶을 찾아서』, 소명, 2009.
김은하, 「생존자로서 여성과 모성: 『몽실언니』를 중심으로」, 『창비어린이』, 11호, 2005.
김진공, 「중국의 한국전쟁 서사는 언제 정전(cannon)이 되었는가?」, 『중국어문논역총간』, 제50집, 2022.
김진무·성채기·전경만, 『북한과 중국』, 한국국방연구원, 2011.
김창규, 「'羞恥'와 현대 중국의 내셔널리즘」, 『감성연구』 제14권, 2017.
다이진화, 『숨겨진 서사』, 으경희·차미경·신동순 옮김, 숙명여자대학교 출판부, 2006.
_____, 『성별중국』, 배연희 옮김, 여이연, 2009.
류원빙, 『중국 영화의 열광적 황금기』, 홍지영 옮김, 산지니, 2015.
리핑, 『저우언라이 평전』, 허유영 옮김, 한얼미디어, 2005.
박명림, 『한국 1950 전쟁과 평화』, 나남, 2002.
배연희, 「영화 〈홍색낭자군(紅色娘子軍)〉에 나타난 젠더와 서사 전략」, 『중국어문학논집』, 제60호, 2010.
백지운, 「항미원조전쟁의 귀환, 그 위험과 가능성의 양날」, 『오늘의 문예비평』, 제122호, 2021.
비자이 프라샤드, 『갈색의 세계사: 새로 쓴 제3세계 인민의 역사』, 박소현 옮김, 뿌리와이파리, 2015.
성공회대 동아시아연구소 기획, 김미란·오영숙·임우경 엮음, 『이동하는 아시아』, 그린비, 2013.
송종규, 「북한과 중국의 관계 변화에 대한 연구」, 부경대학교 박사논문, 2013.
오노데라 시로, 『중국 내셔널리즘: 민족과 애국의 근현대사』, 김하림 옮김, 산지니, 2020.
와카쿠와 미도리, 『사람은 왜 전쟁을 하는가: 전쟁과 젠더』, 김원식 옮김, 알마, 2007.
왕후이·백원담, 「20세기 중국역사의 시각에서 본 아시아 평화: 항미원조 전쟁(6.25)을 다시 보며」, 『황해문화』, 제83호, 2016.
우에노 지즈코, 『위안부를 둘러싼 기억의 정치학』, 이선이 옮김, 현실문화, 2014.
이선이, 『딩링: 중국 여성주의의 여정』, 한울, 2015.
이승희, 「전쟁의 정치적 변용: 50~60년대 '항미원조' 전쟁영화를 중심으로」, 『사이間SAI』, 제17권, 2014.
이지용, 「21세기 세계질서와 미중관계」, 『KINU 통일 플러스』, 2015 여름호.
인홍, 『중국 영상문화 연구의 길』, 이용욱 옮김, 학고방, 2007.
조지 L. 모스, 『전사자 숭배: 국가라는 종교의 희생 제물』, 오윤성 옮김, 문학동네, 2015.
주지안룽, 『모택동은 왜 한국전쟁에 개입했을까』, 서각수 옮김, 역사넷, 2005.
차태근, 『제국주의 담론과 동아시아 근대성: 현대 중국의 정치적 무의식을 찾아서』, 소명출판, 2021.
첸리췬, 『모택동 시대와 포스트 모택동 시대 1949~2009(상)』, 연광석 옮김, 한울, 2012.
한국전쟁연구회 편, 『탈냉전시대 한국전쟁의 재조명』, 백산서당, 2000.
한담, 「'고려봉자'에서 '계급의 형제'로: 신중국의 냉전적 주체 형성의 특수한 타자 '조선'의 재고찰」, 『중국 인문학회 학술대회 발표 논문집』, 2018.
＿＿＿, 「탈혁명시대 중국 항미원조 기억 서사의 난처함: 영화 〈나의 전쟁〉을 둘러싼 논쟁을 중심으로」, 『중국현대문학』, 제87권, 2018.
＿＿＿, 「1958년 중국 '항미원조'전쟁 기억의 정치성과 문화적 재현의 다층성」, 『중국문화연구』, 제43권, 2019.
＿＿＿, 「시진핑 시대, '항미원조'전쟁의 귀환과 문화 내셔널리즘」, 『중국인문과학』, 제79권, 2021.
히라이와 슌지, 『북한·중국 관계 60년: '순치관계'구조와 변용』, 이종국 옮김, 선인, 2013.

온라인자료

「社評: 用打抗美援朝的意志打對美貿易戰」, 『環球…時報』, 2018.04.07. https://m.huanqiu.com/r/MV8wXzExNzk1MTk0XzI4Ml8xNTIzMDk3NzIw?pc_url

戈弓長, 「從〈太極旗飄揚〉到〈東莫村〉──換個角度看〈我的戰爭〉」, 『電影世界雜志』, 2016.09.13. http://chuansong.me/n/754302151181

歷史老師王三實, 「不要以"愛國"的名義無底線!: 評〈我的戰爭〉宣傳片」. 2016.09.13. http://bbs.tianya.cn/m/post-333-997779-1.shtml

李岩, 「爲什麼說「我的戰爭」宣傳片是豬隊友?」, 『騰訊文化』, 2016.09.13. http://cul.qq.com/a/20160913/011574.htm

孫洋舟, 「〈我的戰爭〉怎麼成了"網民的戰爭"?──從"宣傳片事件"看文化安全領域的"盛世狼煙"」, 2016.09.17. http://www.mod.gov.cn/jmsd/2016-09/17/content_4731672.htm

孫洋舟, 「〈我的戰爭〉怎麼成了"網民的戰爭"?」, 『解放軍報』, 2016.09.23. www.mod.gov.cn/jmsd/2016-09/17/content_4731672_2.htm

阿寶, 「〈我的戰爭〉宣傳片究竟觸動了誰的神經?」, 2016.09.12. http://www.mod.gov.cn/jmsd/2016-09/12/content_4729474.htm

張世飛, 「[中國之治@文化解碼]新時代家國情懷的獨特價值」, 2020.12.17. http://www.rmlt.com.cn/2020/1217/602168.shtm

秦婉, 「彭順談〈我的戰爭〉: 如果這是主旋律電影, 我一定會跑掉」, 『鳳凰娛樂』2016.08.31. http://ent.ifeng.com/a/20160831/42676370_0.shtml

黃偉·羅…俏燕, 「電影〈我的戰爭〉告訴我們什麼」, 『軍事記者』, 2017.07.15. http://www.81.cn/jsjy/2017-07/25/content_7689120.htm

김정률, "영웅 돌아왔다"…한국전 전몰자 유해송환 中 애국주의 강조, 뉴스1, 2021.09.02. https://www.news1.kr/articles/?4423154

맹수열, 중국군 유해 117구 '공식 송환', 국방일보, 2020.09.27. https://kookbang.dema.mil.kr/newsWeb/20200928/18/BBSMSTR_000000010021/view.do

바이두 백과사전 https://baike.baidu.com/

시진핑 '항미원조' 참전 70주년 좌담: 중화인민공화국 중앙 인민정부 사이트 http://www.gov.cn/xinwen/2020-10/23/content_5553715.
htm (2021.11.07.검색)

이오성, 중국의 모든 것을 싫어하는 핵심집단, 누굴까?, 시사IN 제717
호, 2021.06.17. https://www.sisain.co.kr/news/articleView.
html?idxno=44821

중국 광전총국, 주요 주제 TV드라마 편성 및 방송 계획 조율 http://
www.gov.cn/xinwen/2020-07/23/content_5529344.htm
(2021.11.07.검색)

중국 영화 예매 플랫폼 마오옌(貓眼) https://www.maoyan.com/

차대운, "영화 장진호, 세계에 위협 아닌지"…중국인 SNS 계정 폐쇄돼,
연합뉴스, 2021.10.17. https://www.yna.co.kr/view/AKR2021101
7024400089?input=1195m

'항미원조' 60주년 〈조선전쟁 승리 60주년 중·조 노병 친목 문예 공연〉 영상
https://www.youtube.com/watch?v=a9jHFZU_AbI (2021.11.07.
검색)

'항미원조' 70주년 기념 '문화의 밤' 〈영웅의 아들딸(英雄兒女)〉 https://
www.youtube.com/watch?v=BHrCqPLcSnE (2021.11.07.검색)

기억된 전쟁, 만들어진 중국
항미원조의 문화정치학

2025년 9월 1일 초판 1쇄 발행

지은이　한담
편집　　최인희
디자인　이경란
인쇄　　도담프린팅
종이　　페이퍼프라이스

펴낸곳　　나름북스
펴낸이　　조정민
등록　　　2010.3.16. 제2014-000024호
주소　　　서울시 마포구 월드컵북로5길 54-5
전화　　　02-6083-8395
팩스　　　02-2179-9683
이메일　　narumbooks@gmail.com
홈페이지　www.narumbooks.com
페이스북　www.facebook.com/narumbooks7
인스타그램　@narumbooks

ⓒ 한담, 2025

ISBN 979-11-86036-87-7 93300
값 22,000원